Wissenschaftliche Beiträge aus dem Tectum Verlag

Reihe Rechtswissenschaft

Wissenschaftliche Beiträge
aus dem Tectum Verlag

Reihe Rechtswissenschaft
Band 130

Marcel Stefan Endrich

# Die Anerkennung eines Konzerninteresses im europäischen Gesellschaftsrecht

Tectum Verlag

Marcel Stefan Endrich
Die Anerkennung eines Konzerninteresses im europäischen Gesellschaftsrecht

Zugl. Diss. Philipps-Universität Marburg, 2020
Wissenschaftliche Beiträge aus dem Tectum Verlag,
Reihe: Rechtswissenschaft; Bd. 130


ISBN: 978-3-8288-4475-9
E-Book: 978-3-8288-7506-7

Printed in Germany



Informationen zum Verlagsprogramm finden Sie unter
www.tectum-verlag.de

**Bibliografische Informationen der Deutschen Nationalbibliothek**
Die Deutsche Nationalbibliothek verzeichnet diese Publikation in der Deutschen Nationalbibliografie; detaillierte bibliografische Angaben sind im Internet über http://dnb.ddb.de abrufbar.

**Bibliographic information published by the Deutsche Nationalbibliothek**
The Deutsche Nationalbibliothek lists this publication in the Deutsche Nationalbibliografie; detailed bibliographic data are available online at http://dnb.ddb.de.

*Meinen Eltern*

# Vorwort

Diese Arbeit wurde von der Rechtswissenschaftlichen Fakultät der Philipps-Universität zu Marburg im Februar 2020 als Dissertation angenommen. Rechtsprechung und Literatur sind auf dem Stand Juni 2019, soweit möglich sind aktuellere Veröffentlichungen berücksichtigt.

Besonders danke ich meinem Doktorvater, Herrn Professor Dr. Markus Roth, der die Auseinandersetzung mit der Thematik angeregt und mich bei der Erstellung der Arbeit zuverlässig unterstützt und beraten hat. Weiterhin möchte ich Herrn Professor Dr. Johannes Wertenbruch, für die rasche Erstellung des Zweitgutachtens danken.

Weiter danke ich herzlich den besonderen Personen aus meinem engsten persönlichen Umfeld, die mich auf vielfältige Weise, auch beim Korrekturlesen des Manuskripts, unterstützt haben. Dies gilt insbesondere für meine liebe Schwester Nadine Rossa. Besonderer Dank gebührt Herrn Dr. Benedict Heil, der bei vielen gemeinsamen Aufenthalten im juristischen Seminar stets für einen offenen Gedankenaustausch bereitstand.

Großen Anteil am Gelingen der Arbeit hat meine wundervolle Freundin Nina Raab, die mich immer wieder ermutigt und unterstützt hat. Für all dies bin ich ihr sehr dankbar.

Schließlich danke ich meinen Eltern Bettina und Gerhard Endrich, die meinen Werdegang mit großem Interesse begleiten und mir ihre vorbehaltlose Unterstützung in allen Lebenslagen zuteilwerden lassen. Sie haben mir alles ermöglicht. Ihnen ist diese Arbeit gewidmet.

Frankfurt am Main, im April 2020 *Marcel Stefan Endrich*

# Inhaltsübersicht

# Inhaltsverzeichnis

# § 1 Einleitung

## I. Problemstellung

Wird von der Aktionärsrechte-Richtlinie im Jahr 2007 abgesehen, konnte der Eindruck gewonnen werden, der nationale, wie auch der supranationale Gesetzgeber mache einen Bogen um das Thema Konzernrecht. Jedoch kündigte die Europäische Kommission im gesellschaftsrechtlichen Aktionsplan von 2012 an, eine Initiative zur besseren Anerkennung des Begriffs Gruppeninteresse vorzulegen.[1] Dieser Ankündigung lag der Bericht einer von der Kommission eingesetzten Expertengruppe, der sog. Reflection Group, aus dem Jahr 2011 zugrunde.[2]

Mit der „Anerkennung des Gruppeninteresses“ sollte sich nach Auffassung der Kommission einer speziellen Problemstellung angenommen werden: Dem Schaffen von Rechtssicherheit für Geschäftsleiter von abhängigen Gesellschaften hinsichtlich der Frage, ob sie ihr Handeln lediglich am Interesse der eigenen Gesellschaft ausrichten müssen oder ob sie auch andere Interessen, wie ein Konzerninteresse, berücksichtigen dürfen.[3] Für dieses „berücksichtigen dürfen“ wurden einige Vorteile angeführt, allen voran würde Rechtssicherheit für das Handeln eines Konzerns in grenzüberschreitenden Sachverhalten gewährleistet.[4]

---

1 Aktionsplan der Europäischen Kommission, Europäisches Gesellschaftsrecht und Corporate Governance - ein moderner Rechtsrahmen für engagiertere Aktionäre und besser überlebensfähige Unternehmen, COM (2012) 740 final, S. 17.

2 Report of the Reflection Group on the Future of EU Company Law, 2011, S. 59 ff., Mitglieder des Kollektivs waren *Antunes, Baums, Clarke, Conac, Enriques, Hanak, Hansen, de Kluiver, Knapp, Lenoir, Linnainmaa, Soltysinski, Wymeersch.*

3 Report of the Reflection Group on the Future of EU Company Law, 2011, S. 60.

4 Report of the Reflection Group on the Future of EU Company Law, 2011, S. 61.

In einem europaweitem Rechtsvergleich hatte die Reflection Group verschiedene nationale Mechanismen, welche ein Handeln im Gruppen- bzw. Konzerninteresse[5] unter bestimmten Voraussetzungen erlauben, identifiziert und gegenübergestellt. Dabei hat die Gruppe angedeutet, dass sie für eine europaweit realisierbare Umsetzung den sog. Rozenblum-Ansatz nach französischem Vorbild präferieren würde.[6] Dabei betonte sie auch, dass bei einem solchen Vorgehen systematische Unterschiede zum deutschen Konzernrecht, insbesondere zum Recht der Vertragskonzerne, problematisch sein könnten.[7]

Besondere Brisanz erhält die Thematik durch die Tatsache, dass sich der historische Gesetzgeber des AktG von 1965 bewusst von der Anerkennung des Konzerninteresses abgewandt hatte.[8] Durch die Abschaffung der Regelung des § 101 AktG 1937 sollte die Meinung gesetzlich festgeschrieben werden, nach der Konzerninteressen grundsätzlich nicht geeignet sein sollten, um eine Schädigung von Konzerngesellschaften mit außenstehenden Aktionären zu rechtfertigen.[9] Im Vergleich zu den europäischen Nachbarn ist dadurch für das deutsche Gesellschaftsrecht ein alternativer Weg vorgezeichnet worden. Eine Ausrichtung auf die Interessen des Konzerns soll für die abhängige Gesellschaft im Grundsatz nur zulässig sein, sofern ein Unternehmensvertrag in Form eines Beherrschungsvertrags abgeschlossen wurde.[10]

Die EU-Initiative wurde entgegen der Ankündigung im Aktionsplan von 2012 bisher nicht vorgelegt. Gleichwohl wurde von der Kommission eine weitere Expertengruppe beauftragt, einen Bericht speziell hinsichtlich der Anerkennung des Konzerninteresses vorzubereiten. Dieser Bericht der Informal Company Law Expert Group (ICLEG) wurde im

5 Die Begriffe werden in Praxis wie Rechtswissenschaft synonym verwendet. Daher soll den Begriffen hier die gleiche Bedeutung zukommen. Vorrangig wird hier der Begriff Konzern bzw. Konzerninteresse verwendet, da sich dieser Begriff in der deutschen Rechtssprache zu Verbundenen Unternehmen im Sinne von § 15 ff. AktG etabliert hat.

6 Report of the Reflection Group on the Future of EU Company Law, 2011, S. 64 f.; wobei sich offenbar nicht alle Mitglieder der Expertengruppe einig waren; näher zum Rozenblum-Ansatz siehe S. 107 ff.

7 Report of the Reflection Group on the Future of EU Company Law, 2011, S. 64.

8 Näher dazu auch unten S. 88 f.

9 BegRegE bei *Kropff*, Textausgabe AktG (1965), S. 407.

10 BegRegE bei *Kropff*, Textausgabe AktG (1965), S. 374 und 407; *Semler*, Leitung und Überwachung der Aktiengesellschaft, Rn. 356; *Hoffmann-Becking* in FS Hommelhoff (2012), 433, 438.

Oktober 2016 vorgelegt.[11] Hierin wurde die „Anerkennung des Konzerninteresses“ auch einem Definitionsvorschlag zugeführt. Die ICLEG versteht darunter, dass in bestimmten Konstellationen Organe einer Tochtergesellschaft Nachteile (dieser Tochtergesellschaft) zugunsten der Erfüllung eines Konzerninteresses zulassen dürfen, ohne dass dieser Schaden, den die Tochtergesellschaft dadurch erleidet, sofort oder innerhalb einer kurzen Zeitperiode vollständig ausgeglichen werden muss.[12] Zur Umsetzung stellte die ICLEG drei Optionen vor.[13] Dabei setzte sich die Gruppe auch mit Vorschlägen auseinander, welche der Arbeitskreis des Forum Europeum on Company Groups (FECG) im Jahr 2015 vorgelegt hatte.[14]

Das Forum Europeum unterscheidet, im Gegensatz zur ICLEG, zwischen zwei verschiedenen Typen von Tochtergesellschaften. Für „reguläre Tochtergesellschaften“ soll eine Berücksichtigung des Konzerninteresses unter Anwendung des Rozenblum-Ansatzes möglich sein.[15] Demgegenüber soll das Schutzsystem weiter eingeschränkt werden für solche Tochtergesellschaften, die sich als sog. „Servicegesellschaften“ qualifizieren lassen. Zulässig soll ein Handeln im (fremden) Konzerninteresse dann bereits sein, sofern die Existenz der Gesellschaft nicht gefährdet und die Solvenz für einen bestimmten Zeitraum gesichert ist.[16] Eine ähnliche Struktur hätte die Anerkennung des Konzerninteresses auch nach dem im Jahr 2017 vorgestellten European Model Company Act (EMCA).[17] Sofern Minderheitsgesellschafter in der

---

11 The Informal Company Law Expert Group (ICLEG), Report on the recognition of the interest of the group, 2016, Mitglieder des Kollektivs waren *Armour, Bartkus, Clarke, Conac, de Kluiver, Fleischer, Fuentes, Hansen, Knapp, Lamandini, Radwan, Teichmann, van het Kaar, Winner.*

12 The Informal Company Law Expert Group (ICLEG), Report on the recognition of the interest of the group, Oktober 2016, S. 22: „(...) *without having to compensate the subsidiary for this damage immediately, or within a short time period, and to the full amount.*“.

13 Siehe ausführlich dazu S. 122 ff.

14 Forum Europeum on Company Groups ZGR 2015, 507, Mitglieder des Kollektivs waren *Conac, Druey, Forstmoser, Habersack, Hansen, Hommelhoff, Kalss, Krieger, Lennarts, Lutter, Teichmann, von Werder, Wymeersch.*

15 Forum Europeum on Company Groups ZGR 2015, 507, 513.

16 Forum Europeum on Company Groups ZGR 2015, 507, 512.

17 EMCA, First Edition 2017, Mitglieder des Kollektivs waren *Andersen, Andersson, Bartkus, Baums, Clarke, Conac, Corbisier, Daskalov, Antunes, Fuentes, Giudici, Hannigan, Kalss, Kisfaludi, Kluiver, Opalski, Patakyova, Perakis, Porkona, Roest, Sillanpää, Teichmann, Urbain-Parkeani, Vutt, Sørensen, Winner, De Wulf.*

Tochtergesellschaft vorhanden sind, darf die Einflussnahme nur unter Einhaltung eines vom Rozenblum-Ansatz inspirierten Schutzsystems erfolgen.[18] Darauf soll jedoch verzichtet werden können, sofern die Tochter sich im Alleinbesitz der herrschenden Gesellschaft befindet.[19] Am Vorschlag des EMCA ist besonders reizvoll, dass konkrete Rechtsnormen formuliert wurden, an denen sich nationale oder supranationale Gesetzgeber orientieren können.

Wenn die Einflussnahme auf eine Tochtergesellschaft stets zugelassen werden soll, sofern ein bestimmtes Schutzniveau eingehalten wird, so stellt sich mit Blick auf eine mögliche Umsetzung (auch ins deutsche Recht) die Frage, wie sich dies auf den Schutz der Gläubiger der Tochter auswirkt. Dies sah offenbar schon die Reflection Group im Jahr 2011 ähnlich, wenn sie ausführt, dass die Geschäftsführung der Tochtergesellschaft stets dafür verantwortlich sein muss, dass noch angemessen Rücksicht auf die Interessen der „*stakeholder*“ genommen wird,[20] worunter insbesondere die Gläubiger der abhängigen Gesellschaft gemeint sein dürften.

Das Ziel dieser Untersuchung ist herauszuarbeiten, wie Gläubiger in Konzernsachverhalten nach deutschem Recht geschützt werden und welche Auswirkungen die Umsetzung der Regelungsvorschläge auf das Schutzniveau der Gläubiger hätte.

## II. Gang der Untersuchung

Zunächst wird auf die verwendende Methodik und die Interessenkonflikte im Konzern eingegangen (siehe § 2). Daraufhin werden die *de lege lata* zu Gunsten der Gläubiger bestehenden Grenzen der Einflussnahme einer herrschenden Gesellschaft identifiziert (siehe § 3). Danach wird dargestellt, wie der Begriff „Konzerninteresse“ rechtlich zu verstehen ist (siehe § 4) und wie er im Rahmen des sog. Rozenblum-Ansatzes verwendet wird (siehe § 5). Im Anschluss werden die aktuellen Regelungsvorschläge vorgestellt und die entsprechend *de lege ferenda* geltenden Einflussgrenzen bestimmt (siehe § 6). Die vorgeschlagenen Modelle können dadurch mit den bestehenden Modellen verglichen und hinsichtlich des Schutzniveaus bewertet werden (siehe § 7). Die gewonnenen Erkenntnisse werden in dem Rahmen auch genutzt, um eine

18 EMCA, First Edition 2017, S. 385.

19 EMCA, First Edition 2017, S. 385.

20 Report of the Reflection Group on the Future of EU Company Law, 2011, S. 61.

Modifikation der bisherigen Vorschläge vorzustellen (siehe § 8). Danach wird in einem Ausblick kurz auf die Vorteile einer europäischen Umsetzung des Regelungsprojekts eingegangen (siehe § 9), bevor am Ende die gefundenen Ergebnisse in Thesenform zusammengefasst werden (siehe § 10).

# Teil 1: Grundlagen der Einflussnahme auf eine abhängige Gesellschaft

## § 2 Interessenkonflikte in Konzernsachverhalten

In diesem Kapitel werden typische Konstellationen und Probleme im Zusammenhang mit Konzernstrukturen erläutert. Die Instrumentarien eines Gesetzgebers zur Lösung jener Probleme werden ebenfalls vorgestellt. Soweit möglich nicht anhand einer konkreten Rechtsvorschrift, sondern abstrakt anhand der Funktionsweise. Diese funktionale Analyse ermöglicht, dass jeder Mechanismus einer Kategorie zugeordnet werden kann. Eine solche Einordnung hat sich als erkenntnisfördernd im Zusammenhang mit Rechtsvergleichen erwiesen und dient als Hilfestellung, wenn, wie hier, Regelungsvorschläge mit nationalen Regelungen verglichen werden.

### I. Motivation und Grundlagen der Konzernbildung

Zunächst wird darauf eingegangen, wieso eine bei ökonomischer Betrachtung einzelne Unternehmung auf mehrere juristische Personen aufgeteilt werden kann.

#### 1) Beschränkte Haftung und Rechtspersönlichkeit einer Gesellschaft

Alle bedeutsamen westlichen Rechtsordnungen gestatten Gesellschaftsformen, bei denen das den Gläubigern haftende Kapital auf das Vermögen der Gesellschaft beschränkt und ein Rückgriff auf das Privatvermögen der Gesellschafter ausgeschlossen ist.[21] Auf diese Weise wird es für eine natürliche Person (als Gesellschafter) möglich einer unternehmerischen Tätigkeit nachzugehen, ohne dem Risiko ausgesetzt zu sein, bei einem Scheitern mit privatem Vermögen einstehen zu müssen.

---

[21] Zum Rechtsvergleich siehe *Armour/Hansmann/Kraakman/Paragendler* in Kraakman/Armour/Davies/Enriques/Hansmann/Hertig/Hopt/ Kanda/Paragendler/Ringe/Rock, The Anatomy of Corporate Law: A Comparative and Functional Approach, 3. Aufl. 2017, S. 9.

Genauso anerkannt ist die Rechtspersönlichkeit einer Gesellschaft. Damit ist gemeint, dass die Vermögengegenstände der Gesellschaft selbst und eben nicht den Gesellschaftern zustehen. Diese Trennung hat weitreichende Auswirkungen. Sind Ansprüche sowohl der Gläubiger, als auch der Gesellschafter auf einen bestimmten Gegenstand des Gesellschaftsvermögens bezogen, sind die Ansprüche der Gläubiger vorrangig.[22] Was in dieser Allgemeinheit verwunderlich erscheint, ist eigentlich eine Selbstverständlichkeit, die kaum mehr hinterfragt wird. Am plastischsten wird dieses Prinzip im Rahmen der Liquidation einer Gesellschaft, bei der zunächst alle ausstehenden Forderungen der Gläubiger befriedigt werden müssen, bevor die Verteilung an die Gesellschafter erfolgen darf.[23]

Diese Prinzipien sind nicht nur für die Geschäftstätigkeit einer einzelnen Unternehmergesellschaft vorteilhaft. Haftungsbeschränkung und Rechtspersönlichkeit erlauben es einer Unternehmung verschiedene Zweige ihres Geschäfts durch die Gründung einer Tochtergesellschaft zu isolieren.[24] Auf diese Weise hat die Unternehmung einen Konzern gebildet. Auch wenn keine allgemeingültige Definition existiert, wird nach der in Deutschland vorherrschenden Anschauung ein Konzern angenommen bei mindestens zwei rechtlich selbstständigen Gesellschaften unter einheitlicher Leitung.[25]

Für Gläubiger der „Unternehmung" kann die Konzernbildung ebenfalls Auswirkungen haben. Für sie ergibt sich die Möglichkeit eine Finanzierung für einen bestimmten Vermögensgegenstand zu gewähren und den Überwachungsaufwand auf eben diesen Gegenstand zu fokussieren, wenn der Gegenstand in eine Tochtergesellschaft ausgesondert wird.[26] Auf diese Weise kann ein Gläubiger seine Überwachungskosten senken, denn er muss nicht mehr die komplette Unternehmung (also

---

22 *Armour/Hansmann/Kraakman/Paragendler*: in Kraakman et al., aaO (Fn. 21), S. 6.

23 vgl. nur § 73 Abs. 1 GmbHG oder §§ 272 f. AktG, nach denen eine Verteilung unter den Gesellschafter nur nach Erfüllung aller Verbindlichkeiten der Gesellschaft erfolgen darf.

24 Man spricht vom sog. *asset partioning, vgl. Armour/Hertig/Kanda* in Kraakman et al., aaO (Fn. 21), S. 110.

25 vgl. Wortlaut des § 18 Abs. 1 S. 1 AktG; Überblick zu Definitionen und Konzernbegriffen *Bayer* in MüKo AktG, 4. Aufl. 2016, § 18 Rz. 28 ff.; für eine historische Einordnung siehe *Druey* in FS Hommelhoff (2012), 135.

26 *Armour/Hansmann/Kraakman/Paragendler* in Kraakman et al., aaO (Fn. 21), S. 9.

alle Konzerngesellschaften) überwachen. Somit zeigt sich, dass die Bildung von Konzernen in einer einheitlichen Unternehmung, jedenfalls im Grundsatz, auch für die Gläubiger vorteilhaft sein kann.

### 2) Vorteile der Konzernbildung

Daneben gibt es für eine Unternehmung weitere Anreize zur Konzernbildung, von denen hier nur einige genannt werden. Die Aufgliederung in rechtlich selbstständige Gesellschaften ermöglicht eine individuelle Organisationstrennung, durch die in der einzelnen Einheit Eigenverantwortlichkeit geschaffen werden kann, welche zu wirtschaftlich messbaren Vorteilen für die Gesamtunternehmung führt.[27] Mitunter wird als größter Vorteil des Konzerns angeführt, dass er eine ausgefeilte und flexible Geschäftsführung ermöglicht, durch Zusammenspiel zwischen zentral ausgeübter Kontrolle durch die Konzernmutter und lokaler Autonomie einer Tochtergesellschaft.[28] Ökonomisch betrachtet, wird bei der Teilintegration einer Tochtergesellschaft der Entscheidungsprozess optimiert, indem die Entscheidungen zum Teil zentral von der herrschenden Gesellschaft getroffen werden. Wenn die Tochtergesellschaft trotzdem finanziell entschädigt wird, etwa durch einen Anspruch auf Nachteilsausgleich, sollen auf Ebene der Tochtergesellschaft, anders als bei einer Vollintegration in ein Einheitsunternehmen, dennoch wertschöpfende Investitionsanreize verbleiben.[29]

Die gemeinsame Aufnahme einer Finanzierung durch mehrere, organisatorisch selbstständig agierende Konzerngesellschaften kann ebenfalls vorteilhaft sein. Denn die Fremdkapitalkosten werden im Vergleich zur selbstständigen Finanzierung der einzelnen Gesellschaften reduziert.[30] Gegenüber einer Unternehmung, die nicht als Konzern, sondern als Einzelunternehmung in einer Gesellschaft am Markt auftritt, ist die gemeinsame Finanzierung natürlich nicht vorteilhaft. Jedoch ist die gemeinsame Finanzierung für Konzerne sowohl von enormer Bedeutung,

27 *Kirchner* ZGR 1985, 214, (220) m.w.N.

28 Report of the Reflection Group on the Future of EU Company Law, 2011, S. 59.

29 *Engert* in FS Baums (2017), Bd. 1, 385, 398 unter Heranziehung der grundlegenden Prinzipien von *Grossman* und *Hart* (J. Pol. Econ. 94 (1986), 691 „The Costs and Benefits of Ownership") für eine Teilintegration am Beispiel eines faktischen aktienrechtlichen Konzerns.

30 *Baums*, Recht der Unternehmensfinanzierung, § 40 Rz. 32; grundlegend zur rechtlichen Einordnung verschiedenster Finanzierungsstrukturen *Fleischer*, Finanzplankredite und Eigenkapitalersatz im Gesellschaftsrecht, S. 99 ff.

mit ihr ergeben sich auch neue Problemfelder.[31] Beachtlich ist, dass die rechtliche Gestaltung Auswirkungen auf die steuerliche Abgabepflicht einer Unternehmung hat und somit ein Motiv zur Konzernbildung darstellen kann. Mehrere selbstständige Rechtsträger können etwa nach deutschem Recht bei Abschluss eines Unternehmensvertrages gemäß § 291 ff. AktG im Rahmen der steuerlichen Organschaft wirtschaftlich als Einheit angesehen werden, mit der Folge, dass steuerlich in gewissem Umfang Gewinne und Verluste miteinander saldiert werden dürfen.[32]

Der wichtigste Vorteil der Konzernbildung ist allerdings die oben genannte rechtliche Möglichkeit der Haftungsabschottung einzelner Teile der Unternehmung. Das damit aber auch ökonomisch eine Besserstellung der Unternehmung und der Gesellschafter zulasten der Gläubiger einhergeht, wurde von den Wirtschaftswissenschaften schon früh erkannt:

> „Unsere Rechtsordnung erlaubt der Konzernspitze mithin nicht nur, das unternehmerische Gesamtwagnis durch die „Haftungsbeschränkung“ der Dachgesellschaft (teilweise) von den Gesellschaftern auf die Gläubiger zu übertragen, sondern außerdem die Teilrisiken für bestimmte Gebiete der Konzernbetätigung (wenigstens partiell) vom Verbund auf die Gläubiger der einzelnen Konzerngesellschaften (in der Regel von Tochtergesellschaften) zu überwälzen.“[33]

## II. Prinzipal-Agenten Konflikt zwischen Gesellschafter und Gläubiger

Die von *Pohmer* angedeuteten Nachteile, die für die Gläubiger mit der Konzernbildung verbunden sind, sollen nachfolgend aufgezeigt werden.

---

[31] Die Gefahren werden vielfach unter dem Begriff Dominoeffekt diskutiert. Bei einer konzernweiten Finanzierung können Verpflichtungen aus einem Cash-Management System in der Krise einzelner Konzerngesellschaften dazu führen, dass die Krise auf andere wirtschaftlich gesunde Gesellschaften übergreift, siehe *Specovius* in Flöther, Handb. Konzerninsolvenzrecht, § 3 Rn. 124; *Rostegge*, Die Konzerninsolvenz, S. 63.

[32] *Liebscher* in MüKo GmbHG, Anh. Die GmbH als Konzernbaustein Rn. 721.

[33] *Pohmer* in Raiser/Sauermann/Schneider, Das Verhältnis der Wirtschaftswissenschaft zur Rechtswissenschaft, Soziologie und Statistik, 1964, S. 57 (62).

### 1) Prinzipal-Agenten Modell

Bestehen zwischen Parteien Interessengegensätze, so hat sich zu deren Identifizierung, Beschreibung und zur Einordnung von Lösungsansätzen die funktionale Analyse nach dem Prinzipal-Agenten Modell etabliert.[34] Dahinter steht die Idee, dass eine Partei als Prinzipal in gewissem Umfang der eigentlich Berechtigte ist, jedoch zur Durchsetzung seiner Interessen die Handlung einer anderen Partei als Agenten benötigt, von dieser demnach faktisch abhängig ist.[35] Wegen dieser ungleichen Machtverteilung muss der Prinzipal seinen Agenten überwachen, denn es besteht immer die Gefahr, dass dieser seine Position ausnutzt und sich auf Kosten des Prinzipals von eigenen oder fremden Interessen leiten lässt.[36] Die Überwachung ist für den Prinzipal mit Kosten verbunden. In Konstellationen, in denen dieses Ausnutzungspotential nicht durch eine Individualvereinbarung geregelt werden kann, etwa weil Ausnutzungspotential und damit die Überwachungskosten besonders hoch sind, ist es Aufgabe des Gesetzgebers diesen Konflikt zu regeln.[37]

Wenn auftretende Interessengegensätze mit Hilfe des Prinzipal-Agenten Modells betrachtet werden, können die Informations- und Interessenasymmetrien der Parteien anschaulich und differenziert dargestellt werden. Darauf aufbauend ist es möglich die Instrumente zur Konfliktlösung des Gesetzgebers zu untersuchen und mit alternativen Lösungsansätzen zu vergleichen. Traditionell wurde das Prinzipal-Agenten Modell im Bereich des Kapitalgesellschaftsrechts zur Darstellung von Konflikten zwischen den Gesellschaftern und den Geschäftsleitern und zwischen Minderheits- und Mehrheitsgesellschafter eingesetzt[38], jedoch hat es sich auch im Bereich des Gläubigerschutzes als

[34] Grundlegend für funktionalen Rechtsvergleich *Armour/Hansmann/Kraakman* in: Kraakman et al., aaO (Fn. 21), S. 29 ff; aus der amerikanischen Literatur *Cheffins*, Company Law, 1997, S. 44, unter dem Begriff *agency costs* mit Verweis auf die Grundlagenarbeit von *Jensen* und *Meckling*; aus der deutschen Literatur *Bachmann/Eidenmüller/Engert/Fleischer/Schön*, Rechtsregeln für die geschlossene Kapitalgesellschaft, 2012, S. 6 ff; *Steffek*, Gläubigerschutz in der Kapitalgesellschaft, S. 24.

[35] *Steffek*, Gläubigerschutz in der Kapitalgesellschaft, S. 24.

[36] *Armour/Hansmann/Kraakman* in Kraakman et al., aaO (Fn. 21), S. 29.

[37] *Bachmann/Eidenmüller/Engert/Fleischer/Schön*, Rechtsregeln für die geschlossene Kapitalgesellschaft, 2012, S. 18; *Armour/Hansmann/Kraakman* in Kraakman et al., aaO (Fn. 21), S. 31.

[38] *Cheffins*, Company Law, 1997, S. 64 f.; *Davies*, Introduction to Company Law, 2. Aufl. 2010, S. 112 ff.

erkenntnisfördernd herausgestellt.[39] Hier werden diese Erkenntnisse herangezogen[40] und gezeigt, dass sich das Prinzipal-Agenten Modell über die bisherigen Untersuchungen hinaus, auch in Konzernsachverhalten erkenntnisfördernd einsetzen lässt[41].

## 2) Konflikt zwischen Gesellschafter und Gläubiger

Ein Prinzipal-Agenten Konflikt besteht in Konstellationen des Einsatzes der beschränkten Haftung (*asset partioning)*. Denn obwohl ein Vermögensgegenstand eigentlich dem entsprechenden Finanzier wirtschaftlich zuzuordnen ist[42], hat der Gesellschafter durch seine Möglichkeit Verfügungsgewalt über die Vermögensgegenstände auszuüben, einen Anreiz Handlungen zum eigenen Vorteil und zum Nachteil der Gläubiger durchzuführen.[43] In dieser Konstellation ist demnach der Gesellschafter der Agent und der Gläubiger der eigentlich berechtigte Prinzipal.

Die Möglichkeiten, den beschriebenen Anreiz zu einer Handlung auf eigene Rechnung zulasten der Gläubiger auszunutzen, sind vielfältig. Jedoch lassen sich die meisten einer der drei nachfolgenden Fallgruppen zuordnen.

Der naheliegendste Missbrauch ist das Aussondern von Vermögensgegenständen der Gesellschaft durch die Gesellschafter zur persönlichen Bereicherung, was auch als *asset dilution* bezeichnet wird.[44] Weiterhin können Gesellschafter versucht sein das Vermögen der Gesellschaft zu besonders risikobehafteten Geschäften zu verwenden, wobei die Gläubiger dadurch ein erhöhtes Ausfallrisiko tragen, während die

---

39 *Steffek*, Gläubigerschutz in der Kapitalgesellschaft, S. 35; *Armour/Hertig/Kanda* in Kraakman et al., aaO (Fn. 21), S. 109ff; *Servatius*, Gläubigereinfluss durch Covenants, S. 80ff.

40 Insbesondere wird auf die exzellente Ausarbeitung von *Steffek* (aaO) aufgebaut.

41 Siehe dazu unten S. 21 sowie S. 160 ff.

42 Siehe zum geringeren Überwachungsaufwand des einen speziellen Vermögensgegenstand finanzierenden Gläubiger bereits oben S. 7 f.

43 *Steffek*, Gläubigerschutz in der Kapitalgesellschaft, S. 25 f.; *Armour/Hertig/Kanda* in Kraakman et al., aaO (Fn. 21), S. 111.

44 *Armour/Hertig/Kanda* in Kraakman et al., aaO (Fn. 21), S. 111; entsprechend kann auch das zum Jahresbeginn 2020 in Kraft getretene Gesetz zur Umsetzung der zweiten Aktionärsrechterichtlinie (ARUG II) eingeordnet werden, bei dem insbesondere die Regelung von Geschäften der (börsennotierten) Gesellschaft mit nahestehenden Personen (sog. r*elated party transactions*) im Fokus steht, siehe dazu *Lieder/Wernert*, ZIP 2019, 989 mwN.

Gesellschafter zwar an potentiellen Gewinnen partizipieren, ihr Risiko jedoch auf den Verlust der Einlage beschränkt bleibt.[45] Die dritte Fallgruppe der Missbrauchsmöglichkeiten der Gesellschafter ist die Erhöhung der Gesamtverbindlichkeiten der Gesellschaft. Als eine solche *debt dilution* bezeichnet man eine Konstellation bei der sich Altgläubiger mit neuen Gläubigern bestimmte Vermögensgegenstände in der Insolvenz teilen müssen, wodurch die tatsächliche Befriedigung der Altgläubiger geschmälert wird, während der Gesellschafter die Vorteile von „beiden“ Finanzierungen genießt.[46] Der Anreiz zu opportunistischem Verhalten erhöht sich, wenn der Gesellschafter Verfügungsgewalt selbst innehat, also wenn der Gesellschafter selbst die Geschäfte der Gesellschaft führt oder maßgeblichen Einfluss auf die Geschäftsführung ausüben kann.[47]

### 3) Besondere Konstellation des Konflikts - Konzernsachverhalte

Wie dargestellt, sind Konstellationen denkbar, in denen der Konflikt zwischen Gesellschafter und Gläubigern verschärft ist, da die Informations- und Interessenasymmetrien besonders hoch sind und dementsprechend der Anreiz des Agenten zu opportunistischem Verhalten ebenfalls erhöht ist. Dies ist ebenfalls der Fall, wenn sich die Gesellschaft in einer ernsten wirtschaftlichen Krise befindet. In Insolvenznähe können Gesellschafter versucht sein ihren Einfluss auf die Gesellschaft und die Geschäftsleitung für besonders risikobehaftete Geschäfte zu nutzen, welche sich bei negativem Verlauf im Wesentlichen nur schädigend auf die Gläubiger auswirken, da die Gesellschafter in Insolvenznähe „nicht mehr viel zu verlieren“ haben.[48] Daneben ist ein deliktischer Gläubiger besonders schutzwürdig, da er unfreiwillig und vor

---

45 Phänomen wird auch als *asset substitution* bezeichnet, vgl. *Armour/Hertig/Kanda* in Kraakman et al., aaO (Fn. 21), S. 111.

46 *Armour/Hertig/Kanda* in Kraakman et al., aaO (Fn. 21), S. 111 f.

47 *Bachmann/Eidenmüller/Engert/Fleischer/Schön*, Rechtsregeln für die geschlossene Kapitalgesellschaft, 2012, S. 10.

48 Grundlegend zum Ermessen im insolvenznahen Bereich *Roth*, Unternehmerisches Ermessen, S. 210 ff.; *Armour/Hertig/Kanda* in Kraakman et al., aaO (Fn. 21), S. 114.

allem ohne vorherige Verhandlungsmöglichkeit in der Gläubigerstellung ist.[49]

Der Gesellschafter – Gläubiger Konflikt kann zudem in Konzernsachverhalten verschärft sein. Wie bereits dargestellt, kann eine Konzernbildung wegen des reduzierten Überwachungsaufwandes für die Gläubiger auch vorteilhaft sein[50], jedoch ergeben sich dennoch die benannten Anreize des Gesellschafters zum Missbrauch.[51] In Konzernsachverhalten kann *asset partitioning* extensiv genutzt und die Tochtergesellschaften so ausgestaltet werden, dass die Abhängigkeit der Gesellschaft vom beherrschenden Gesellschafter besonders stark ist.[52] Dies bietet die Möglichkeit eines verstärkten Transfers von Vermögensgegenständen und dem Schaffen von Verbindlichkeiten innerhalb der Konzernunternehmen, welche die Position der Gläubiger besonders gefährden können.[53] Die Sachverhalte in denen in der Vergangenheit Konzernbildung zu Lasten von Gläubigern genutzt wurde, sind vielfältig. Zu nennen ist der Eingriff in das Gewinnverwendungsrecht der Hauptversammlung durch Gewinnverlagerung in eine Tochtergesellschaft[54] sowie der Abschluss nicht marktüblicher Verträge mit Muttergesellschaften, worunter auch die Ausreichung überteuerter Darlehen fällt.[55] Eine Gläubigergefährdung kann auch dadurch entstehen, dass Handlungen im Interesse des herrschenden Gesellschafters durchgeführt werden, wenn beispielweise Vermögensgegenstände von einer Gesellschaft auf eine andere innerhalb einer Gruppe übertragen werden, wovon die Gruppe in einer konsolidierten Betrachtung profitiert, jedoch das Risiko der Gläubiger der übertragenden Gesellschaft erhöht wird.[56] Eben jene Konstellation möchte der europäische Gesetzgeber neu reglementieren.[57]

---

49 *Bachmann/Eidenmüller/Engert/Fleischer/Schön*, Rechtsregeln für die geschlossene Kapitalgesellschaft, 2012, S. 118, welche besonders schutzwürdige Gläubiger unter dem Begriff *non-adjusting creditor* zusammenfassen.

50 Siehe zur Thematik des Überwachungsaufwands bereits S. 7 f.

51 Damit sind insbesondere die drei zuvor genannten Fallgruppen *asset dillution, asset substitution* und *debt dillution* gemeint.

52 *Armour/Hertig/Kanda* in Kraakman et al., aaO (Fn. 21), S. 115.

53 *Armour/Hertig/Kanda* in Kraakman et al., aaO (Fn. 21), S. 115.

54 Ein solches Vorgehen wirkt mittelbar auch gläubigerschädigend, betrifft jedoch primär die Schutzwürdigkeit von Minderheitsgesellschaftern.

55 Zu einem anzustellenden Drittvergleich siehe BGH v. 1.12.2008 – II ZR 102/07, NJW 2009, 850, 852 - MPS.

56 *Armour/Hertig/Kanda* in Kraakman et al., aaO (Fn. 21), S. 115.

57 Report of the Reflection Group on the Future of EU Company Law, 2011, S. 60.

Der Konflikt zwischen dem Gesellschafter und den Gläubigern ist in einer unabhängigen Gesellschaft vorhanden, jedoch wird aus dem zuvor genannten deutlich, dass Konzernsachverhalte (abhängig von konkreter Ausgestaltung und Komplexität) den Konflikt zwischen dem Gesellschafter und dem Gläubiger massiv verschärfen können.

## III. Lösungsansätze des Konflikts

Den gerade genannten Interessengegensätzen kann auf verschiedene Weise begegnet werden.

### 1) Vertragliche Lösung

Wie bei allen Prinzipal-Agenten Konflikten, ist es auch für den Konflikt zwischen dem Gesellschafter und dem Gläubiger anerkannt, dass es die effizienteste Konfliktlösung darstellt, wenn es den Parteien überlassen wird ihre Interessen durch gegenseitige vertragliche Vereinbarung zu wahren.[58] Wenn die Parteien die bestehenden Konfliktfelder individuell regeln, hat dies im Gegensatz zu einer gesetzlichen Vorgabe den Vorteil, dass die Vereinbarung sich auf konfliktträchtige Bereiche beschränken kann.[59] Eine gesetzliche Regelung muss den konkreten Konflikt stets antizipieren. Dabei besteht die Gefahr, dass Parteien in ihrer Gestaltungsfreiheit eingeschränkt werden. Dies kann relevant werden, wenn die Parteien einen Teil des gesetzlich gewährten Schutzes gar nicht benötigt hätten. Um dem entgegen zu wirken, werden gesetzliche Regelung zum Teil zur Disposition der Parteien gestellt, sodass eine bedarfsgerechte Lösung vereinfacht wird.

Eine vertragliche Vereinbarung mit gläubigerschützenden Mechanismen zu verhandeln und auszuarbeiten, ist für Gläubiger mit Kosten verbunden, ebenso wie die Überwachung der Gesellschaft und der Gesellschafter dahingehend, ob die Vereinbarung eingehalten wird.[60] Eine vertragliche Lösung ist sinnvoll, sofern die genannten Kosten nicht die Einschränkungen einer gesetzlichen Regelung übersteigen. Dabei ist zu bedenken, dass die Kosten für die Gläubiger besonders hoch sein werden, wenn der Anreiz des Gesellschafters zu opportunistischem

58 *Armour/Hertig/Kanda* in Kraakman et al., aaO (Fn. 21), S. 112 f.

59 *Armour/Hertig/Kanda* in Kraakman et al., aaO (Fn. 21), S. 113.

60 *Bachmann/Eidenmüller/Engert/Fleischer/Schön*, Rechtsregeln für die geschlossene Kapitalgesellschaft, 2012, S. 14, mit dem Hinweis darauf, dass es Aufgabe eines Gesetzgebers sei die Verhandlungskosten zu verringern.

Verhalten gesteigert ist. Insbesondere in den drei zuvor aufgezeigten Konstellationen[61], ist der Anreiz zum Missbrauch so hoch, dass regelmäßig eine vertragliche Vereinbarung zwischen den Parteien nicht ausreicht und der Überwachungsaufwand dermaßen hoch sein dürfte, dass eine gesetzliche Regelung die effizientere Methode ist, um den Konflikt zu lösen.[62] Die Aufgabe des Gesetzgebers ist es sodann einen Institutionsrahmen zu schaffen, der zu einer Senkung der Transaktionskosten und Begrenzung negativer Externalitäten führt.[63]

### 2) Lösungsstrategien des Gesetzgebers

Hinsichtlich der Lösungsansätze des Gesetzgebers für den Prinzipal-Agenten Konflikt zwischen dem Gläubiger und dem Gesellschafter, werden zwei Arten von Strategien unterschieden. Für solvente Gesellschaften greifen Regelungen welche *ex ante* zu beachten sind, während für Gesellschaften in der Krise der Konflikt auch durch *ex post* überprüfbare Maßstäbe geregelt werden soll.

Nachfolgend werden verschiedene Lösungsansätze vorgestellt, welche Rechtsordnungen für Prinzipal-Agenten Konflikte zwischen Gesellschafter und Gläubiger verwenden. Die Ansätze sollen, soweit möglich, ohne Bezug auf eine konkrete Norm dargestellt werden, um die gläubigerschützende Wirkungsweise bestmöglich aufzuzeigen. Die Darstellung dient vorrangig der Klassifizierung, sodass weitere, ebenfalls existierende Ansätze nicht genannt werden.

#### a) Ex ante – Strategien

Zu den *ex ante* Strategien zählen zum einen Offenlegungsverpflichtungen in verschieden Formen, zum anderen auch Gebote bzw. Verbote, welche übersichtsartig dargestellt werden.

Eine Offenlegungspflicht ist etwa die Verpflichtung die beschränkte Haftung einer Gesellschaft bei der Nennung des Firmennamens anzugeben, in Deutschland z.B. durch den Zusatz GmbH.[64] Alle Kapitalgesellschaften, also auch diejenigen in der Rechtsform einer GmbH

---

61 Diese sind Insolvenznähe, Konzernstrukturen und deliktische Schädigungen, siehe zuvor S. 14 f.

62 *Armour/Hertig/Kanda* in Kraakman et al., aaO (Fn. 21), S. 114.

63 *Kranz*, Recue Culture, S.15.

64 § 4 GmbHG bzw. § 4 AktG für die AG, zum Rechtsvergleich siehe *Armour/Hertig/Kanda* in Kraakman et al., aaO (Fn. 21), S. 119.

müssen jährlich ihre Bilanzen offenlegen. Börsennotierte Gesellschaften müssen gegenüber Aufsichtsbehörden und der Allgemeinheit in regelmäßigen Abständen weitergehende finanzielle Informationen offenlegen, welche anerkannten Buchhaltungs- und Bilanzierungsgrundsätzen zu entsprechen haben.[65] Das Konzerne verpflichtet sind konsolidierte Abschlüsse anzufertigen und offen zu legen, verdeutlicht anschaulich, wie der Gesetzgeber bemüht ist den Überwachungsaufwand des Gläubigers im Gesellschafter-Gläubiger Konflikt, speziell für Konzernsachverhalte, zu reduzieren.[66] Die Überwachung ist besonders schwierig bei Rechtsgeschäften zwischen gruppenangehörigen Gesellschaften. Daher sind börsennotierte Gesellschaften in den meisten Rechtsordnungen verpflichtet konzerninterne Rechtsgeschäfte ebenfalls offen zu legen.[67] Die entsprechenden Offenlegungspflichten sind nach deutschem Konzernrecht des AktG im internationalen Vergleich eher schwach ausgeprägt, da im Abhängigkeitsbericht des § 312 AktG lediglich eine Zusammenfassung der konzerninternen Geschäfte offengelegt werden muss.[68] Eine entscheidende Rolle für die Wirksamkeit von Offenlegungsvorschriften kommt dabei jedenfalls grundsätzlich Wirtschaftsprüfern und unabhängigen Bewertungsinstituten zu, welche die Korrektheit der Veröffentlichungen überprüfen und für diese Stellungnahme persönlich einzustehen haben.[69]

Daneben soll der Konflikt zwischen dem Gesellschafter und den Gläubigern durch ein System von Verboten und Geboten geregelt werden, welche sich allen voran in Regelungen zur Kapitalerhaltung niederschlagen. So existiert für haftungsbeschränkte Gesellschaften das Institut des Stammkapitals (auch gesetzliches Kapital genannt), wodurch die Gesellschafter gezwungen werden, zumindest einen gewissen Betrag an Kapital selbst aufzubringen, welches ausschließlich den Gläubigern

---

65 Anerkannt sind die International Financial Reporting Standards (IFRS) für den europäischen Raum und die mittlerweile im Wesentlichen angeglichenen Regelungen des U.S. GAAP für die USA; für einen Überblick m.w.N. siehe *K. Schmidt*, Handelsrecht: Unternehmensrecht I, 6. Aufl. 2014, § 15 R. 114ff.

66 *Armour/Hertig/Kanda* in Kraakman et al., aaO (Fn. 21), S. 121.

67 *Armour/Hertig/Kanda* in Kraakman et al., aaO (Fn. 21), S. 121.

68 Zur Offenlegung in der Schlusserklärung siehe *Altmeppen* in MüKo AktG, 4. Aufl. 2015, § 312 Rn. 7; zum Rechtsvergleich siehe *Armour/Hertig/Kanda* in Kraakman et al., aaO (Fn. 21), S. 121.

69 *Armour/Hertig/Kanda* in Kraakman et al., aaO (Fn. 21), S. 122; den Wirtschaftsprüfern und Ratingagenturen wird eine entscheidende Rolle für den Eintritt des Kollapses des Finanzmarktes im Jahr 2007 zugesprochen, siehe hierzu *Berger/Ryborz*, WM 2014, 2241.

haftet. Einige Rechtsordnungen, wie auch der deutsche Rechtsrahmen, erlauben jedoch haftungsbeschränkte Gesellschaften, in denen das Mindestkapital nur minimalen Schutz gewährleistet.[70] Daneben bestehen Vorschriften, die Ausschüttungen von Gesellschaftsvermögen an die Gesellschafter reglementieren. Diese betreffen nicht lediglich die gewöhnliche Verteilung von Gesellschaftsvermögen, sondern auch darüber hinaus. So ist beispielsweise bei der AG jede Verteilung, abgesehen von formal festgestellten Bilanzgewinnen, verboten. Darunter fallen eine Reihe sonstiger Handlungen, die als „versteckte Ausschüttungen" den sonstigen Ausschüttungen gleichgestellt werden.[71] Daneben bestehen zum Schutz der Gläubiger Handlungsverpflichtungen in der Konstellation, in der die Gesellschaft einen außergewöhnlichen finanziellen Verlust erleidet. Darunter fällt zum einen die Verpflichtung eine Gesellschafterversammlung einzuberufen, sollte der Kapitalverlust eine bestimmte Schwelle überschreiten.[72] Zum anderen besteht die Verpflichtung zur Stellung eines Insolvenzantrags, sollte der Kapitalverlust zum Vorliegen eines Insolvenzgrundes führen.[73]

#### b) Ex post – Strategien

Sollte sich die Gesellschaft bereits in einer Krise befinden, löst der Gesetzgeber den Konflikt zwischen dem Gesellschafter und den Gläubigern durch Regelungen, welche auch einer *ex post* Überprüfung zugänglich sind.

Im Vordergrund stehen dabei Verhaltensmaßstäbe, nach denen nachträglich eine Haftung angedroht wird, sollte der Maßstab durch eine

70 Für die AG und die GmbH bestehen die Schwellen von 50.000 EUR bzw. 25.000 EUR gemäß § 7 AktG bzw. § 5 GmbHG; daneben besteht die Möglichkeit der Unternehmergesellschaft (haftungsbeschränkt) nach § 5a GmbHG bei der das Stammkapital der GmbH nicht aufgebracht werden muss; zum Rechtsvergleich siehe *Armour/Hertig/Kanda* in Kraakman et al., aaO (Fn. 21), S. 124 f.; haftungsbeschränkte Gesellschaften ohne Mindestkapital sind bspw. zulässig in einigen US Bundestaaten vgl. *Spahlinger/Wegen*, Internationales GesR, Rn. 1110.

71 *Bayer* in MüKo AktG, 4. Aufl. 2016, § 57 Rn. 45 wonach es unerheblich sei, auf welchem Weg die Vermögensbindung „ausgehebelt" werde.

72 Nach § 92 Abs. 1 AktG bzw. § 49 Abs. 3 GmbHG hat ein Vorstand bzw. Geschäftsführer unverzüglich eine außerordentliche Hauptversammlung einzuberufen, sofern bei Bilanzaufstellung feststeht, dass ein Verlust der Hälfte des Grundkapitals bzw. Stammkapitals besteht.

73 Wird der Verpflichtung nach Vorliegen eines Grundes nach den §§ 17 – 19 InsO nicht nachgegangen, kann dies als Insolvenzverschleppung § 283 StGB strafbar sein.

Person verletzt werden, die mit der Gesellschaft in Verbindung steht.[74] Solche „in Verbindung stehende Personen“ können die geschäftsführenden Organe der Gesellschaft, die Gesellschafter oder besonders bevorteilte Gläubiger sein. Geschäftsführende Organe einer Gesellschaft oder solche, die unter Rechtsscheingesichtspunkten als solche zu behandeln sind, können haftbar für Vermögensverluste sein, die bei den Gläubigern dadurch eingetreten sind, dass sich das Organ fahrlässig oder betrügerisch verhalten hat.[75] Welcher konkrete Haftungsmaßstab anzulegen ist und welche Intensität die Haftung haben sollte, ist abhängig von der Gesellschafter- und Kontrollstruktur der entsprechenden Gesellschaft, denn Gesellschafter-Gläubiger Konflikte sind besonders ausgeprägt, wenn der Gesellschafter Einflussmöglichkeiten auf die Geschäftsführung hat.[76]

Gesellschafter können auch unmittelbar Adressaten von gläubigerschützenden Regelungen sein. Es ist als *ex post* wirkender Verhaltensmaßstab einzuordnen, wenn für Gesellschafter die gleichen (strikten) Verhaltensmaßstäbe angelegt werden, welche sonst für Geschäftsführer gelten. Verbreitet ist dies unter dem Begriff der Inanspruchnahme als „Schattengeschäftsführer“.[77] Anschaulich wird Gläubigerschutz auch bei der Subordination von Gesellschafterdarlehen. Eine Rechtsordnung kann anordnen, dass ein Darlehen, welches der Gesellschaft von einem Gesellschafter gewährt wurde, in der insolvenzrechtlichen Vermögensverteilung sonstigen Darlehen gegenüber nur nachrangig zu befriedigen ist.[78] Für Gesellschafter wiegt es schwer, wenn eine Rechtsordnung aus Gründen des Gläubigerschutzes für bestimmte Verhaltensweisen die Durchbrechung der beschränkten Haftung und eine persönliche Haftung der Gesellschafter anordnet.[79] Dazu funktional vergleichbar sind die Regelungen des deutschen Vertragskonzernrechts, welche den herrschenden Gesellschafter zum Verlustausgleich verpflichten.[80]

---

74 *Armour/Hertig/Kanda* in Kraakman et al., aaO (Fn. 21), S. 128.

75 *Armour/Hertig/Kanda* in Kraakman et al., aaO (Fn. 21), S. 128.

76 *Armour/Hertig/Kanda* in Kraakman et al., aaO (Fn. 21), S. 129.

77 *Armour/Hertig/Kanda* in Kraakman et al., aaO (Fn. 21), S. 114.

78 Zur Subordination im dt. Recht siehe *Hirte* in Uhlenbruck InsO, 14. Aufl. 2015, § 39 Rn. 32ff.

79 *Bachmann/Eidenmüller/Engert/Fleischer/Schön*, Rechtsregeln für die geschlossene Kapitalgesellschaft, 2012, S. 10.

80 Darauf wird insbesondere in Kapitel III, S. 46 ff. eingegangen.

Neben den Verhaltensmaßstäben existiert auch der sog. *Governance* Ansatz. Darunter versteht man, dass den Gläubigern in bestimmten Konstellationen direkte Einflussnahme auf die Führung der Gesellschaft gewährt wird.[81] Die Regeln zu den „Verhaltensstandards“ kommen primär in Betracht, wenn sich Gesellschaft zwar in einer finanziellen Krise, aber nicht in Insolvenz befindet. Ist die Gesellschaft insolvent, wird den Gläubigern die direkte sowieso Einflussnahme gewährt. Sichtbar wird die direkte Kontrollstellung etwa im Recht der Gläubigerversammlung über den Ablauf eines Insolvenzverfahrens zu entscheiden.

### c) Klassifikation der Strategien

Zusammenfassend lassen sich die genannten (und andere) gläubigerschützenden Strategien einer Rechtsordnung wie folgt klassifizieren. Wichtig ist dabei vor allem die Trennung zwischen Strategien, die *ex ante* wirken und solchen Strategien, die erst nachträglich (*ex post*) eingreifen.

| | **Kontrolle und Informationen des Prinzipals (Gläubiger)** | | | |
|---|---|---|---|---|
| | *Bestehen der Gläubigerstellung* | *Bestellungsrechte* | *Entscheidungs-rechte* | *Informationsrechte* |
| **ex ante** | Begründung | Bestellung | Weisungen | vor Begründung des Prinzipal-Agenten Verhältnisses |
| **Ex post** | Beendigung | Abberufung | Vetorecht / Ratifizierung | nach Begründung des Prinzipal-Agenten Verhältnisses |

| | **Steuerung der Interessen- und Informationen des Agenten (Gesellschafter/u.U. Geschäftsleiter)** | | |
|---|---|---|---|
| | *Ermessens-Schranken* | *Annäherung der Interessen* | *Informations-pflichten* |
| **ex ante** | Regeln ohne Ermessen | Agenten mit geringen Interessenkonflikten | Informationen über zukünftige Ereignisse |
| **Ex post** | Schadensersatz bzw. Restitution bei Verletzung der Schranke | Belohnung für Handeln im Prinzipalinteresse | Berichterstattung über vergangene Ereignisse |

Zu dieser Systematisierung vgl. auch *Steffek*, Gläubigerschutz in der Kapitalgesellschaft, S. 29.

[81] *Armour/Hertig/Kanda* in Kraakman et al., aaO (Fn. 21), S. 136.

## IV. Prinzipal - Agenten Modell für Konflikte in Konzernsachverhalten

Im Bereich des Gläubigerschutzes konnte das Modell von Prinzipal und Agent erfolgreich eingesetzt werden.[82] Wie bereits aufgezeigt, besteht in Konzernsachverhalten grundsätzlich das gleiche Verhältnis zwischen Prinzipal Gläubiger (einer Konzerngesellschaft) und seinem Agenten Gesellschafter (Muttergesellschaft). Allein das Vorliegen eines Prinzipal-Agenten Verhältnisses sagt jedoch noch nichts darüber aus, ob das Modell in Konzernsachverhalten ebenfalls erkenntnisfördernd nutzbar gemacht werden kann. Dies ist ausschließlich anzunehmen, wenn die Voraussetzungen erfüllt sind unter denen sich das Prinzipal-Agenten Modell in anderen Konstellationen als erkenntnisfördernd erwiesen hat.[83] Diese Mindestvoraussetzungen sind unterschiedliche Interessen und auch unterschiedliche Informationen zwischen Prinzipal und Agent.[84]

Dass im Konflikt zwischen dem Gläubiger und dem Gesellschafter/Geschäftsführer Unterschiede bei der Informations- und Interessenlage bestehen, dürfte unstreitig sein.[85] Letztendlich findet dieser Konflikt in Konzernsachverhalten lediglich eine „qualitative Verschärfung“. Die Interessen- und Informationsasymmetrien sind zwischen Gläubiger und Gesellschafter gesteigert, wenn der Gläubiger einer Unternehmensgruppe gegenübersteht. Somit sind die Mindestvoraussetzungen der Anwendbarkeit des Modells erfüllt.

Hinzu kommt, dass Anreiz und Möglichkeiten zu opportunistischem Verhalten besonders hoch sind. So besteht innerhalb eines Konzerns die Möglichkeit der Schaffung von konzerninternen Verbindlichkeiten. Auch können Vermögensgegenstände innerhalb der Gruppe verschoben werden. Eine Unternehmensgruppe ermöglicht Gestaltungen,

---

82 *Steffek*, Gläubigerschutz in der Kapitalgesellschaft, S. 26; *Servatius*, Gläubigereinfluss durch Covenants, S. 80ff.

83 Zweistufige Prüfung vgl. *Steffek*, Gläubigerschutz in der Kapitalgesellschaft, S. 26.

84 *Steffek*, Gläubigerschutz in der Kapitalgesellschaft, S. 26.

85 Der Gesellschafter hat beispielsweise einen Informationsvorsprung als Agent hinsichtlich der finanziellen Informationen der Gesellschaft (§ 51a GmbHG) und da dieser an der Maximierung des Unternehmensgewinns interessiert ist, während der Gläubiger die rechtzeitige und vollständige Befriedigung seiner Forderung verfolgt, besteht ebenfalls ein Interessenkonflikt, vgl. *Steffek*, Gläubigerschutz in der Kapitalgesellschaft, S. 26.

welche es einem Gläubiger extrem erschweren können, verlässliche Informationen über die Schuldnergesellschaft und den Gesellschafter zu erlangen, sodass die ohnehin schon notwendigen Überwachungskosten in Konzernsachverhalten gesteigert sind. Besonders schwierig gestaltet sich die Überwachung insbesondere bei Handlungen, welche die Schuldnergesellschaft nicht innerhalb des Eigeninteresses, sondern im Interesse des Konzerns bzw. anderen Konzerngesellschaften durchführt.[86] Somit liegen die Voraussetzungen für einen erkenntnisfördernden Einsatz des Prinzipal-Agenten Modells hier vor.

## V. Grenzen des Prinzipal - Agenten Modells

Das Prinzpal-Agenten Modell eignet sich insbesondere zur funktionalen Darstellung von Interessenasymmetrien, der Untersuchung von Modellen des Gesetzgebers zur Konfliktlösung sowie zum funktionalen Vergleich zwischen verschiedenen Modellen.[87] Sämtliche dieser drei Funktionen können für diese Arbeit ihre Wirkung entfalten. Zunächst können die Interessenasymmetrien in Konzernsachverhalten aufgezeigt werden. Sodann können die Modelle, welche die deutsche Rechtsordnung für Konzerne verwendet, eingeordnet werden. Dabei kann die oben dargestellte Klassifizierung erneut herangezogen werden.[88] Die *de lege lata* für Konzernsachverhalte verwendeten Strategien, insbesondere des Konzernrechts der Kapitalgesellschaften AG und GmbH, können im Hinblick auf den Gläubigerschutz funktional eingeordnet werden. Die Klassifizierung kann weiter sinnvoll sein, um darzustellen welche Konfliktlösungsstrategien tangiert werden, sollte *de lege ferenda* die Anerkennung eines Konzerninteresses vorgegeben werden. Auf diese Weise kann auch der funktionale Vergleich zwischen verschiedenen Lösungsstrategien hier fruchtbar gemacht werden. Dem steht auch nicht entgegen, dass vorliegend nicht das Recht zweier Rechtsordnungen, sondern bestehende und vorgeschlagene Regelungen miteinander verglichen werden.

Beachtet werden sollte, dass das Prinzipal-Agenten Modell auch Schwächen hat. Zum einen ist es nicht in der Lage einen Beitrag zur

---

86 *Armour/Hertig/Kanda* in Kraakman et al., aaO (Fn. 21), S. 133 f.

87 *Steffek*, Gläubigerschutz in der Kapitalgesellschaft, S. 35.

88 Siehe zum Vergleich der Regelungsvorschläge mit der Rechtslage *de lege lata* unter Heranziehung der Klassifizierung unten S. 160 ff.

juristischen Auslegung von Rechtsvorschriften zu leisten.[89] Daneben findet das Modell seine Grenzen, sollten die Interessen innerhalb einer gebildeten Gruppe, etwa der Gesellschafter, nicht mehr gleichläufig sein.[90] Selbstverständlich kann von dem Modell auch nicht erwartet werden, dass die funktionale Einordnung und der Vergleich verschiedener Strategien auch eine wertende Einordnung hervorbringt. Zu der vorzunehmenden Wertung kann es lediglich eine Hilfestellung sein.

## VI. Zusammenfassung

Die funktionale Rechtsanalyse mithilfe des Prinzipal-Agenten Modells hat sich für den Gläubigerschutz bereits als erkenntnisfördernd erwiesen. Dies gilt speziell für den Konflikt zwischen Gesellschafter und Gläubiger und den juristischen Konfliktlösungsstrategien einer Rechtsordnung. In Konzernsachverhalten findet sich dieser Konflikt auch wieder, jedoch sind die Informations- und Interessenasymmetrien und damit der Anreiz für opportunistisches Verhalten besonders hoch. Das Prinzipal-Agenten Modell ist nicht nur hervorragend geeignet diese Asymmetrien aufzuzeigen, mit seiner Hilfe können auch bestehende Strategien des Gesetzgebers für Konzernsachverhalte eingeordnet werden. Sollten vom europäischen Gesetzgeber neue Vorgaben zur Lösung des Konflikts zwischen dem Gesellschafter und den Gläubigern gemacht werden, etwa durch die Anerkennung eines Konzerninteresses, ist es sinnvoll die Implikationen auf die nationalen Strategien funktional darzustellen.

---

89 *Wiedemann* ZGR 2006, 240, 244; ebenso *Steffek*, Gläubigerschutz in der Kapitalgesellschaft, S. 37; grundlegend *Eidenmüller*, Effizienz als Rechtsprinzip, S. 323 ff.; siehe auch *Grundmann*, RabelsZ 1997 66), 423 ff.

90 *Steffek*, Gläubigerschutz in der Kapitalgesellschaft, S. 37.

# § 3 Grenzen der Einflussnahme im deutschen Recht

## I. Regelungsvorschläge und deutsches Gesellschaftsrecht

Nach dem Definitionsansatz der ICLEG beschreibt die Anerkennung des Konzerninteresses vereinfacht ausgedrückt eine Rechtslage, in der Nachteile bei einer Gesellschaft zugunsten von Vorteilen bei anderen Gesellschaften entstehen dürfen, ohne dass es eines unmittelbaren Ausgleichs dieser Nachteile bedarf.[91] Die Einflussnahme des Gesellschafters in die Belange der Gesellschaft wird somit (unter bestimmten Voraussetzungen) kaum eingeschränkt. Die Regelungsvorschläge werden aktuell auf europäischer Ebene vorgebracht und diskutiert. Eine Umsetzung der Anerkennung des Konzerninteresses hätte jedoch unmittelbar Einfluss auch auf das deutsche Gesellschaftsrecht. Allein um die Frage zu beantworten, ob die neu gezogenen Grenzen der Einflussnahme die Belange der Gläubiger noch ausreichend schützen, ist es unerlässlich die Grenzen der (konzerninternen) Einflussnahme nach deutschem Recht als Vergleichsmaßstab heranzuziehen. Zur Bewertung der aktuellen Vorschläge für die Anerkennung eines Konzerninteresses kommt es daher auf die Gemeinsamkeiten und Unterschiede zu den bestehenden Regelungen nach deutschem Recht an.

In diesem Kapitel wird aufgezeigt, welche Möglichkeiten der Einflussnahme einer herrschenden Gesellschaft nach deutschem Recht zustehen und insbesondere, wie diese Einflussnahme zugunsten der finanziellen Ressourcen der Tochtergesellschaft (und damit der Gläubiger der Tochtergesellschaft) begrenzt wird. Dabei muss zwischen den allgemeinen Grenzen durch das Gesellschafts- und Zivilrecht[92] und den Grenzen, die sich aus der speziellen Art der Konzernierung ergeben, differenziert

---

[91] ICLEG Report aaO (Fn. 11), S. 22; siehe zu den Definitionsansätzen ausführlich unten ab S. 87.

[92] Das sind Grenzen, welche die Möglichkeit der Einflussnahme eines Gesellschafters auch in einer unabhängigen Gesellschaft einschränken.

werden. Die nachstehende Betrachtung bezieht sich auf Kapitalgesellschaften und beschränkt sich auf die Rechtsformen AG und GmbH.[93]

## II. Allgemeine Grenzen der Einflussnahme

Der (Haupt-)Auslöser des Konflikts zwischen Gesellschaftern und Gläubigern in der Kapitalgesellschaft ist die Möglichkeit zur Haftungsbeschränkung der Gesellschafter.[94] Die Haftungsbeschränkung ist gleichwohl nicht *per se* in Frage zu stellen, da die damit verbundenen volkswirtschaftlichen Vorteile von Investitionen in risikohafte Geschäfte unbestritten sind und sich die Haftungsbeschränkung auch nicht als prinzipiell wohlfahrtsschädlich erwiesen hat.[95] Vielmehr ist es Aufgabe des Gläubigerschutzes bei der Ausgestaltung von Haftungsbeschränkungen auf denkbare opportunistische Verhaltensweisen der Gesellschafter (und der Geschäftsleiter) zu reagieren und dieses einzudämmen.[96] Im Folgenden werden die wichtigsten Mechanismen, welche auch ohne Konzernsachverhalt für die Gläubiger streiten, dargestellt. Diese sind die Regelungen zur Kapitalaufbringung (nachstehend unter Ziffer 1), zur Kapitalerhaltung (nachstehend unter Ziffer 2), die (ausnahmsweise) Durchbrechung der Haftungsbeschränkung (nachstehend unter Ziffer 3) sowie die Haftung wegen Insolvenzverschleppung (nachstehend unter Ziffer 4).

### 1) Kapitalaufbringung

Offensichtlich den Schutz der Gläubiger bezwecken zunächst die Regeln zur Kapitalaufbringung. Die Vorschriften der Kapitalaufbringung

---

93 Die aktuellen Regelungsvorschläge zum Konzerninteresse betreffen im Besonderen diese beiden Rechtsformen. Um den hier bezweckten Vergleich zu ermöglichen ist es daher sinnvoll sich ebenfalls auf diese beiden Rechtsformen zu konzentrieren.

94 Siehe hierzu bereits oben ab S. 7.

95 *Bachmann/Eidenmüller/Engert/Fleischer/Schön*, Rechtsregeln für die geschlossene Kapitalgesellschaft, 2012, S. 114 f.; ausführlich auch Scholz/*Bitter*, GmbHG, 12. Aufl. 2018, (Bd. 1), § 13 Rn. 66 f. der jedoch klarstellt, dass die Systematik nur funktioniert, wenn die Gesellschafter sich jedenfalls in einem bestimmten Maße am unternehmerischen Risiko beteiligen; zu einer Rechtfertigung der beschränkten Haftung auch *Wiedemann* ZGR 2003, 283 (287 f.).

96 *Bachmann/Eidenmüller/Engert/Fleischer/Schön*, Rechtsregeln für die geschlossene Kapitalgesellschaft, 2012, S. 115.

funktionieren dabei stets im Zusammenspiel mit den Regeln der Kapitalerhaltung.[97]

### a) Prinzip des Mindestkapitals

Traditionell wird die Existenz eines Mindestkapitals als Legitimation für eine Haftungsbeschränkung der Gesellschafter angesehen, denn es dient den Gläubigern als Haftungsreserve.[98] Im Gegenzug wird den Gesellschaftern ein haftungsfreies Wirtschaften gewährt, solange die Grenzen des Insolvenzrechts und der Kapitalerhaltung gewahrt bleiben.[99]

Schon lange wird Kritik am Mindestkapital geäußert. Als Hauptargument wird angeführt, dass das Prinzip von Leistung (Mindestkapital) und Gegenleistung (Haftungsfreiraum) im modernen Wirtschaftsverkehr an seine Grenzen gestoßen sei.[100] Als Kritikpunkte werden vor allem die geringe Höhe des Mindestkapitals, der fehlende Bezug zum tatsächlichen unternehmerischen Risiko sowie die tatsächliche Möglichkeit der Verwirtschaftung des Mindestkapitals (bis auf null) angeführt.[101]

An anderer Stelle wird argumentiert, das Mindestkapital schaffe sogar einen erheblichen Anreiz zur Insolvenzverschleppung. Denn zum einen würde das Mindestkapital einem Unternehmer suggerieren, er hätte in einer Krise noch Bedenk- und Reaktionszeit. Zum anderen würden gerade kleinere Unternehmen gezwungen, bei einem Scheitern einen (relativ betrachtet) hohen Mindestverlust hinzunehmen.[102] Auch wenn das Mindestkapital grundsätzlich zum Schutz der Gesellschaftsgläubiger vorgesehen ist, könnte man folglich argumentieren, dass es sich tatsächlich negativ auf den Schutz der Gläubiger auswirkt.

---

97 Siehe dazu sogleich ab S. 31.

98 Zur Funktion des Mindestkapitals als Haftungsfonds siehe auch MüKo/*Schwandtner*, GmbHG, § 5 Rn. 27; *Schall*, Kapitalgesellschaftsrechtlicher Gläubigerschutz, S. 101; *Drygala/Staake/Szalai*, Kapitalgesellschaftsrecht, § 1 Rn. 17 (S. 10).

99 *Schall*, Kapitalgesellschaftsrechtlicher Gläubigerschutz, S. 101 f.

100 Kritisch Michalski/Heidinger/Leible/J. Schmidt/*Leitzen*, GmbHG, § 5 Rn. 8; Übersicht über den Diskussionsstand MüKo/*Schwandtner*, GmbHG, § 5 Rn. 23 ff. mwN.

101 *Schall*, Kapitalgesellschaftsrechtlicher Gläubigerschutz, S. 102; *Drygala/Staake/Szalai*, Kapitalgesellschaftsrecht, § 1 Rn. 17 (S. 102).

102 *Schall*, Kapitalgesellschaftsrechtlicher Gläubigerschutz, S. 102 f.

Durch das MoMiG wurden die Vorschriften zum Mindestkapital zum Teil modifiziert. Zwar besteht bei AG und GmbH das Erfordernis unverändert fort. Mit der Unternehmergesellschaft „UG (haftungsbeschränkt)“ nach § 5a GmbHG wurde allerdings die Möglichkeit zur Gründung einer haftungsbeschränkten Gesellschaft ohne Mindesteinlage geschaffen. Bringt die UG das Mindestkapital von 25.000 Euro später auf, wird sie zur „ordentlichen GmbH“.[103]

Aus den Gesetzgebungsmaterialien ist ersichtlich, dass darin eine Veränderung des Zwecks des Mindestkapitals gesehen werden soll, hin zu einem Seriositätssignal.[104] Der Hauptzweck soll die Leistung eines Risikobeitrags durch die Gesellschafter sein.[105] Abgelehnt sollen dadurch die früher verfolgten Zwecke sein. Das Mindestkapital soll nicht zur Betriebsmittelausstattung oder zur Deckung von Anlaufverlusten dienen, ebenso wenig ist es ein den Gläubigern zustehender Garantiefonds.[106] Letztendlich wurde mit der Aufgabe eines zwingenden Mindestkapitals auch die Wertung aufgegeben, dass die Aufbringung eine Gegenleistung für ein „haftungsfreies Wirtschaften“ sei.[107] Damit rücken die übrigen Instrumente des Gläubigerschutzes, insbesondere die Insolvenzantragspflicht, verstärkt in den Fokus.[108]

### b) Prinzip der realen Kapitalaufbringung

Um dem Zweck des Risikobeitrags gerecht zu werden und die tatsächliche und endgültige Aufbringung des Kapitals zu gewährleisten, unterliegt die Aufbringung des Mindestkapitals besonderen Regelungen. Man spricht insoweit vom Prinzip der realen Kapitalaufbringung.[109] Dahinter steht die Idee, dass die Mittel der Gesellschaft zum Wirtschaften überlassen werden und zur Verfügung stehen sollen. Seinen

---

103 Begr. RegE, BT-Drucks. 16/6140, S. 56.

104 Begr. RegE, BT-Drucks. 16/6140, S. 56; *Schall*, Kapitalgesellschaftsrechtlicher Gläubigerschutz, S. 105; auch *Drygala/Staake/Szalai*, Kapitalgesellschaftsrecht, § 1 Rn. 20 (S. 11) jedoch sei diese Funktion nur eine „weitere“ neben der Hauptfunktion des Leistens eines Risikobeitrags.

105 *Drygala/Staake/Szalai*, Kapitalgesellschaftsrecht, § 1 Rn. 18 (S. 10 f.) sowie § 7 Rn. 1 (S. 107).

106 *Schall*, Kapitalgesellschaftsrechtlicher Gläubigerschutz, S. 104.

107 *Schall*, Kapitalgesellschaftsrechtlicher Gläubigerschutz, S. 108.

108 Siehe dazu und zu den entsprechenden Haftungsnormen unten S. 42 ff.

109 *Drygala/Staake/Szalai*, Kapitalgesellschaftsrecht, § 7 Rn. 2 (S. 107).

Ausdruck findet dieses Prinzip in zahlreichen Regelungen im GmbHG und auch im AktG.

Das GmbHG enthält etwa[110] das Aufrechnungsverbot in § 19 Abs. 2 S. 2 GmbHG. Bedeutender ist jedoch vor allem das in § 19 Abs. 4 GmbHG verankerte Verbot der verdeckten Sacheinlage. Von dem Verbot werden eine Vielzahl Sachverhalte erfasst, die jedoch allesamt gemein haben, dass ein Gesellschafter die strengen Regelungen zur Sacheinlage umschiffen möchte. Der aktuelle Umgehungsschutz wurde durch umfangreiche Rechtsprechung nach und nach fortentwickelt. Problematisch war lange, dass sofern das Geschäft als verdeckte Sacheinlage qualifiziert wurde, alle ausgetauschten Leistungen rückabgewickelt werden mussten, selbst wenn diese zum Teil werthaltig waren.[111]

Schlussendlich bezweckten die schon nach altem Recht geltenden Regeln, dass die geleistete Einlage nicht im Rahmen eines Verkehrsgeschäfts oder auf sonstige Weise direkt oder indirekt den Gesellschaftern zurückgeführt wird.[112] Durch das MoMiG wurden auf Tatbestandsebene lediglich die durch Rechtsprechung geschaffenen Grundsätze der verdeckten Sacheinlage gesetzlich verankert. Demgegenüber ist die Rechtsfolgenseite neu konzipiert, um Rückabwicklungsschwierigkeiten zu vermeiden. Aus diesem Grund sollen die Rechtsgeschäfte, die unter den Tatbestand der verdeckten Sacheinlage fallen, nicht automatisch unwirksam sein.[113] Der Gesellschafter ist zwar weiterhin nicht von seiner Einlageverpflichtung befreit, jedoch können die bereits erhaltenen Leistungen nun mit dem werthaltigen Teil auf die Verpflichtung angerechnet werden.[114]

Auch das sog. Hin- und Herzahlen ist gemäß § 19 Abs. 5 GmbHG ausdrücklich verboten, wobei einzelne Varianten ausnahmsweise privilegiert sein sollen. Das Hin- und Herzahlen unterscheidet sich von der verdeckten Sacheinlage, da Mittel an den Gesellschafter zurückfließen, ohne dass bei wirtschaftlicher Betrachtungsweise ein Sachwert an die

110 Die im Weiteren genannten Institute sind nur einzelne im gesamten System der Kapitalaufbringung und sollen lediglich eine gewisse Vorstellung über die Grenzen des rechtlich Zulässigen ermöglichen.

111 *Drygala/Staake/Szalai*, Kapitalgesellschaftsrecht, § 7 Rn. 21 (S. 114f.) mwN.

112 *Schall*, Kapitalgesellschaftsrechtlicher Gläubigerschutz, S. 111.

113 *Drygala/Staake/Szalai*, Kapitalgesellschaftsrecht, § 7 Rn. 22 (S. 115).

114 Lutter/Hommelhoff/*Bayer*, GmbHG, 19. Aufl. 2016, § 19 Rn. 76ff.

Stelle der Mittel getreten ist.[115] Die Ausnahmen wurden vom Gesetzgeber an dieser Stelle insbesondere geschaffen, um die Etablierung einer zentralen Konzernfinanzierung durch einen sog. Cash-Pool zu erleichtern.[116]

Die genannten Probleme können sich spiegelbildlich auch bei der AG ergeben. In der Vergangenheit gab es Bestrebungen die Kapitalaufbringungsregeln von GmbH und AG zu vereinheitlichen. Dies ist im Wesentlichen gelungen, dennoch sind gewisse aktienrechtliche Besonderheiten zu beachten. Während bei der GmbH die Einlagepflicht auf den Nennbetrag des Grundkapitals beschränkt ist, erstreckt sie sich bei der AG auch auf ein etwaiges Agio, welches in die Kapitalrücklage der Gesellschaft einzustellen ist.[117] Im Zusammenhang mit den Regeln zur verdeckten Sacheinlage, ist bei Geschäften der AG mit ihren Gründern zusätzlich die Regelung zur Nachgründung in § 52 AktG zu beachten, welche ebenfalls eine effektive Kapitalaufbringung gewährleisten soll.[118] Das von der GmbH bekannte Problem des Hin- und Herzahlens ist, parallel zur GmbH, für die AG in § 27 Abs. 4 AktG geregelt. Dennoch ist für eine Vielzahl von Sachverhaltskonstellationen die kollidierende Regel des § 71a AktG zu beachten, sodass Hin- und Herzahlen regelmäßig nicht zu einem Erlöschen der Bareinlagepflicht führen dürfte.[119]

Besonderheiten ergeben sich bei der AG auch bei bestimmten Kapitalmaßnahmen, sofern man diese als Kapitalaufbringung im weiteren Sinne auffasst. Für die verschiedene Typen von Kapitalerhöhungen sind die aktienrechtlichen Besonderheiten der § 182 ff. AktG zu beachten.[120]

## 2) Kapitalerhaltung

Genau wie die Regeln zur Kapitalaufbringung, bezwecken die Vorschriften zur Kapitalerhaltung den Schutz der Gesellschaftsgläubiger und der Minderheitsgesellschafter. Dabei wird der Rückfluss des

[115] *Drygala/Staake/Szalai*, Kapitalgesellschaftsrecht, § 7 Rn. 45 (S. 124).
[116] Scholz/*Veil*, GmbHG, 12. Aufl. 2018, (Bd. 1), § 19 Rn. 178.
[117] *Drygala/Staake/Szalai*, Kapitalgesellschaftsrecht, § 20 Rn. 4 (S. 382).
[118] Hüffer/*Koch, AktG, §* 52 Rn. 1.
[119] *Drygala/Staake/Szalai*, Kapitalgesellschaftsrecht, § 20 Rn. 24 (S. 389).
[120] Die Einzelheiten würden an dieser Stelle den Rahmen überspannen; hingewiesen wird auf den Überblick bei *Drygala/Staake/Szalai*, Kapitalgesellschaftsrecht, § 25, S. 553 ff.

bereits aufgebrachten Kapitals an die Gesellschafter reglementiert.[121] Während die Regelungen der Kapitalaufbringung von AG und GmbH große Überschneidungen aufweisen, gibt es bei der Kapitalerhaltung große Unterschiede zwischen diesen beiden Gesellschaftsformen.

### a) Kapitalerhaltung in der GmbH

Bei der GmbH sind Entnahmen durch die Gesellschafter in großem Maße zulässig, denn das Gesellschaftsvermögen ist nur in Höhe des Stammkapitals gemäß § 30 Abs. 1 S. 1 GmbHG geschützt.[122] Nach dem Wortlaut der Regelung, darf das zum Erhalt des Stammkapitals erforderliche Vermögen nicht an die Gesellschafter ausgezahlt werden. Ist es dennoch zu einer Auszahlung gekommen, müssen die Gesellschafter diese nach den Vorgaben des § 31 GmbHG zurückerstatten.

#### i. Tatbestand des § 30 GmbHG

Der Begriff der Zahlung ist nicht wörtlich zu verstehen. Vielmehr wird jede denkbare Verringerung von Gesellschaftsvermögen erfasst.[123] Es ist nicht erforderlich, dass sich diese Verringerung auch in der Bilanz der Gesellschaft niederschlägt.[124] Anderenfalls könnten im Stadium einer Unterbilanz stille Reserven ungesühnt aufgelöst werden, da sich dies nicht in der Bilanz niederschlagen würde.[125] Nicht von der Regelung umfasst ist grundsätzlich die Verringerung durch ein sonstiges Rechtsgeschäft. Auszahlungen an Dritte sind grundsätzlich nicht von § 30 Abs. 1 GmbHG umfasst und ebenso wenig soll vor einem Verlust des Vermögens durch Verwirtschaftung geschützt werden.[126]

Der Empfänger der Leistung muss ein Gesellschafter sein. Jedoch darf dies nicht dadurch umgangen werden, dass statt an den Gesellschafter an einen Dritten geleistet wird. Die Leistung an einen Dritten ist dem Gesellschafter gleichwohl zuzurechnen, wenn die Leistung entweder bei wertender Betrachtung auch eine Zuwendung an den Gesellschafter

---

121 *Drygala/Staake/Szalai*, Kapitalgesellschaftsrecht, § 8 Rn. 1 f. (S. 139).
122 *Drygala/Staake/Szalai*, Kapitalgesellschaftsrecht, § 8 Rn. 4 (S. 140).
123 Scholz/*Verse*, GmbHG, 12. Aufl. 2018, (Bd. 1), § 30 Rn. 18 mwN.
124 BGH Urt. v. 21.03.2017 – II ZR 93/16, ZIP 2017, 971 (972, Rn. 16).
125 Scholz/*Verse*, GmbHG, 12. Aufl. 2018, (Bd. 1), § 30 Rn. 18a.
126 *Raiser/Veil*, Recht der Kapitalgesellschaft, § 47 Rn. 6.

darstellt oder auf Veranlassung des Gesellschafters (an den Dritten) erfolgt ist.[127]

Die bilanzielle Betrachtung steht im Vordergrund, wenn es um die Frage geht, ob die Auszahlung „zur Erhaltung des Stammkapitals erforderlich" war. Ob es sich tatsächlich um eine verbotene Auszahlung handelt, ist davon abhängig, ob unter Berücksichtigung der Leistung eine Unterbilanz iSd. § 30 GmbHG vorliegt. Dabei greift das Verbot entgegen dem Wortlaut nicht nur, wenn durch die Leistung eine Unterbilanz herbeigeführt wird, sondern auch, wenn eine bereits bestehende Unterbilanz vertieft wird.[128] Zur Ermittlung des Nettoaktivvermögens der Gesellschaft, werden von den Aktiva (selbstverständlich unter Einbeziehung der konkreten Auszahlung) die echten Passiva, also Passiva ohne Eigenkapital, abgezogen.[129] Dabei können im Wesentlichen die für die Handelsbilanz geltenden Regeln angewendet werden, wobei regelmäßig ein Zwischenabschluss zu erstellen ist.[130] Sofern dieses Nettoaktivvermögen die Höhe des Stammkapitals nicht erreicht, ist der Tatbestand des § 30 Abs. 1 GmbHG erfüllt.

### ii. Ausnahmen

Das Gesetz enthält jedoch eine Reihe von Ausnahmen, welche insbesondere durch das MoMiG geschaffen wurden und Zweifelfragen nach altem Recht beseitigt haben.[131] Sofern die GmbH als abhängige Gesellschaft Partei eines Vertragskonzerns nach den §§ 291 ff. AktG ist, sind die hier diskutierten Verbote ausdrücklich gem. § 30 Abs. 1 S. 2 Alt. 1 GmbHG suspendiert.[132]

Vom Verbot ausgenommen sind gem. § 30 Abs. 1 S. 2 Alt. 2 GmbHG auch Leistungen, die durch einen vollwertigen Gegenleistungs- oder

---

[127] Scholz/*Verse*, GmbHG, 12. Aufl. 2018, (Bd. 1), § 30 Rn. 36f.; Lutter/Hommelhoff/*Hommelhoff*, GmbHG, 19. Aufl. 2016, § 30 Rn. 20 ff.

[128] Siehe statt aller Lutter/Hommelhoff/*Hommelhoff*, GmbHG, 19. Aufl. 2016, § 30 Rn. 10, der ausführt, dass das Verbot zum Schutz der Gläubiger erst-recht greifen muss.

[129] Scholz/*Verse*, GmbHG, 12. Aufl. 2018, (Bd. 1), § 30 Rn. 53.

[130] Ausführlich zur konkreten Berechnung Lutter/Hommelhoff/*Hommelhoff*, GmbHG, 19. Aufl. 2016, § 30 Rn. 11 ff.

[131] Scholz/*Verse*, GmbHG, 12. Aufl. 2018, (Bd. 1), § 30 Rn. 71 mit weiteren Erläuterungen zur Rechtsentwicklung.

[132] Scholz/*Verse*, GmbHG, 12. Aufl. 2018, (Bd. 1), § 30 Rn. 72; siehe zum Vertragskonzern unten ab S. 46.

Rückgewähranspruch gegen den Gesellschafter gedeckt sind. Diese Regelung gilt als Reaktion des Gesetzgebers auf das sog. „Novemberurteil“[133] des BGH, in dem eine Darlehensgewährung an einen Gesellschafter als verbotene Leistung eingeordnet wurde, obwohl der Rückzahlungsanspruch der Gesellschaft vollwertig war und marktüblich verzinst wurde.[134] Um solche Geschäfte mit dem Gesellschafter oder mit verbundenen Unternehmen abzusichern, welche im allgemeinen als ökonomisch sinnvoll betrachtet werden, wurde die Ausnahme vom Auszahlungsverbot in § 30 GmbH verankert.[135] Aus der Gesetzesbegründung zum MoMiG wird deutlich, dass insbesondere die Finanzierung über einen Cash-Pool im Konzern nicht gefährdet werden sollte.[136] Vom Anwendungsbereich der Ausnahme erfasst sind sämtliche Austauschverträge mit dem Gesellschafter, also Verkäufe oder Finanzierungen und im Grundsatz ebenso die Bestellung von Sicherheiten[137] zugunsten eines Kredits des Gesellschafter.[138] Damit die Ausnahme greift, muss der entsprechende Gegenanspruch der Gesellschaft vollwertig sein. Die Vollwertigkeit ist dabei nach allgemeinen Bilanzierungsgrundsätzen zu bestimmen, worunter im Wesentlichen die Durchsetzbarkeit und die Aktivierbarkeit des Anspruchs gemeint ist.[139] Das Vorliegen der Vollwertigkeit des entsprechenden Anspruchs ist (im Hinblick auf die § 30 GmbHG) voll überprüfbar, jedoch steht dem Geschäftsführer ein gewisser Beurteilungsspielraum zu, was vor allem im Rahmen seiner persönlichen Haftung als Organ (etwa § 43 GmbHG) relevant werden kann.[140]

#### iii. Erstattungsanspruch als Rechtsfolge

Die Regelung der §§ 30, 31 GmbHG wirkt für die Beteiligten sowohl in die Zukunft gerichtet, als auch vergangenheitsbezogen. Hat der Geschäftsführer erkannt, dass eine Leistung gegen § 30 GmbHG

---

133 BGH Urt. v. 24.11.2003 - II ZR 171/01, GmbHR 2004, 302 (303).

134 Zu den Reaktionen auf diese Rechtsprechung siehe Scholz/*Verse*, GmbHG, 12. Aufl. 2018, (Bd. 1), § 30 Rn. 76 f.

135 Scholz/*Verse*, GmbHG, 12. Aufl. 2018, (Bd. 1), § 30 Rn. 78.

136 Es sollte diesbezüglich in der Praxis bestehenden „erhebliche(n) Rechtsunsicherheit“ entgegengewirkt werden, vgl. Begr. RegE, BT-Drucks. 16/6140, S. 41.

137 Begründet wird die Gleichstellung damit, dass die Bestellung einer Sicherheit nicht anderes wäre als eine mittelbare Kreditgewährung an den Gesellschafter.

138 Scholz/*Verse*, GmbHG, 12. Aufl. 2018, (Bd. 1), § 30 Rn. 79.

139 Dazu und zu den streitigen Feinheiten siehe MüKo/*Ekkenga*, GmbHG, § 30 Rn. 240 ff.; auch Roth/*Altmeppen*, GmbHG, § 30 Rn. 112.

140 Roth/*Altmeppen*, GmbHG, § 30 Rn. 116.

verstoßen würde, muss er diese verweigern.[141] Ist bereits eine verbotene Zahlung geleistet worden, muss diese gem. § 31 Abs. 1 GmbHG der Gesellschaft erstattet werden. Hierbei handelt es sich um einen selbstständigen, verschuldensunabhängigen (gesellschaftsrechtlichen) Rückgewähranspruch, ohne dass der Empfänger den Einwand der Entreicherung geltend machen kann.[142]

Der Anspruch ist auf die Rückerstattung der Leistung gerichtet und rechtlich selbstständig. Besondere Bedeutung hat dies für die Verpflichtungs- und Verfügungsgeschäfte, welche den Tatbestand des § 30 GmbHG ausgelöst haben. Diese sind trotz des Verstoßes gegen § 30 GmbHG nicht gem. § 134 BGB nichtig.[143] Dadurch wird eine komplizierte Rückabwicklung der Vertragsverhältnisse vermieden. Der Vorteil ist, dass der Gesellschaft Vertragsverhältnisse erhalten bleiben, die (jedenfalls zum Teil auch) vorteilhaft sind oder deren negative Auswirkungen noch nicht sicher feststehen.

Der Adressat des Erstattungsanspruchs ist der leistungsbegünstigte Gesellschafter oder ein dem Gesellschafter zurechenbarer Dritter.[144] Ist auf diese Weise keine Erstattung zu erlangen, haften gem. § 31 Abs. 3 GmbHG die sonstigen Gesellschafter nach dem Verhältnis ihrer Anteile, sofern der offene Betrag zur Gläubigerbefriedigung erforderlich ist. Diese Regelung stellt eine erhebliche Haftungsverschärfung dar, die allerdings erst mit der Insolvenz der Gesellschaft tatbestandlich erfüllt sein kann. Bemerkenswert ist dies insbesondere, da die Haftung der übrigens Gesellschafter sich auf den gesamten (zu Unrecht ausgeschütteten) Betrag erstreckt und nicht auf die individuell geleistete Gesellschaftereinlage beschränkt ist.[145] Damit besteht für einen Gesellschafter die Gefahr einer, im Verhältnis zu seiner Einlage möglicherweise erheblichen Nachzahlung.

### b) Kapitalerhaltung in der AG

Die Kapitalerhaltungsregeln der AG unterscheiden sich von denen der GmbH an einigen Stellen grundlegend.

141 *Raiser/Veil*, Recht der Kapitalgesellschaft, § 47 Rn. 24.
142 *Raiser/Veil*, Recht der Kapitalgesellschaft, § 47 Rn. 25.
143 *Raiser/Veil*, Recht der Kapitalgesellschaft, § 47 Rn. 31.
144 Scholz/*Verse*, GmbHG, 12. Aufl. 2018, (Bd. 1), § 31 Rn. 13; zu Dritten als Leistungsempfänger siehe bereits zuvor S. 32.
145 *Raiser/Veil*, Recht der Kapitalgesellschaft, § 47 Rn. 31.

### i. Vermögensbindung durch Verbot der Einlagenrückgewähr

Die zentrale Regelung der aktienrechtlichen Kapitalerhaltung ist § 57 AktG. Nach Absatz 1 Satz 1 dürfen den Aktionären ihre Einlagen nicht zurückgewährt werden. Ebenfalls dürfen gemäß § 57 Abs. 2 AktG keine Zinsen in Bezug auf die Einlage zugesagt oder ausbezahlt werden. Absatz 3 stellt klar, dass vor der Auflösung, also bei fortlaufender Erwerbstätigkeit der Gesellschaft, an die Aktionäre ausschließlich der Bilanzgewinn verteilt werden darf. Diese Bindung erfasst nicht nur das Grundkapital der Gesellschaft, sondern das gesamte Gesellschaftsvermögen.[146] An dieser Stelle wird der Unterschied zur Vermögensbindung der GmbH deutlich. Zulässig sind Zuwendung nur, wenn der ordnungsgemäß festgestellte Bilanzgewinn der AG an die Aktionäre (im Verhältnis von deren Beteiligung) verteilt wird, während es bei der GmbH auf den Bilanzgewinn nicht ankommt.

Ob eine Zuwendung an einen Aktionär offen oder verdeckt stattfindet, spielt keine Rolle. Dabei sind verschiedene Gestaltungen denkbar, bei denen oft auf den ersten Blick nicht deutlich wird, dass einem Aktionär Vermögen zugewendet wird. Dies ist etwa der Fall, wenn eine zum Gesellschaftsvermögen gehörende Unternehmensbeteiligung unter dem Marktpreis an einen Aktionär verkauft wird.[147]

### ii. Ausnahmen

Selbst die strenge Regelung des Verbots der Einlagenrückgewähr kennt jedoch Ausnahmen. § 57 Abs. 1 S. 2 AktG stellt klar, was grundsätzlich in den Vorschriften der §§ 71 ff. AktG angelegt ist. Sofern der Erwerb eigener Aktien in den engen Grenzen der genannten Vorschriften bleibt, verstößt der Erwerb nicht gegen das Verbot der Einlagenrückgewährt. Werden die Vorgaben nicht eingehalten, etwa weil die Aktien zu überhöhten Kursen erworben werden, bleibt der Erwerb unzulässig.[148]

Ausgenommen vom Verbot sind auch Leistungen, die gemäß § 57 Abs. 1 S. 3 Hs. 2 AktG durch einen vollwertigen Gegenleistungs- oder Rückgewähranspruch gegen den Aktionär gedeckt sind. Diese Regelung wurde durch das MoMiG in § 57 AktG integriert. Damit hat der Gesetzgeber auf Rechtsprechung des BGH reagiert, weil er dessen

---

[146] K. Schmidt/Lutter/*Fleischer*, AktG, 3. Aufl. 2015, § 57 Rn. 6.

[147] K. Schmidt/Lutter/*Fleischer*, AktG, 3. Aufl. 2015, § 57 Rn. 21 ff. mit einer weiteren Nennung von Einzelfällen.

[148] Hüffer/*Koch*, AktG, § 57 Rn. 20.

Abkehr von einer bilanziellen Betrachtungsweise bei der Kapitalerhaltung nicht akzeptieren wollte.[149] Denn der BGH hatte, wie bereits erwähnt, in seinem Novemberurteil entschieden, dass die Gewährung eines Darlehens an einen Gesellschafter in jedem Fall eine verbotene Zahlung darstellte, selbst wenn der Rückzahlungsanspruch der Gesellschaft vollwertig sein sollte.[150] Die Entscheidung war zwar zu § 30 GmbHG ergangen, jedoch bestand die Gefahr, dass die wesentlichen Aussagen des Urteils auf die AG übertragen werden könnten.[151] Der BGH argumentierte, dass der Vermögensschutz (des § 30 Abs. 1 GmbHG) sich nicht in der Garantie einer bilanzmäßigen Rechnungsziffer erschöpfe, sondern dass die Erhaltung einer die Stammkapitalziffer deckenden Haftungsmasse einen weitergehenden Ansatz erfordere.[152] Dadurch bestand die Gefahr, dass die in Konzernen vielfach üblich gewordene Liquiditätsversorgung der einzelnen Gesellschaften über einen *cash pool* rechtlich nicht abgesichert wäre. Auch der BGH distanzierte sich im Übrigen im Jahr 2008 von seinem „November-Urteil" und akzeptierte die rein bilanzielle Betrachtungsweise.[153]

Ein Gegenleistungsanspruch gegen den Aktionär genügt den Anforderungen des § 57 Abs. 1 S. 3 Hs. 2 AktG, wenn dieser, ermittelt durch die allgemeinen Bilanzierungsregeln, vollwertig ist und den geleisteten Gegenstand „deckt", also auch den Marktpreis des Gegenstandes widerspiegelt.[154] Diesem Deckungsgebot dürfte in der Regel genüge getan sein, wenn ein vergleichbarer Dritter das Geschäft ebenfalls abgeschlossen hätte.[155] Ist das Rechtsgeschäft die Kreditvergabe an den Aktionär, muss der Rückgewähranspruch ebenfalls vollwertig sein. Dies ist entscheidend von den wirtschaftlichen Verhältnissen des Aktionärs

---

149 Begr. RegE, BT-Drucks. 16/6140, S. 41; siehe auch parallel oben zur GmbH S. 32.

150 BGH Urt. v. 24.11.2003 - II ZR 171/01, GmbHR 2004, 302 (303).

151 K. Schmidt/Lutter/*Fleischer*, AktG, 3. Aufl. 2015, § 57 Rn. 38 mwN.

152 BGH Urt. v. 24.11.2003 - II ZR 171/01, GmbHR 2004, 302 (303).

153 BGH v. 1.12.2008 – II ZR 102/07, NJW 2009, 850, 852 – MPS.

154 K. Schmidt/Lutter/*Fleischer*, AktG, 3. Aufl. 2015, § 57 Rn. 42 f.; kritisch hinsichtlich des Deckungsgebots Hüffer/*Koch*, AktG, § 57 Rn. 9.

155 Überzeugend K. Schmidt/Lutter/*Fleischer*, AktG, 3. Aufl. 2015, § 57 Rn. 44, der argumentiert, dass sich der Drittvergleich im neu geschaffenen Deckungsgebot wiederfindet; a.A. Hüffer/*Koch*, AktG, § 57 Rn. 9 der die Heranziehung des Drittvergleichs verwirrend findet; Bürgers/Körber/*Westermann*, AktG, 4. Aufl. 2017, § 57 Rn. 16.

abhängig. Die Bonität des Aktionärs ist daher anhand dessen Vermögens- und Ertragslage sowie der Laufzeit des Kredits abzuschätzen.[156]

Der BGH hat in seiner MPS-Entscheidung das Merkmal der „Vollwertigkeit" weiter konkretisiert.[157] Der Vorstand hat vor Abschluss des Vertrages eine vernünftige kaufmännische Bewertung anzustellen, wobei nicht erforderlich ist, dass die Darlehensvaluta mit an Sicherheit grenzender Wahrscheinlichkeit zurückgeführt werden kann.[158] Bei einem unbesicherten Kredit ist die Auszahlung zu verweigern, wenn schon aus der *ex-ante* Perspektive ein konkretes Ausfallrisiko ersichtlich ist, was jedenfalls bei begründeten Zweifeln an der vereinbarten Rückzahlung der Fall sein soll.[159]

Gemäß § 57 Abs. 1 S. 3 AktG soll das Verbot der Einlagenrückgewähr keine Anwendung finden, sofern ein Beherrschung- oder Gewinnabführungsvertrag besteht. Auch wenn die konkrete Einordnung des Verhältnisses zwischen § 57 AktG und Konzernrecht des AktG zum Teil weiterhin umstritten ist,[160] gelten bei Konzernsachverhalten Ausnahmen von der (strengen) Regelung.[161]

#### iii. Rechtsfolgen bei Verstoß

Wird gegen das Verbot der Einlagenrückgewähr verstoßen, steht der Gesellschaft gegen den entsprechenden Aktionär ein Rückgewähranspruch gem. § 62 AktG zu. Nachdem lange Zeit streitig war, welche Rechtsfolgen ein Verstoß gegen § 57 AktG auf das zugrundeliegende Rechtsgeschäft hat[162], hat der BGH (im Übrigen parallel zu den

156 K. Schmidt/Lutter/*Fleischer*, AktG, 3. Aufl. 2015, § 57 Rn. 47.

157 Die Konkretisierung ist im Rahmen der Prüfung des § 311 AktG erfolgt, jedoch stellt der BGH klar, dass im Rahmen der §§ 311, 317 f. AktG gegenüber § 57 AktG keine strengeren Maßstäbe gelten könnten vgl. BGH v. 1.12.2008 – II ZR 102/07, NJW 2009, 850 Rz. 12 – MPS.

158 BGH v. 1.12.2008 – II ZR 102/07, NJW 2009, 850 Rz. 13 – MPS.

159 BGH v. 1.12.2008 – II ZR 102/07, NJW 2009, 850 Rz. 16 – MPS.

160 Einige Stimmen verlangen bei einem Beherrschungsvertrag, dass der Verlustausgleichanspruch entsprechend „vollwertig" ist vgl. *Altmeppen* ZIP 2009, 49, 55; Hüffer/*Koch*, AktG, § 57 Rn. 21; während andere dies ablehnen vgl. K. Schmidt/Lutter/*Fleischer*, AktG, 3. Aufl. 2015, § 57 Rn. 37; Lutter/Hommelhoff/*Hommelhoff*, GmbHG, 19. Aufl. 2016, § 30 Rn. 48.

161 Siehe hierzu unten S. 51 ff. sowie S. 59 ff.

162 Überblick hierzu bei K. Schmidt/Lutter/*Fleischer*, AktG, 3. Aufl. 2015, § 57 Rn. 73.

§§ 30, 31 GmbHG[163]) entschieden, dass trotz eines Verstoßes, sowohl das Verpflichtungs- als auch das Erfüllungsgeschäft wirksam sein sollen.[164] Der Anspruch der Gesellschaft gegen den Aktionär ist rechtlich selbständig und erfasst (in weiter Auslegung) sämtliche empfangenen Leistungen.[165]

Der Anspruch ist allerdings nicht so weitgehend wie die Ausfallhaftung nach § 31 Abs. 3 GmbHG, nach der sogar die Mitgesellschafter haften, sofern der Leistungsempfänger die verbotene Leistung nicht zurückgewähren kann.[166]

### 3) Durchbrechung der Haftungsbeschränkung

Die Haftungsbeschränkung ist eines, wenn nicht sogar das Wesensmerkmal der Kapitalgesellschaft.[167] In § 1 Abs. 1 S. 2 AktG und insbesondere in § 13 Abs. 2 GmbHG kommt das sog. Trennungsprinzip, also die haftungsmäßige Trennung von Gesellschafts- und Gesellschaftervermögen zum Ausdruck.[168] In bestimmten Fallkonstellationen erscheint jedoch das Festhalten an der Beschränkung der Haftung untragbar, sodass ausnahmsweise eine Durchbrechung stattfinden muss. Wie bereits oben dargestellt, ist (auch) in der unabhängigen Kapitalgesellschaft Auslöser des Haftungsdurchgriffs das gesteigerte Einflusspotential des Gesellschafters auf die Geschäftsführung.[169] Wenn ausnahmsweise angeordnet wird, dass der Gesellschafter auch privat zu haften hat, dient dies dem Schutz der Gesellschaftsgläubiger und vielfach auch dem Schutz der Minderheitsgesellschafter.

#### a) Haftung aus allgemeinen Prinzipien

Eine persönliche Haftung des Gesellschafters kann aus allgemeinen zivilrechtlichen Prinzipien in Betracht kommen. Eine Rechtsscheinhaftung in analoger Anwendung des § 179 BGB ist etwa zu erwägen, wenn der Gesellschafter-Geschäftsführer einer GmbH im Rechtsverkehr Verträge für die Gesellschaft abschließt und dabei gegenüber dem

---

[163] Siehe hierzu bereits oben S. 34.

[164] BGH Urt. v. 12.3.2013 - II ZR 179/12, AG 2013, 431 (432 Rz. 14 ff.).

[165] K. Schmidt/Lutter/*Fleischer*, AktG, 3. Aufl. 2015, § 62 Rn. 5 f.

[166] Zur AG siehe *Raiser/Veil*, Recht der Kapitalgesellschaft, § 47 Rn. 5; siehe auch oben S. 34.

[167] Siehe dazu bereits oben S. 7.

[168] Lutter/Hommelhoff/*Bayer*, GmbHG, 19. Aufl. 2016, § 13 Rn. 5.

[169] Siehe dazu bereits oben S. 12.

(gutgläubigen) Vertragspartner den Anschein erweckt, dass er selbst (oder ein Dritter) für die eingegangen Verbindlichkeit unbeschränkt (persönlich) haftet.[170]

In Betracht kommt auch eine Haftung des Gesellschafters für ein Verschulden beim Zustandekommen eines Vertrages gem. § 311 Abs. 1, 3 BGB. Dies kann der Fall sein, wenn der Gesellschafter als Sachwalter der Gesellschaft besonderes persönliches Vertrauen in Anspruch genommen hat, jedoch muss dieses im konkreten Einzelfall deutlich über das gewöhnliche Vertragsvertrauen hinausgehen.[171] Sofern dieser, äußerst restriktiv zu handhabende Anspruch besteht, ist der Vertragspartner im Fall der Insolvenz der Gesellschaft so zu stellen, als ob der entsprechende Vertrag nicht zustande gekommen wäre.[172]

### b) Echte Durchgriffshaftung

Von einer echten Durchgriffshaftung wird gesprochen, wenn ein Zugriff auf die privaten Vermögenspositionen der Gesellschafter gestattet wird, da die Gesellschafter unter Missbrauch der Rechtsform (Schwerpunktmäßig bei der GmbH, möglich jedoch auch bei der AG) gehandelt haben.[173] Die Aufgabe des Trennungsprinzips muss gleichwohl auf absolute Ausnahmefälle beschränkt bleiben. Anderenfalls entfiele das Vertrauen der Unternehmer auf die beschränkte Haftung und mithin wäre der Anreiz zum unternehmerischen Wagnis gehemmt. Daher haben sich bestimmte (enge) Fallgruppen der Durchgriffshaftung gebildet.

In den Grundzügen allgemein anerkannt, ist die Fallgruppe der Vermögensvermischung. Dabei kommt eine Haftung des Gesellschafters in Betracht, wenn eine Abgrenzung zwischen dem Vermögen der Gesellschaft und dem Privatvermögen des Gesellschafters kaum möglich ist und durch eine unübersichtliche Buchführung oder auf sonstigen

---

170 *Bochmann/Cziupka* in GmbH-Handbuch, 166. Lieferung 10.2018, Teil I, Abs. 1 Rn. 23.

171 BGH Urt. v. 01.07.1991 – II ZR 180/90, ZIP 1991, 1140 (1141) spricht davon die Vertragsverhandlungen von dem persönlichen Vertrauen maßgeblich beeinflusst werden müssen; siehe mit weiteren Abgrenzungen auch *Bochmann/Cziupka* in GmbH-Handbuch, 166. Lieferung 10.2018, Teil I, Abs. 1 Rn. 22.

172 *Bochmann/Cziupka* in GmbH-Handbuch, 166. Lieferung 10.2018, Teil I, Abs. 1 Rn. 22.

173 Scholz/*Bitter*, GmbHG, 12. Aufl. 2018, Bd. 1, § 13 Rn. 110.

Wegen verschleiert wird.[174] Die Haftung stellt jedoch eine Verhaltenshaftung dar und trifft nur denjenigen Gesellschafter, der für die Vermögensvermischung verantwortlich ist.[175]

Weiterhin war umstritten, ob die Gesellschafter auch persönlich zu haften haben, wenn sie die Gesellschaft nicht mit ausreichend Kapital versorgen.[176] Jedoch bestehen abgesehen von den Regelungen der Kapitalaufbringung[177] keine Vorschriften, nach denen die Gesellschaft mit zusätzlichem Kapital auszustatten ist, selbst wenn dies sinnvoll wäre. Ohne eine entsprechende Regelung bleibt der Rechtsordnung daher, jedenfalls grundsätzlich, nichts anderes übrig, als eine geringe Kapitalausstattung zu akzeptieren.[178] Der BGH hat sich im Jahr 2008 ausdrücklich gegen eine Ausweitung des Haftungsdurchgriffs durch eine Fallgruppe der sog. Unterkapitalisierung entschieden.[179] Die Richter haben jedoch ausdrücklich offen gelassen, ob bei einem entsprechenden Verhalten möglicherweise der Weg für eine deliktische Haftung, ähnlich wie beim existenzvernichtenden Eingriff, in Betracht kommt.[180] In der Literatur wird auf diese Formulierung des BGH Bezug genommen, jedoch nicht in gleicher Weise differenziert. Demnach sei bei eindeutigen Fällen den Gläubigern ein Anspruch nach § 826 BGB zu gewähren, denn die Unterkapitalisierung sei letztlich nur ein Unterfall der Existenzvernichtungshaftung.[181]

### c) Existenzvernichtung

Der BGH hat in seiner Trihotel-Entscheidung aus dem Jahr 2007[182] einen jahrzehntelang geführten Streit (vorerst) entschieden. Dabei ging es um die Frage wann, nach welchen Vorschriften und in welchem Umfang die Gesellschafter persönlich dafür einzustehen haben, wenn sie die Gesellschaft durch ein bestimmtes Verhalten in die Insolvenz

---

174 *Bochmann/Cziupka* in GmbH-Handbuch, 166. Lieferung 10.2018, Teil I, Abs. 1 Rn. 26.

175 BGH Urt. v. 14.11.2005 - II ZR 178/03, ZIP 2006, 467 (469 Rz. 17).

176 Überblick bei Scholz/*Bitter*, GmbHG, 12. Aufl. 2018, Bd. 1, § 13 Rn. 138 ff.

177 Siehe dazu oben bereits S. 31 ff.

178 So zutreffend auch *Bochmann/Cziupka* in GmbH-Handbuch, 166. Lieferung 10.2018, Teil I, Abs. 1 Rn. 25.

179 BGH Urt. v. 28.04.2008 – II ZR 264/06, ZIP 2008, 1232 (1235) – Gamma.

180 BGH Urt. v. 28.04.2008 – II ZR 264/06, ZIP 2008, 1232 (1235 f. Rz. 25) – Gamma.

181 So etwa Scholz/*Bitter*, GmbHG, 12. Aufl. 2018, Bd. 1, § 13 Rn. 147.

182 BGH, Urt. v. 16.07.2007 - II ZR 3/04, NJW 2007, 2689.

geführt haben. Da der Streit und Entwicklung sich vor allem anhand konzernrechtlicher Überlegungen entwickelt hat, wird diese wichtige Problematik bei der Darstellung des Konzernrechts erläutert.[183]

### 4) Schutz durch Insolvenzverschleppungshaftung

Die Insolvenzverschleppungshaftung betrifft bei erster Betrachtung nicht unmittelbar die Grenzen der Einflussnahme des Gesellschafters. Bei AG und GmbH sind die Geschäftsführungsorgane die Haftungsadressaten. Jedoch wird in diesem Rechtsinstitut die Schutzbedürftigkeit der Gesellschaftsgläubiger besonders deutlich. Auch darf nicht unterschätzt werden, dass wegen der nicht unerheblichen Rechtsfolgen, die bei einer Tatbestandsverwirklichung zu befürchten sind, die Regelungen auch präventiv wirken und folglich mittelbar die Grenzen der Einflussnahme mitbestimmen.

#### a) Pflicht zur Stellung eines Insolvenzantrags

Wird eine juristische Person zahlungsunfähig oder überschuldet, müssen die Mitglieder des Geschäftsführungsorgans gem. § 15a Abs. 1 S. 1 InsO ohne schuldhaftes Zögern, spätestens jedoch nach drei Wochen, Antrag auf Eröffnung eines Insolvenzverfahrens stellen. Die Antragspflicht besteht bei den in § 17 InsO und § 19 InsO definierten Insolvenzgründen. Bei bloß drohender Zahlungsunfähigkeit besteht ein Antragsrecht. Das Schuldnerunternehmen hat das Vorliegen von Insolvenzgründen fortlaufend zu überprüfen[184] und dabei auch die durch richterliche Rechtsfortbildung entwickelten Grundsätze zu beachten.[185] Die Antragspflicht trifft nach dem Wortlaut die Mitglieder des Vertretungsorgans, also den Vorstand bei der AG und die Geschäftsführung bei der GmbH. Die Antragspflicht kann sich in bestimmten Konstellationen ausnahmsweise auch subsidiär auf Dritte

---

183 Siehe hierzu ausführlich S. 73 ff.

184 Kübler/Prütting/Bork/*Steffek*, InsO, 78. Lfg. 2018, § 15a Rn. 55; siehe zur Überwachungspflicht auch *Richter/Schnurbusch/Meller*, BB 2014, 2027 (2028 ff.).

185 Siehe zur Feststellung der Überschuldung Uhlenbruck/*Mock*, InsO, § 19 Rn. 39 ff.; zur Feststellung der Zahlungsunfähigkeit Uhlenbruck/*Mock*, InsO, § 17 Rn. 20 ff.; auch der BGH hat seine Sichtweise zu zentralen Aspekten der Zahlungsunfähigkeit und die erwartete Prüfungstiefe jüngst ausführlich dargestellt, BGH, Urt. v. 19.12.2017 – II ZR 88/16, WM 2018, 277; für einen Gesamtüberblick siehe auch den Prüfungsstandard des IDW „Beurteilung des Vorliegens von Insolvenzgründen (IDW S 11)“ in der (noch) aktuellen Version vom 22.08.2016; Gesamtdarstellung auch bei Gottwald/*Haas*, Insolvenzrechts-Hb., § 6 Rn. 4 ff.

erstrecken, womit vor allem Gesellschafter oder Aufsichtsräte gemeint sind.[186] Die in § 15a Abs. 1 InsO genannte Frist von drei Wochen darf im Übrigen nicht so verstanden werden, dass einer antragsverpflichteten Person nach Feststellung eines Insolvenzgrundes in jedem Fall noch drei Wochen Bedenkzeit zusteht. Die Frist dient lediglich dazu, die noch bestehenden Möglichkeiten einer Sanierung zu prüfen. Sobald jedoch ersichtlich wird, dass keine ernsthaften Erfolgsaussichten mehr bestehen, ist umgehend der Antrag zu stellen.[187]

Kommt eine antragsverpflichtete Person der Antragspflicht nicht oder nicht ordnungsgemäß nach, drohen ihr neben zivilrechtlichen- auch strafrechtliche Konsequenzen. Daher ist in diesem Stadium der Krise bei den handelnden Personen besondere Vorsicht geboten. Bei einem Zuwiderhandeln droht gemäß § 15a Abs. 4 InsO eine Freiheitsstrafe von bis zu drei Jahren oder eine Geldstrafe. Neben den Vorschriften der InsO sanktionieren auch die §§ 283 – 283d StGB einzelne, besonders verwerfliche Handlungen bei Überschuldung oder Zahlungsunfähigkeit der Gesellschaft, mit teils noch höherer Strafandrohung.[188]

Wie bereits ausgeführt, treffen die Konsequenzen eines Verstoßes gegen die Insolvenzantragspflicht grundsätzlich nicht unmittelbar die Gesellschafter, sondern die Vertretungsorgane. Jedoch dürfte ein Fremdgeschäftsführer, der eine strafrechtliche (oder auch zivilrechtliche) Inanspruchnahme fürchtet, durchaus selbst daran interessiert sein, dem Willen eines Gesellschafters nicht immer nachzugeben. Dies ist in einer Situation, in der ein Gesellschafter seinen Willen zum Ausdruck bringt, dass die Antragsstellung zu unterlassen sei und korrespondierend die Erwerbstätigkeit der Gesellschaft fortzusetzen sei, von entscheidender Bedeutung. Durch das Institut der Insolvenzverschleppung wird die Einflussnahme des Gesellschafters folglich mittelbar begrenzt. Mit dem Vorliegen von Insolvenzgründen findet bei der Geschäftsleitung eine Umkehr der berücksichtigungsfähigen Interessen statt. Der Geschäftsleiter agiert (idealerweise) zum Schutz der Gläubiger der Gesellschaft.

---

186 Für die Frage für welche Personen und wann eine subsidiäre Antragspflicht etwa bei Führungslosigkeit der juristischen Person bestehen kann siehe Kübler/Prütting/Bork/*Steffek*, InsO, 78. Lfg. 2018, § 15a Rn. 35 ff.; siehe auch Krieger/Schneider/*Balthasar*, HdB Managerhaftung, 3. Aufl. 2017, Rn. 33.54 ff.

187 Kayser/Thole/*Kleindiek/Ransiek*, InsO, § 15a Rn. 12.

188 Für einen Überblick über die entsprechenden Tatbestände des StGB siehe *Bittmann*, Praxis – HdB Insolvenzstrafrecht, 2. Aufl. 2017, § 12 Rn. 58 ff.

Mit Eröffnung des Insolvenzverfahrens wird diese Interessenumkehr durch gesetzliche Anordnung tatsächlich vollzogen.

### b) Zivilrechtliche Konsequenzen eines Verstoßes

Sofern gegen die Antragspflicht verstoßen wird, steht den Alt- und Neugläubigern[189] der Gesellschaft ein Anspruch gemäß § 823 Abs. 2 BGB iVm. § 15a InsO zu. Der Gegner dieses Anspruches aus der sog. Insolvenzverschleppungshaftung können alle Personen sein, die (nach den o.g. Grundsätzen) zur Stellung eines Insolvenzantrags verpflichtet waren.[190] Die Antragsverpflichteten müssen jedoch schuldhaft gehandelt haben, wobei auch Fahrlässigkeit ausreicht.[191] Hat eine anspruchsbegehrende Person (Gläubiger oder Insolvenzverwalter) die verspätete Antragsstellung objektiv bewiesen, wird widerlegbar vermutet, dass die antragsverpflichtete Person schuldhaft gehandelt hat.[192]

Der Inhalt und Umfang des Anspruchs wurde durch eine Grundsatzentscheidung des BGH aus dem Jahr 1994[193] im Wesentlichen festgelegt. Dabei ist zu unterscheiden zwischen dem Anspruch der Altgläubiger und dem Anspruch der Neugläubiger. Den Altgläubigern ist nur derjenige Betrag zu ersetzten, welcher ihnen aufgrund der verspäteten Antragsstellung und der so verringerten Insolvenzquote, entgeht.[194] Demgegenüber steht den Neugläubigern ein Anspruch in Höhe des Vertrauensschadens zu, soweit dieser nicht durch die Insolvenzquote gedeckt ist.[195] Der Ersatz des Vertrauensschadens besteht nicht zwangsläufig in demjenigen Teil, den die ursprüngliche Forderung des Neugläubigers durch die Insolvenz „entwertet" wurde.[196] Zu ersetzen sind (auch wenn dies im Einzelfall deckungsgleich mit der „Entwertung" sein kann)

---

[189] Unter Neugläubiger sind diejenigen Gläubiger zu verstehen, deren Ansprüche gegen die Gesellschaft nach dem Zeitpunkt entstanden sind, an dem eigentlich der Antrag hätte gestellt werden müssen.

[190] Kayser/Thole/*Kleindiek/Ransiek*, InsO, § 15a Rn. 27; zu besonderen Problemen der Beweisbarkeit in der Praxis in dem Zusammenhang siehe Krieger/Schneider/*Balthasar*, HdB Managerhaftung, 3. Aufl. 2017, Rn. 33.66.

[191] Kayser/Thole/*Kleindiek/Ransiek*, InsO, § 15a Rn. 29.

[192] Zur herrschenden Auffassung siehe nur Kübler/Prütting/Bork/*Steffek*, InsO, 78. Lfg. 2018, § 15a Rn. 112 mwN.

[193] BGH Urt. v. 06.06.1994 - II ZR 292/91, ZIP 1994, 1103 (1108 ff.).

[194] Es wird auch vom Quotenverringerungsschaden gesprochen siehe Kübler/Prütting/Bork/*Steffek*, InsO, 78. Lfg. 2018, § 15a Rn. 94.

[195] BGH Urt. v. 06.06.1994 - II ZR 292/91, ZIP 1994, 1103 (1110).

[196] So Kübler/Prütting/Bork/*Steffek*, InsO, 78. Lfg. 2018, § 15a Rn. 95.

diejenigen Schäden, die durch die Insolvenz verursacht wurden, also das negative Interesse.[197] Aus praktischen Gesichtspunkten vorteilhaft für die Neugläubiger ist dabei, dass sie nicht zwangsläufig das Ende des Insolvenzverfahrens abwarten müssen, sondern den vollen Schadensersatz bei Abtretung der auf sie entfallenden Quote verlangen dürfen.[198]

Neben der Insolvenzverschleppungshaftung können die Vertretungsorgane bei einem Verstoß gegen das sog. Zahlungsverbot nach Insolvenzreife haften. Dies ergibt sich bei der AG aus §§ 92 Abs. 2, 93 Abs. 3 Nr. 6 AktG und bei der GmbH aus § 64 S. 1 GmbHG. Die Haftung greift nach dem Wortlaut jedoch nicht ein, sofern die Zahlung mit der Sorgfalt eines ordentlichen und gewissenhaften Geschäftsleiters vereinbar war. Erfasst von der Ersatzpflicht sind Zahlungen im weitesten Sinne, also alle Leistungen, die das Gesellschaftsvermögen geschmälert haben, wobei Gegenleistungen zu berücksichtigen sind.[199]

Das Verhältnis zwischen den Instituten der Insolvenzverschleppungshaftung und der Haftung wegen „verbotener Zahlungen" ist heftig umstritten.[200] Überwiegend wird vertreten, dass es sich beim Anspruch wegen verbotener Zahlungen um eine Regelung eigener Art handelt, die keinen direkten Zusammenhang zu § 15a InsO aufweist.[201] Auch wird darauf hingewiesen, dass der als Innenhaftung[202] ausgestaltete Anspruch wegen verbotener Zahlungen schon während der dreiwöchigen Sanierungsfrist des § 15a Abs. 1 InsO entstehen kann und damit zeitlich schon vor dem Anspruch wegen Insolvenzverschleppung droht.[203] Die Gläubiger der Insolvenzverschleppungshaftung können ihren

---

197 BGH Urt. v. 21.10.2014 - II ZR 113/13, ZIP 2015, 267 (268, Rz. 13 aE); siehe auch Kayser/Thole/*Kleindiek/Ransiek*, InsO, § 15a Rn. 35; Kübler/Prütting/Bork/*Steffek*, InsO, 78. Lfg. 2018, § 15a Rn. 95.

198 BGH Urt. v. 05.02.2007 - II ZR 234/05, GmbHR 2007, 482 (485 Rz. 30); siehe auch Krieger/Schneider/*Balthasar*, HdB Managerhaftung, 3. Aufl. 2017, Rn. 33.65.

199 Kayser/Thole/*Kleindiek/Ransiek*, InsO, § 15a Rn. 109; siehe auch Scholz/*K. Schmidt*, GmbHG, 12. Aufl. 2015, (Bd. 3), § 64 Rn. 28 ff mwN.

200 Überblick bei Lutter/Hommelhoff/*Kleindiek*, GmbHG, 19. Aufl. 2016, § 64 Rn. 3 ff.

201 BGH, Urt. v. 26.03.2007 – II ZR 310/05, GmbHR 2007, 596 (598); Lutter/Hommelhoff/*Kleindiek*, GmbHG, 19. Aufl. 2016, § 64 Rn. 4 f. mwN.; aA. Scholz/*K. Schmidt*, GmbHG, 12. Aufl. 2015, (Bd. 3), § 64 Rn. 213.

202 So auch Kübler/Prütting/Bork/*Steffek*, InsO, 78. Lfg. 2018, § 15a Rn. 92 mwN, der klarstellt, dass der Anspruch im Interesse der Gläubiger der Gesellschaft zusteht und vom Insolvenzverwalter geltend gemacht wird.

203 Kayser/Thole/*Kleindiek*, InsO, Anh. § 35 Rn. 26.

Anspruch (nach dem Modell der Rechtsprechung) direkt geltend machen, so dass es sich strukturell um eine Außenhaftung handelt.[204]

Für die Klärung des Verhältnisses hat *K. Schmidt* vorgeschlagen, dass die Haftung wegen verbotener Zahlungen nicht differenziert von der Insolvenzverschleppung behandelt wird, sondern dass der Anspruch aus § 64 GmbHG nur ein Einzelposten eines „Gesamtverschleppungsschadens" sein soll, der auch die „Gesamtsumme" der Haftung begrenzt.[205] Die Vorschrift des § 64 S. 1 GmbHG hätte dann (nur noch) die Aufgabe, dass widerlegbar vermutet würde, dass die summierten Zahlungen (die nach § 64 GmbHG eigentlich zu ersetzen wären) die Höhe des Gesamtschadens darstellen.[206]

#### 5) Zwischenergebnis zu den allgemeinen Grenzen

Die Einflussnahmemöglichkeit des Gesellschafters einer unabhängigen Kapitalgesellschaft wird vor allem durch die Regeln der Kapitalerhaltung begrenzt. Insbesondere bei der AG sind strenge Regeln zu beachten, wenn der Gesellschaft Vermögen entzogen werden soll. Wird gegen die entsprechende Kapitalerhaltungsregel verstoßen, steht der Gesellschaft (bei AG und GmbH) ein Erstattungsanspruch gegen den Gesellschafter zu. Sofern die Gesellschaft insolvent geworden ist, kommen unter Umständen Haftungsansprüche wegen Existenzvernichtung, Insolvenzverschleppung oder verbotener Zahlungen nach Eintritt der materiellen Insolvenz in Betracht. Diese Instrumente bezwecken ebenfalls den Schutz der Gesellschaftsgläubiger und begrenzen die Einflussnahmemöglichkeit des Gesellschafters jedenfalls mittelbar.

### III. Vertragskonzern nach den §§ 291 ff. AktG

Durch den Abschluss eines Unternehmensvertrages erhält ein herrschendes Unternehmen ein gesichertes und rechtlich anerkanntes Mittel zur Ausübung seiner Macht in einer abhängigen Gesellschaft, mit der letztlich ein „Durchregieren" ermöglicht wird.[207] Gemäß § 291 Abs. 1

---

204 Kübler/Prütting/Bork/*Steffek*, InsO, 78. Lfg. 2018, § 15a Rn. 92.

205 *K. Schmidt*, ZHR 168 (2004), 637 (655 ff.); *ders.*, NZG 2015, (129). (131).

206 *K. Schmidt*, ZHR 168 (2004), 637 (655 ff.); *ders.*, NZG 2015, (129); aA. Lutter/Hommelhoff/*Kleindiek*, GmbHG, 19. Aufl. 2016, § 64 Rn. 4 f. der jedoch eine entsprechende Regelung *de lege ferenda* offenbar nicht ausschließt.

207 *Drygala/Staake/Szalai*, Kapitalgesellschaftsrecht, § 32 Rn. 6.

S. 1 AktG sind Unternehmensverträge insbesondere[208] Beherrschungsverträge und Gewinnabführungsverträge. Bei einem Beherrschungsvertrag unterstellt eine Aktiengesellschaft[209] die Leitung der Gesellschaftsgeschäfte einer anderen Gesellschaft. Bei einem Gewinnabführungsvertrag verpflichtet sich eine AG ihren vollständigen Gewinn an ein anderes Unternehmen abzuführen.

### 1) Zustandekommen und Beendigung

Für das Zustandekommen und die Beendigung eines Unternehmensvertrages sind die §§ 293 – 299 AktG zu beachten. Der schriftliche Vertrag muss jedenfalls ein Weisungsrecht der herrschenden Gesellschaft beinhalten und bedarf gemäß § 293 Abs. 1, 2 AktG grundsätzlich der Zustimmung der Hauptversammlungen beider Gesellschaften, mit einer qualifizierenden Mehrheit der Stimmen. Sind bei der Tochtergesellschaft Minderheitsgesellschafter vorhanden, ist nach den §§ 293 a – g AktG ein festgeschriebenes Prozedere, mitsamt Prüfung des Vertrages und einem erläuternden Bericht, zu beachten. Da es bei einer hundertprozentigen Tochtergesellschaft keine zu schützenden Interessen von Minderheitsgesellschaftern gibt, kann die Prüfungspflicht in diesem Fall entfallen.[210] Der Unternehmensvertrag wird gemäß § 294 AktG erst mit Eintragung in das Handelsregister der abhängigen Aktiengesellschaft wirksam.

Ein Unternehmensvertrag kann durch Aufhebung, durch Kündigung oder aus sonstigen Gründen beendet werden. Die Beendigung durch Aufhebung ist in § 296 AktG geregelt. Danach ist eine einvernehmliche Beendigung nur schriftlich zum Ende des Geschäftsjahres oder einem vereinbarten Abrechnungszeitraum und nicht rückwirkend möglich. Befinden sich in der abhängigen Gesellschaft außenstehende Aktionäre, müssen diese nach § 296 Abs. 2 AktG in einem Sonderbeschluss der Aufhebung zustimmen. Der Unternehmensvertrag kann daneben gemäß § 297 AktG aus wichtigem Grund gekündigt werden. Ein relevanter Grund ist vor allem die in § 297 Abs. 1 AktG genannte Gefahr, dass der andere Vertragsteil seine Pflichten nicht wird erfüllen können. Damit dürfte regelmäßig der Fall gemeint sein, dass die Solvenz der

---

208 Auf die ebenfalls als Unternehmensverträge zu qualifizierenden Ausprägungen gem. § 292 AktG wird hingewiesen.

209 Oder entsprechend eine KGaA.

210 *Drygala/Staake/Szalai*, Kapitalgesellschaftsrecht, § 32 Rn. 9.

herrschenden Gesellschaft fraglich ist und somit die Gefahr besteht, dass die Pflicht zum Verlustausgleich gegenüber der abhängigen Gesellschaft nicht erfüllt werden wird.[211] In Betracht kommt eine Kündigung aus wichtigem Grund auch, wenn es bereits zu schwerwiegenden Vertragsverletzungen durch das herrschende Unternehmen gekommen ist, etwa weil dieses schlicht nicht willig war, seine im Unternehmensvertrag begründeten Pflichten zu erfüllen.[212] Sind in der abhängigen Gesellschaft Minderheitsgesellschaft vorhanden, ist, entsprechend zu § 296 Abs. 2 AktG, auch bei der Kündigung ein Sonderbeschluss notwendig.

Streitig ist, ob durch die Eröffnung eines Insolvenzverfahrens über das Vermögen der herrschenden Gesellschaft der Unternehmensvertrag beendet wird. Vertreten wird nach der traditionellen Auffassung, dass der Vertrag durch die Eröffnung des Insolvenzverfahrens beendigt wird, da sich durch die Verfahrenseröffnung der Zweck der Gesellschaft ändert, von einer auf Gewinnerzielung gerichteten Erwerbstätigkeit, zu einer auf Verwertung gerichteten Tätigkeit.[213] Zum Teil wird argumentiert, dass dies nach der Reform des Insolvenzrechts durch die Einführung der InsO nicht mehr haltbar sei, da die Verwertung des Schuldnervermögens (durch dessen Zerschlagung) nicht mehr der alleinige Sinn und Zweck eines Insolvenzverfahrens sei.[214] Tatsächlich ist der Streit vor allem dogmatischer Natur, da auch nach der zweiten Anschauung die Pflichten aus dem Unternehmensvertrag nicht mehr erfüllt werden müssen. Diese seien zwar nicht erloschen, gelten jedoch für die Dauer des Insolvenzverfahrens als suspendiert und der abhängigen Gesellschaft steht ein außerordentliches Kündigungsrecht zu.[215]

### 2) Weisungsrecht der herrschenden Gesellschaft nach § 308 AktG

Das Weisungsrecht innerhalb eines Vertragskonzerns ist durch die Regelung des § 308 AktG ausdrücklich festgeschrieben. Der herrschenden Gesellschaft steht während der Vertragslaufzeit gegenüber dem Vorstand der beherrschten Aktiengesellschaft ein Weisungsrecht zu. Die entsprechende Befolgungspflicht besteht auch bei nachteiligen

---

[211] MüKo/*Altmeppen*, AktG, § 297 Rn. 20.
[212] MüKo/*Altmeppen*, AktG, § 297 Rn. 23.
[213] Spindler/Stilz/*Veil*, AktG, § 297 Rn. 38 mwN.
[214] *Zeidler* NZG 1999, 692, 696 f.; *Trendelenburg* NJW 2002, 647, 649 f.
[215] Spindler/Stilz/*Veil*, AktG, § 297 Rn. 38.

Weisungen, sofern diese *„den Belangen des herrschenden Unternehmens oder der mit ihm und der Gesellschaft konzernverbundenen Unternehmen dienen*".

Diese Regelung ist allerdings nicht in einer Weise zu verstehen, dass es im Ermessen des Vorstands der abhängigen Gesellschaft steht im Einzelnen zu prüfen, wann eine Maßnahme nun tatsächlich im Interesse der herrschenden Gesellschaft liegt. Stattdessen darf der Vorstand nach § 308 Abs. 2 S. 1 AktG die Befolgung einer Weisung nur dann verweigern, wenn diese „offensichtlich" nicht den genannten Belangen dient.

Der Wortlaut der Norm lässt die Wertung zu, dass es ausschließlich an der herrschenden Gesellschaft sei, neben dem eigenen Interesse auch das Interesse der verbundenen Gesellschaften im Einzelnen zu definieren. Dafür spricht auch, dass das Recht der beherrschten Gesellschaft eine entsprechende Weisung nicht zu befolgen, auf „offensichtliche" Fälle beschränkt bleibt. Es drängt sich die Frage auf, welche inhaltlichen Vorgaben und Grenzen das Weisungsrecht nach § 308 AktG im Einzelnen hat.

### a) Inhalt

Die Maßnahme welche angewiesen wird, muss im Interesse der herrschenden Gesellschaft oder der verbundenen Unternehmen liegen. Im Rahmen des § 308 AktG kann dies zwei verschiedene Komponenten haben. Zum einen, wenn die Weisung mit dem Unternehmensinteresse der herrschenden Gesellschaft übereinstimmt. Nach dem Wortlaut des § 308 Abs. 2 AktG reicht jedoch aus, wenn die Weisung *„der mit ihm und der Gesellschaft konzernverbundenen Unternehmen dient*". An dieser Stelle ist ein Streit um die Frage entbrannt, ob mit dieser Formulierung das Konzerninteresse zum Ausdruck gebracht wurde.[216] In jedem Fall ist damit gemeint, dass es schon ausreicht, wenn eine nachteilige Weisung einen irgendwie gearteten V*orteil innerhalb des Konzerns* hervorruft, wobei keine enge Auslegung, sondern eine weite und großzügige Betrachtung angebracht sein soll.[217]

216 Siehe dazu ausführlich unten S. 93 ff.

217 Grigoleit/*Servatius*, AktG, § 308 Rn. 11.

### b) Grenzen

Das Weisungsrecht wird zunächst durch die Legalitätspflicht begrenzt. Eine Weisung, die gegen eine zwingende gesetzliche Regelung verstößt, etwa weil der Vorstand einer abhängigen Gesellschaft beim Ausführen der Weisung den Tatbestand einer Insolvenzverschleppung (§ 15a InsO; oder für Zahlungen den Tatbestand des § 92 S. 1 AktG[218]) erfüllen würde, ist nichtig.[219] Das gleiche gilt für zwingende bilanzrechtliche Regelungen oder die Normen des StGB bzw. des Steuerrechts, während ein Verstoß gegen das Kapitalerhaltungsgebot gemäß § 57 Abs. 1 S. 2 Alt. 1 AktG grundsätzlich keine Nichtigkeit der Weisung nach sich zieht.[220]

Verweigern darf der Vorstand der abhängigen Gesellschaft eine im Rahmen der Gesetze erfolgte Weisung grundsätzlich nur, wenn diese offensichtlich nicht den Belangen der herrschenden oder der verbundenen Unternehmen dient. Dies soll der Fall sein, wenn dies für einen Sachkundigen sogar ohne zusätzliche Nachforschungen sichtbar ist.[221] Des Weiteren können Grenzen der Weisungsbefugnis auch innerhalb des Unternehmensvertrages festgelegt werden.[222] Letztlich begrenzt das Verbot des § 299 AktG das Weisungsrecht der herrschenden Gesellschaft. Der beherrschten Gesellschaft darf nach dieser Regel nicht die Weisung erteilt werden den Unternehmensvertrag zu ändern oder zu beendigen.

Daneben werden noch weitere, ungeschriebene Grenzen des Weisungsrechts diskutiert. Nach einer starken Meinung in der Literatur darf eine angewiesene Maßnahme nicht unverhältnismäßig sein[223], während andere argumentieren, dass ein solches Kriterium sich nicht rechtssicher

218 Siehe dazu bereits oben S. 44 f.

219 Grigoleit/*Servatius*, AktG, § 308 Rn. 16.

220 Grigoleit/*Servatius*, AktG, § 308 Rn. 16.

221 Hüffer/*Koch*, AktG § 308 Rn. 22; Hölters/*Leuering/Goertz*, AktG, § 308 Rn. 53.

222 MüKo/*Altmeppen*, AktG, § 308 Rn. 136.

223 *Hüffer/Koch, AktG, §* 308 Rn. 17; *Emmerich* in Emmerich/Habersack, Aktien – und GmbH-Konzernrecht, § 308 Rn. 51; die jeweils für den Fall argumentieren, dass nicht bloß der angewiesenen Gesellschaft Nachteile entstehen, sondern dass überhaupt keine oder kaum korrespondierende Vorteile für den Konzern entstehen.

handhaben lasse und letztlich die gesetzgeberisch gewünschte (vertragliche) Beherrschung von Unternehmen gefährden würde[224].

Fraglich ist weiter, ob eine Weisung generell unzulässig ist, wenn die Existenz der abhängigen Gesellschaft durch die Weisung bedroht wird. Überwiegend wird dies vertreten.[225] Daneben wird von anderen zu Recht differenziert. Befindet sich die anweisende herrschende Gesellschaft ebenfalls in einer Krise, ist eine „existenzvernichtende" Weisung unzulässig; sollte die herrschende Gesellschaft sich nicht in einer Krise befinden, so müssen die Gläubiger wegen der Mechanismen der §§ 302, 303 AktG nicht mit einem Zahlungsausfall rechnen – ein darüber hinaus gehender Schutz der Existenz der Gesellschaft wäre auch aus Gläubigersicht (etwa ein Interesse an einem Fortsetzen der Vertragsbeziehung) nicht gerechtfertigt.[226]

Die Organe der herrschenden Gesellschaft haben bei der Ausübung ihrer beherrschenden Position und damit letztlich auch bei der Ausübung des Weisungsrechts gemäß § 309 Abs. 1 AktG die Sorgfalt eines ordentlichen und gewissenhaften Geschäftsleiters zu beachten. Diese Pflicht trifft gemäß § 310 Abs. 1 AktG auch die Organe der beherrschten Gesellschaft.

### 3) Verlustausgleich und Sicherheitsleistung

Die gerade genannten Möglichkeiten der massiven Einflussnahme werden von entsprechenden Schutzvorschriften eingerahmt. Der Abschnitt der §§ 300 – 303 AktG dient dem Schutz der abhängigen Gesellschaft und ihrer Gläubiger. Demgegenüber greift zur Sicherung der außenstehenden Aktionäre der Abschnitt der §§ 304 – 307 AktG. Die Schutzvorschriften sind insbesondere erforderlich, da gemäß § 291 Abs. 3 AktG das Verbot der Einlagenrückgewähr[227] nach

[224] Grigoleit/*Servatius*, AktG, § 308 Rn. 10; im Ergebnis auch MüKo/*Altmeppen*, AktG, § 308 Rn. 118.

[225] OLG Düsseldorf, Beschl. v. 07.06.1990, 19 W 13/86, AG 1990, 490, 492, *Emmerich* in Emmerich/Habersack, Aktien – und GmbH-Konzernrecht, § 308 Rn. 61; *Hüffer/Koch*, AktG, *§* 308 Rn. 19 m.w.N.

[226] Grigoleit/*Servatius*, AktG, § 308 Rn. 20; Spindler/Stilz/*Veil*, AktG, 3. Aufl. 2015, § 308 Rn. 31.

[227] Siehe dazu näher bereits S. 35.

§ 57 AktG in der beherrschten AG keine Anwendung findet.[228] Dennoch dürfen gegenüber der herrschenden Gesellschaft nur „Gewinne“ abgeführt werden. Welcher Betrag dies höchstens sein darf, legt § 301 AktG fest. Demnach findet die Möglichkeit der Einflussnahme des Gesellschafters an dieser Stelle eine Grenze. Allerdings geht es dabei nur um direkte Mittelabflüsse zur herrschenden Gesellschaft. Nicht erfasst sind sonstige nachteilige Weisungen, die an anderer Stelle im Konzern positive Wirkungen haben.

Im Geflecht der Schutzvorschriften von größter Bedeutung sind die §§ 302, 303 AktG.

### a) Anspruch aus § 302 AktG

Die zentrale Vorschrift des § 302 Abs. 1 AktG regelt die Pflicht der herrschenden Gesellschaft zum Verlustausgleich. Auszugleichen ist ein im Geschäftsjahr angefallener Jahresfehlbetrag, soweit dieser nicht durch Entnahmen aus Gewinnrücklagen, die während der Vertragslaufzeit gebildet wurden, ausgeglichen werden kann.

Der Jahresfehlbetrag ist nach bilanzrechtlichen Grundsätzen zu ermitteln, mit der Folge, dass § 275 Abs. 2 u. 3 HGB Anwendung findet.[229] Entscheidend hierbei ist, dass es nicht darauf ankommt, ob der Fehlbetrag auf die nachteilige Einflussnahme der herrschenden Gesellschaft zurückzuführen ist.[230] Der Gesetzgeber machte an dieser Stelle deutlich, dass diese bedingungslose Einstandspflicht die Gegenleistung für das Recht sein soll, die abhängige Gesellschaft finanziell und in sonstigen Bereichen zu kontrollieren.[231] Der ermittelte Fehlbetrag darf durch die Auflösung von Rücklagen der abhängigen Gesellschaft ausgeglichen werden. Gemäß dem eindeutigen Wortlaut jedoch nur, sofern diese Rücklagen während der Vertragslaufzeit gebildet wurden. Diese Regel ist im Interesse der Gläubiger der abhängigen Gesellschaft zwingend und darf daher nicht durch eine Vereinbarung innerhalb des Unternehmensvertrages ausgeschlossen werden.[232] Ist der Fehlbetrag festgestellt

---

228 Die Vorschrift wurde durch das MoMiG modifiziert, was zu Teilen der Literatur zu Diskussionen und Kritik geführt hat, siehe dazu MüKo/*Altmeppen*, AktG, § 291 Rn. 232 ff. mwN.

229 Grigoleit/*Servatius*, AktG, § 302 Rn. 6.

230 Grigoleit/*Servatius*, AktG, § 302 Rn. 6.

231 BegRegE bei *Kropff*, Textausgabe AktG (1965), S. 391.

232 Grigoleit/*Servatius*, AktG, § 302 Rn. 10.

und kann dieser nicht durch Auflösung von Rücklagen ausgeglichen werden, steht der abhängigen Gesellschaft gegen die herrschende Gesellschaft ein, grundsätzlich auf eine Geldzahlung gerichteter, Anspruch zu.[233] Die Zahlung von Geld ist jedoch nicht zwingend, vielmehr handelt es sich bei § 302 AktG nicht um eine Kapitalaufbringungsregel, sondern um einen bilanziellen Vermögensschutz, sodass die herrschende Gesellschaft auch mit einem werthaltigen, gegen sich gerichteten, Anspruch aufrechnen kann.[234] Der Verlustausgleichsanspruch entsteht nicht erst mit der detaillierten Feststellung des Jahresfehlbetrages. Vielmehr entsteht der Anspruch schon am relevanten Bilanzstichtag und wird zu diesem Zeitpunkt fällig.[235]

Aus dem Genannten wird deutlich, dass der Vermögensschutz der abhängigen Gesellschaft stets erst nachträglich stattfindet. Fraglich ist wie zu verfahren ist, wenn die abhängige Gesellschaft mangels vorhandener Liquidität unterjährig Gefahr läuft, zahlungsunfähig im Sinne des § 17 InsO zu werden. Es wird zum Teil vorgeschlagen, dass in einem solchen Fall der herrschende Teil eines Unternehmensvertrages verpflichtet sein sollte, auch unterjährig die Liquiditätsausstattung zu gewährleisten.[236] Gegen eine solche Pflicht wird überzeugend vorgebracht, dass durch das Risiko des eigenverantwortlichen Aufkündigens des Vertrages durch die beherrschte Gesellschaft, bereits ein ausreichender Anreiz für die Gewährung einer unterjährigen Liquiditätsspritze vorhanden sei.[237] Mangelnde Liquidität würde ein außerordentliches Kündigungsrecht darstellen, welches zur Folge hätte, dass nach Beendigung des Vertrages der Verlustausgleichsanspruch auch unterjährig bestehen würde.[238]

Damit die Geltendmachung des Verlustausgleichsanspruchs nicht leichtfertig umgangen werden kann, ist der Vergleich oder Verzicht über den Anspruch ausdrücklich geregelt. Gemäß § 302 Abs. 3 S. 1, 3 AktG kann die abhängige Gesellschaft einen

233 Grigoleit/*Servatius*, AktG, § 302 Rn. 12.
234 BGH Urt. v. 10.07.2006 - II ZR 238/04, NJW 2006, 3279; dem zustimmend Grigoleit/*Servatius*, AktG, § 302 Rn. 12; abweichend noch OLG Jena Urt. v. 21.09.2004 - 8 U 1187/03, NZG 2005, 716, 717.
235 Grigoleit/*Servatius*, AktG, § 302 Rn. 12.
236 MüKo/*Altmeppen*, AktG, § 302 Rn. 38.
237 Grigoleit/*Servatius*, AktG, § 308 Rn. 18; ablehnend auch KK/*Koppensteiner*, AktG, § 308 Rn. 38 unter Berufung auf den Normzweck.
238 Grigoleit/*Servatius*, AktG, § 308 Rn. 18.

Verzicht erklären oder sich vergleichen, wenn nach der Eintragung der Beendigung in das Handelsregister bereits drei Jahre verstrichen sind und ein Sonderbeschluss etwaiger außenstehender Gesellschafter gefasst wurde. Ausnahmen hiervon sind nur in den engen Grenzen des § 302 Abs. 3 S. 2 AktG möglich.[239]

### b) Schutz der Gläubiger durch § 303 AktG

Die herrschende Gesellschaft kann sich, wie bereits dargestellt, der während der Vertragsdauer angefallenen Verluste (in der beherrschten Gesellschaft) nicht durch Vertragsbeendigung entledigen. Die Verlustausgleichspflicht besteht auch bei unterjährigem Ende des Vertrages. Sofern erforderlich, ist ein Rumpfgeschäftsjahr zur Ermittlung des zu ersetzenden Betrages aufzustellen.

Die Gläubiger der beherrschten Gesellschaft werden bei Beendigung des Unternehmensvertrags durch die sog. Sicherheitsleistung des § 303 AktG geschützt. Das Gesetz schreibt drei Voraussetzungen für den Anspruch nach § 303 AktG fest. Der Unternehmensvertrag muss beendigt worden sein und die Forderung des Gläubigers muss bereits vor der entsprechenden Bekanntmachung der Beendigung (im Handelsregister) rechtlich begründet sein. Daneben muss sich der Gläubiger innerhalb von sechs Monaten bezüglich der Forderung bei der herrschenden Gesellschaft gemeldet haben.

Erfasst sind alle vor der Bekanntmachung (§ 10 HGB) begründeten Ansprüche. Um eine Endloshaftung zu vermeiden, greift jedoch eine Fünfjahresfrist gemäß § 160 HGB analog.[240] Der Anspruch der Gläubiger ist darauf gerichtet, dass bezüglich ihrer offenen Ansprüche gegen den Vertragspartner eine Sicherheit geleistet wird. Dies kann durch Hinterlegung erfolgen, jedoch kann sich die herrschende Gesellschaft auch selbstschuldnerisch verbürgen.[241] Nach überwiegender Ansicht wird angenommen, dass sofern der Vertragspartner bei Beendigung des Beherrschungs- oder Gewinnabführungsvertrags vermögenslos bzw. sogar masselos insolvent geworden ist, den Gläubigern ein Direktanspruch gegen die herrschende Gesellschaft auf Befriedigung ihrer

---

[239] Siehe hierzu MüKo/*Altmeppen*, AktG, § 302 Rn. 96.
[240] Grigoleit/*Servatius*, AktG, § 303 Rn. 5 mwN.
[241] Grigoleit/*Servatius*, AktG, § 303 Rn. 8.

Forderungen zusteht.[242] Dies ist überzeugend, da eine vorgelagerte Sicherheitsleistung sinnlos ist, wenn von dem Vertragspartner sowieso keine Leistung mehr erwartet werden kann.

Zum Teil wird unter dem Begriff „Konzernausgangsschutz" argumentiert, dass die Schutzpflichten der herrschenden Gesellschaft nach Beendigung des Unternehmensvertrag über das in den §§ 302, 303 AktG genannte, hinausgehen. So wird vorgebracht, dass einer Gesellschaft, die sich nach Beendigung des Unternehmensvertrages in einer deutlich schlechteren Verfassung (als bei Abschluss des Vertrages) befindet, ein Anspruch auf eine sog. Wiederaufbauhilfe zustehen soll.[243] Vereinzelt wird vertreten, dass der Schutz der Minderheitsgesellschafter zu schwach ausgeprägt sei, sodass diesen bei Beendigung des Unternehmensvertrages ein besonderes Recht auf Austritt und Abfindung zu gewähren sei.[244] Der BGH[245] hat jedoch im Jahr 2014, in Einklang mit der überwiegenden Ansicht im Schrifttum[246], den Überlegungen zu einem weitergehenden Konzernausgangsschutz eine klare Absage erteilt.

### 4) GmbH – Vertragskonzern

Eine GmbH kann als abhängige Gesellschaft ebenfalls Partei eines Beherrschungs- und Gewinnabführungsvertrages sein. Dies wurde in Übereinstimmung mit der herrschenden Auffassung durch das MoMiG

242 so Grigoleit/*Servatius*, AktG, § 303 Rn. 9 der argumentiert, dass die *Autokran* Entscheidung des BGH trotz des zugrundeliegenden Rahmens des qualifiziert faktischen Konzerns an dieser Stelle noch Gültigkeit besitzt; ebenso Spindler/Stilz/*Veil*, AktG, § 303 Rn. 24; *Hüffer/Koch, AktG, §* 303 Rn. 7; Hölters//*Deilmann*, AktG, § 303 Rn. 14 f.; im Grundsatz ebenso jedoch differenzierend für den Fall das ein Verfahren noch nicht abgeschlossen ist KK/*Koppensteiner*, AktG, § 303 Rn. 25; sowie Großkomm/*Hirte*, AktG, § 303 Rn. 12f.

243 So offenbar BAG Urt. v. 26.05.2009 – 3 AZR 369/07, ZIP 2009, 2166 (2169 f., Rn. 33 f.); *Geßler* ZHR 140 (1976), 433 (435); so auch *Hommelhoff*, Die Konzernleitungspflicht, S. 310; *Wilhelm*, Beendigung des Beherrschungs- und Gewinnabführungsvertrags, 1976, S. 114 ff.

244 *Voigts*, Konzernausgangsschutz im GmbH-Vertragskonzern, S 24 ff.

245 BGH, Urt. v. 07.10.2014 – II ZR 361/13, NJW-RR 2015, 232; Besprechung und Würdigung *Servatius* ZGR 2015, 754.

246 KK/*Koppensteiner*, AktG, § 297 Rn. 63; Hüffer/*Koch*, AktG, § 296 Rn. 9; Grigoleit/*Servatius*, AktG, § 303 Rn. 10; *Priester* ZIP 1989, 1301, 1305; *Altmeppen* ZHR 171 (2007), 320, 328.

(und der Einführung des § 30 Abs. 1 S. 2 GmbHG[247]) klargestellt.[248] Die zentralen Regeln der §§ 302, 303 AktG werden insoweit analog angewendet.[249] Besonderheiten sind jedoch bei Abschluss des Unternehmensvertrages im Hinblick auf Zustimmung und Form zu beachten, da die Rechtsprechung inhaltlich im Wesentlichen die gleichen Anforderungen stellt, wie bei einer Satzungsänderung der GmbH.[250]

### 5) Zwischenergebnis für Vertragskonzerne

Bei Bestehen eines Beherrschungs- und Gewinnabführungsvertrages wird die Einflussnahme (Weisungsrecht gem. § 308 AktG) der herrschenden Gesellschaft kaum beschränkt. Dafür gibt es nach der Systematik der §§ 291 ff. AktG auch keinen Grund. Denn gemäß § 302 AktG ist die herrschende Gesellschaft verpflichtet alle während der Vertragslaufzeit entstehenden Verluste auszugleichen. Direkte Abflüsse von finanziellen Mitteln zur herrschenden Gesellschaft müssen jedoch auf Gewinne beschränkt bleiben. Den Gläubigern der beherrschten Gesellschaft ist bei Beendigung des Beherrschungsvertrages, unter Umständen, gem. § 303 AktG Sicherheit zu leisten.

## IV. Faktischer Aktiengesellschaftskonzern

Von einem sog. faktischen Konzern spricht man, wenn eine Gesellschaft auf eine Aktiengesellschaft[251] einen beherrschenden Einfluss im Sinne des § 17 AktG ausüben kann. Eine Eingliederung nach den §§ 319 ff. AktG ist jedoch ebenso wenig erfolgt, wie der Abschluss eines Beherrschungs- oder Gewinnabführungsvertrag mit der herrschenden Gesellschaft. Aus diesem Grund wird der in den §§ 311 ff. AktG geregelte faktische Konzern als die schwächste Form der (im AktG geregelten) Unternehmensverbindung bezeichnet.[252]

---

247 Zu den Ausnahmen im Rahmen des § 30 GmbHG siehe bereits oben S. 32 ff.

248 *Emmerich* in Emmerich/Habersack, Aktien – und GmbH-Konzernrecht, § 291 Rn. 41; zum damaligen Meinungsstand auch MüKo/*Liebscher*, GmbHG, Anh. § 13 Rn. 856 ff.

249 MüKo/*Liebscher*, GmbHG, Anh. § 13 Rn. 860, 907.

250 Näher dazu Roth/*Altmeppen*, GmbHG, Anh. § 13 Rn. 28 ff.

251 Die Regelungen zum faktischen Konzern gelten ausweislich des Gesetzeswortlautes stets auch für die abhängige KGaA. Für eine bessere Übersichtlichkeit wird dennoch nur von der abhängigen AG gesprochen.

252 *Drygala/Staake/Szalai*, Kapitalgesellschaftsrecht, § 31 Rn. 1 (S. 647).

### 1) Einflussnahme durch „Veranlassung“

In der Aktiengesellschaft leitet der Vorstand die Geschäfte der Gesellschaft gemäß § 76 AktG in („unter“) eigener Verantwortung. Dabei ist der Vorstand weder gegenüber dem (Mehrheits-) Gesellschafter, noch dem Aufsichtsrat weisungsgebunden.[253] Formell sind die Rechte des Aktionärs weit eingeschränkt. Der Vorstand ist dem Aktionär nur auf der Hauptversammlung und sonst ausschließlich dem Aufsichtsrat Rechenschaft schuldig. Auch kann ein Mehrheitsaktionär einen Vorstand nicht unmittelbar entlassen, da dieses Recht gemäß § 84 AktG nur dem Aufsichtsrat in bestimmten Situationen zusteht.[254]

Diese formellen Regelungen dürfen jedoch nicht darüber hinwegtäuschen, dass ein Mehrheitsaktionär die Möglichkeit hat, jedenfalls mittelbar, seinen Willen gegenüber der Leitung der Aktiengesellschaft zum Ausdruck zu bringen und diesen auch durchzusetzen. Das Gesetz erkennt diese Realität an und spricht im Wortlaut von § 311 Abs. 1 AktG von „Veranlassung“ einer Maßnahme. Praktisch haben sich verschiedene Wege etabliert, durch welche der herrschende Aktionär seinen Einfluss nutzt, um eine Maßnahme zu veranlassen. Für eine Veranlassung im Sine des § 311 Abs. 1 AktG genügt jede Einflussnahme, die letztlich zu dem Ergebnis führt, dass der Vorstand die Maßnahme durchführt (oder unterlässt), wobei es gleichgültig ist, ob dies als Ratschlag, Anregung, Erwartung eines bestimmten Verhaltens, als Weisung oder in Gestalt der Auferlegung von Richtlinien erfolgt.[255] Daneben sind besondere Ausgestaltungen denkbar, durch welche ein herrschender Aktionär versucht sicher zu stellen, dass die Geschäfte in der abhängigen Gesellschaft nach seinen Vorstellungen geführt werden.

Dies wird u.a. durch die Schaffung von Doppelmandaten und sonstigen personellen Verflechtungen zwischen der herrschenden Gesellschaft und der abhängigen AG erreicht. Letztendlich laufen alle diese Gestaltungen darauf hinaus, dass ein Organ oder eine Vertrauensperson der herrschenden Gesellschaft eine Position im Vorstand oder dem Aufsichtsrat der abhängigen Gesellschaft übernimmt.[256] An dieser Stelle

---

253 *Drygala/Staake/Szalai*, Kapitalgesellschaftsrecht, § 31 Rn. 1 (S. 647).

254 *Drygala/Staake/Szalai*, Kapitalgesellschaftsrecht, § 31 Rn. 1 (S. 647).

255 Hüffer/*Koch*, AktG, § 311 Rn. 13; *Habersack* in Emmerich/Habersack, Aktien – und GmbH-Konzernrecht, § 311 Rn. 23 m.w.N.

256 *Habersack* in Emmerich/Habersack, Aktien – und GmbH-Konzernrecht, § 311 Rn. 28; *Drygala/Staake/Szalai*, Kapitalgesellschaftsrecht, § 31 Rn. 2 (S. 647f.).

wird in der Literatur ausgeführt, dass diese Art der Einflussnahme für Gläubiger und Minderheitsaktionäre der abhängigen AG besonders gefährlich sei, da die Veranlassung „von innen" kommt.[257] Die Installierung einer Vertrauensperson in der abhängigen Gesellschaft stellt an sich noch keine Nachteilszufügung dar, jedoch ist bei einem Handeln durch diese Personen im Grundsatz von einer Veranlassung durch die herrschende Gesellschaft auszugehen. Dadurch bleibt der Anwendungsbereich der §§ 311, 317 AktG grundsätzlich offen. Da die Veranlassung, wie bereits erwähnt, „von innen" kommt, dürfte es schwer fallen im Einzelfall darzulegen und zu beweisen, dass die Maßnahme kein Entschluss aus Eigeninitiative des Organmitglieds ist, sondern tatsächlich von der herrschenden Gesellschaft veranlasst wurde. Daher wird in solchen Fällen vermutet, dass die Maßnahme „veranlasst" wurde, wobei umstritten ist, ob diese Vermutung widerlegbar[258] ist oder nicht[259].

Das Vorstehende hat gezeigt, dass der Vorstand einer abhängigen Aktiengesellschaft, anders als beim Vertragskonzern, formell weisungsunabhängig ist. In der Realität besteht jedoch die Möglichkeit des herrschenden Aktionärs auf die Geschicke der abhängigen AG maßgeblich Einfluss zu nehmen. Der Gesetzgeber hat erkannt, dass auch schon bei der Möglichkeit der Ausübung eines Einflusses auf die abhängige Gesellschaft der bekannte Konzernkonflikt[260] zu Tage tritt. Auch bei faktischen Konzernen droht ein Gleichlauf von Gesellschafter- und Gesellschaftsinteresse, der die Interessen der Gläubiger und Minderheitsgesellschafter beeinträchtigen kann.[261] Um diesem Konflikt entgegen zu wirken, reglementieren die Mechanismen der §§ 311 – 318 AktG zum Schutz der Gläubiger und der Minderheitsaktionäre die Art und Weise der Einflussausübung.

---

[257] *Habersack* in Emmerich/Habersack, Aktien – und GmbH-Konzernrecht, § 311 Rn. 28.

[258] So etwa Hüffer/*Koch*, AktG, § 311 Rn. 21; MüKo/*Altmeppen*, AktG, § 311 Rn. 107; *Habersack* in Emmerich/Habersack, Aktien – und GmbH-Konzernrecht, § 311 Rn. 35; Hölters/*Leuering/Goertz*, AktG § 311 Rn. 78; Spindler/Stilz/*Müller*, AktG, § 311 Rn. 26

[259] Münch. Hdb. AG/*Krieger*, § 70 Rn. 78, jedoch mit dem Hinweis, dass die andere Anschauung von einem anderen Vermutungstatbestand ausgeht; *Grigoleit*, AktG, § 311 Rn. 24.

[260] Siehe hierzu bereits oben S. 14.

[261] *Habersack* in Emmerich/Habersack, Aktien – und GmbH-Konzernrecht, § 311 Rn. 1

## 2) Regelung des § 311 AktG

Die Wertung des § 117 AktG zeigt, dass im Grundsatz der Einfluss auf die Aktiengesellschaft verboten ist. Eine „Veranlassung“ ist jedoch ausnahmsweise zulässig, wenn die Voraussetzungen des § 311 AktG vorliegen. Im Wesentlichen geht es darum, dass der mit der Maßnahme einhergehende Nachteil bis zum Jahresende ausgeglichen wird.

### a) Regelungsanliegen

Mit der Vorschrift zum Nachteilsausgleich werden im Wesentlichen zwei Anliegen verfolgt. Naheliegend ist der Schutz der Vermögensinteressen der Gläubiger und Minderheitsaktionäre der abhängigen Aktiengesellschaft.[262]

Daneben erfüllt die Regelung eine Privilegierungsfunktion,[263] wobei diese Anschauung von einzelnen bestritten wird[264]. Eine Interessengleichschaltung ist gesetzlich gestattet, sofern der Ausgleich im Sinne des § 311 Abs. 2 AktG[265] erfolgt. Die Einflussnahme in einem faktischen Konzern wird folglich nicht bloß geduldet, sondern ist bewusst geschaffen und damit auch privilegiert.[266] Besondere Bedeutung hat diese Privilegierung für den Vorstand der abhängigen Gesellschaft. Zwar besteht keine bindende Pflicht, dass er einer Weisung folgen muss[267], jedoch ermöglicht die Regelung überhaupt erst, dass der Vorstand nicht pflichtwidrig handelt, sofern er die von Seiten der Mutter ausgeübte Einflussnahme nicht bekämpft.[268]

---

262 K. Schmidt/Lutter/*J. Vetter*, AktG, 3. Aufl. 2015, § 311 Rn. 3 mwN.

263 BGH v. 1.12.2008 – II ZR 102/07, NJW 2009, 850, Rz. 12 – MPS; *Habersack* in Emmerich/Habersack, Aktien – und GmbH-Konzernrecht, § 311 Rn. 2; *Hüffer/Koch, AktG, §* 311 Rn. 4; K. Schmidt/Lutter/*J. Vetter*, AktG, 3. Aufl. 2015, § 311 Rn. 6; siehe auch *Wimmer-Leonhardt*, Konzernhaftungsrecht, S. 70 die differenziert zwischen einem abzulehnenden Schädigungsprivileg und einer vorzugswürdigen Einordnung als Konzernprivileg.

264 E*hricke*, Abhängige Konzernunternehmen, S. 321; *Wackerbarth*, Der Konzern 2010, 337 (349).

265 Zu den Details siehe sogleich unten.

266 So zutreffend K. Schmidt/Lutter/*J. Vetter*, AktG, 3. Aufl. 2015, § 311 Rn. 6.

267 K. Schmidt/Lutter/*J. Vetter*, AktG, 3. Aufl. 2015, § 311 Rn. 7.

268 *Habersack* in Emmerich/Habersack, Aktien – und GmbH-Konzernrecht, § 311 Rn. 5.

### b) Prüfungssystematik

Nachfolgend soll kurz dargestellt werden, welche Rechtsgeschäfte oder Maßnahmen unter § 311 Abs. 1 AktG fallen und wie der Ausgleichsanspruch ermittelt wird. Formal trennt die Regelung zwischen Rechtsgeschäften, für welche eine „ausgleichende" Gegenleistung erforderlich ist und Maßnahmen, die „nachteilig" sind und entsprechend durch Vorteile ausgeglichen werden sollen.[269]

#### i. Nachteilige Maßnahme

Zunächst muss eine nachteilige Maßnahme veranlasst worden sein. Nachteilig ist eine Maßnahme im Grundsatz nicht, wenn ein unabhängiger Geschäftsleiter in der abhängigen Gesellschaft diese gleichwohl durchgeführt hätte.[270] Die Nachteiligkeit der Maßnahme muss schon im Zeitpunkt der Veranlassung, also bei Vornahme der Maßnahme (*ex ante*), ersichtlich gewesen sein.[271] Die Maßnahme kann aus verschiedensten Gründen nachteilig sein. Am einfachsten sichtbar ist ein Nachteil meist, wenn ein Rechtsgeschäft einem Drittvergleich[272] nicht standhält, etwa weil die abhängige AG keine oder keine angemessene Gegenleistung erhält.

#### ii. Abhängigkeitsfolge

Die Benachteiligung muss eine Folge der Abhängigkeit sein. Darunter ist zu verstehen, dass der herrschenden Gesellschaft die eingetretene Beeinträchtigung kausal zurechenbar sein muss.[273] Ausdruck findet dies in dem sehr weiten Begriff der Veranlassung, welcher die meisten Umgehungsstrukturen ausschließt. Besondere Schwierigkeiten kann die Feststellung der Abhängigkeitsfolge allerdings bereiten, wenn es eine starke personelle Verflechtung in Mutter- und Tochtergesellschaft gibt. Ein Organmitglied der herrschenden Gesellschaft, welches zugleich auch im Vorstand der abhängigen Gesellschaft ist, könnte

---

269 Diese Aufteilung ist nicht immer schlüssig und wird auch in der rechtwissenschaftlichen Literatur nicht immer stringent durchgehalten. Aus diesem Grund soll, wenn nachstehend von Maßnahme oder Rechtsgeschäft gesprochen wird, dies stets jede nachteilige Veranlassung erfassen, unabhängig ob diese durch Maßnahme oder Rechtsgeschäft erfolgte. Sollte es auf die Unterscheidung im Einzelfall ankommen, wird darauf ausdrücklich hingewiesen.

270 *Drygala/Staake/Szalai*, Kapitalgesellschaftsrecht, § 31 Rn. 18 (S. 655).

271 *Drygala/Staake/Szalai*, Kapitalgesellschaftsrecht, § 31 Rn. 19 (S. 655).

272 Dazu sogleich unter „Nachteilsfeststellung".

273 Grigoleit/*Servatius*, AktG, § 311 Rn. 17.

argumentieren, dass die Entscheidung zu der Maßnahme ein selbstständiger, autonomer Beschluss gewesen sei. Auf diese Weise würde die herrschende Gesellschaft von der Verlustausgleichpflicht befreit. Die meisten Konstellationen der personellen Verflechtung sind erlaubt und insbesondere Vorstandsdoppelmandate sind nach mittlerweile herrschender Anschauung grundsätzlich zulässig.[274] Jedoch gilt in diesen Fällen die Vermutung, dass die Maßnahme von der herrschenden Gesellschaft veranlasst wurde.[275] Zum Teil wird sogar vertreten, dass diese Vermutung nicht widerlegbar sei.[276] Richtigerweise ist auch in Konzernen mit hohem Maß an Verflechtung denkbar, dass einzelne Entscheidungen von der Tochtergesellschaft autonom getroffen werden, sodass jedenfalls die Möglichkeit eines Gegenbeweises offen stehen sollte.

### iii. Nachteilsfeststellung

Bei der Feststellung des Nachteils ergeben sich inhaltlich zwei Problemkreise. Zunächst kann es schwierig sein abzuschätzen, ob sich eine Maßnahme überhaupt nachteilig auswirken wird. Daneben kann die konkrete Bezifferung des Nachteils eine Herausforderung darstellen. Deshalb ist es wichtig zu vergegenwärtigen, dass für die Bewertung einer Maßnahme die *ex-ante* Perspektive maßgeblich ist und dass die Regelung des § 311 AktG auch keine Veränderungssperre ist, welche es verbieten würde auf die Struktur der abhängigen Gesellschaft einzuwirken[277]. Daneben ist zu prüfen, ob der Nachteil nicht nur eingetreten ist, weil der Vorstand der abhängigen Gesellschaft nicht die Sorgfalt eines ordentlichen und gewissenhaften Geschäftsleiters angewandt hat.[278] Für diese Prüfung kann nach überwiegender Anschauung auf die für die

274 So ausdrücklich BGH Urt. 09.03.2009 - II ZR 170/07, AG 2009, 500 – Vorstandsdoppelmandat; siehe dazu auch bereits bei der Veranlassung zuvor S. 57 f.

275 MüKo/*Altmeppen*, AktG, § 311 Rn. 106 der argumentiert diese Vermutung liege schon durch allgemeine Lebenserfahrung „auf der Hand“, sei jedoch widerlegbar; K. Schmidt/Lutter/*J. Vetter*, AktG, 3. Aufl. 2015, § 311 Rn. 32; *Habersack* in Emmerich/Habersack, Aktien – und GmbH-Konzernrecht, § 311 Rn. 35; Spindler/Stilz/*Müller*, AktG, § 311 Rn. 26; *Hüffer/Koch, AktG, §* 311 Rn. 21 in Abkehr der bis zur 10. Auflage vertretenen Anschauung.

276 LG Köln Urt. v. 23.11.2007 - 82 O 214/06, AG 2008, 327 (331); Grigoleit/*Servatius*, AktG, § 311 Rn. 24.

277 *Drygala/Staake/Szalai*, Kapitalgesellschaftsrecht, § 31 Rn. 27 (S. 659).

278 K. Schmidt/Lutter/*J. Vetter*, AktG, 3. Aufl. 2015, § 311 Rn. 40.

verdeckte Gewinnausschüttung entwickelten Grundsätze zurückgegriffen werden.[279]

Folglich ist ein Nachteil, der den weiteren oben genannten Kriterien standhält, durch den Vergleich des vorgenommenen Geschäfts mit einem fiktiven Rechtsgeschäft eines Dritten zu ermitteln. Der konkrete Nachteil liegt dann im objektiven Missverhältnis von Leistung und Gegenleistung.[280] Alle mit dem Rechtsgeschäft oder der Maßnahme in Zusammenhang stehenden Nachteile und Vorteile sind sich gegenüber zu stellen, wobei nicht erforderlich ist, dass der Vorteil bis in das letzte Detail quantifizierbar oder sogar bilanzierbar ist.[281] Sofern Marktpreise für ein Geschäft vorhanden sind, sollten diese herangezogen werden.[282] Dabei muss nicht jede Abweichung einen Nachteil darstellen, vielmehr ist auf die konkreten Umstände im Einzelfall Rücksicht zu nehmen und im Übrigen auf die betriebswirtschaftlich anerkannten Berechnungsmethoden zurückzugreifen.[283] Für Austauschverträge ist diese Methode der Feststellung eines objektiven Missverhältnis durchaus geeignet und ermöglicht, dass ein ausgleichsfähiger Betrag beziffert werden kann.

Bei sonstigen Rechtsgeschäften oder Maßnahmen, welche enorme Auswirkung auf die Tätigkeit der abhängigen Gesellschaft haben, stößt die genannte Methode zur Feststellung des Nachteils jedoch an ihre Grenzen. Dies gilt etwa bei der Aufgabe eines Betätigungsfelds, der Ausgliederung bestimmter Funktionen an eine andere Stelle im Konzern, für außergewöhnliche Investitionsentscheidungen oder zum Teil auch für die Bereitstellung von Vermögensgegenständen für andere Konzerngesellschaften zwecks Besicherung einer Finanzierung.[284]

Hier sind die Folgen oft nur schwer oder gar nicht abzuschätzen oder es ist fraglich, ob die Maßnahme überhaupt nachteilig ist. Daher kann in diesen Fällen lediglich geprüft werden, ob der Vorstand einer unabhängigen Gesellschaft in der konkreten Situation vergleichbar entschieden

---

279 Münch. Hdb. AG/*Krieger*, § 70 Rn. 85; KK/*Koppensteiner*, AktG, § 311 Rn. 61; *Hüffer/Koch, AktG, §* 311 Rn. 27; K. Schmidt/Lutter/*J. Vetter*, AktG, 3. Aufl. 2015, § 311 Rn. 49.

280 *Hüffer/Koch, AktG, §* 311 Rn. 28.

281 K. Schmidt/Lutter/*J. Vetter*, AktG, 3. Aufl. 2015, § 311 Rn. 50.

282 *Hüffer/Koch, AktG, §* 311 Rn. 31.

283 *Hüffer/Koch, AktG, §* 311 Rn. 31 ff.

284 Nicht abschließende Aufzählung *Hüffer/Koch, AktG, §* 311 Rn. 34; umfangreiche Nennung von Einzelfällen etwa auch bei K. Schmidt/Lutter/*J. Vetter*, AktG, 3. Aufl. 2015, § 311 Rn. 56 ff.

hätte.[285] Dabei ist der Pflichtenstandard gemäß § 93 Abs. 1 AktG zu beachten und dem Vorstand ein weit gespanntes und schwer konkretisierbares Ermessen zuzustehen.[286] Dieses Ermessen soll erst überschritten sein, wenn die Maßnahme den Bestand oder die Rentabilität des Unternehmens dauerhaft und ernsthaft gefährdet, die Folgen in keiner Weise kalkulierbar sind oder wenn erhebliche Risiken ohne entsprechende Chancen eingegangen wurden.[287]

Ist es überhaupt nicht möglich einen Nachteil auszugleichen, da er sich nicht oder nicht einzeln bewerten lässt, dann ist die Veranlassung der entsprechenden Maßnahme rechtswidrig.[288] Daher ist gerade im Zusammenhang mit den zuvor genannten Maßnahmen, die weitreichende Auswirkungen haben, eine sorgfältige Prüfung durch die herrschende Gesellschaft unerlässlich. Weiter ist die Veranlassung einer Maßnahme, die nicht nur nicht im Interesse der herrschenden Gesellschaft (oder verbundenen Unternehmens), sondern sogar im Interesse eines Dritten getroffen wird, rechtswidrig.[289]

### c) Art und Weise der Ausgleichsgewährung

Der Vorteil muss den erlittenen Nachteil voll kompensieren, sodass auch der Vorteil grundsätzlich quantifizierbar sein muss, um auch die durch Prognose ermittelten Folgewirkungen (der Veranlassung) auszugleichen.[290] Es stehen zwei verschiedene Möglichkeiten des Ausgleichs zur Verfügung, welche auch kombiniert werden können. Die Nachteile können zum einen während des Geschäftsjahres tatsächlich ausgeglichen werden. Ein Ausgleich ist (vollständig) tatsächlich erfolgt, wenn ein zur Kompensation vorgesehener Vorteil bis zum Bilanzstichtag derart in das Vermögen der abhängigen Gesellschaft eingegangen ist, dass er sich bilanziell bereits auswirkt.[291] Erfolgt ein tatsächlicher Ausgleich bis zum Ende des Geschäftsjahres nicht, kann der Ausgleich durch die Gewährung eines Rechtsanspruches erfolgen. Dieser Rechtsanspruch

---

285 Bürgers/Körber/*Fett*, AktG, § 311 Rn. 23; *Hüffer/Koch, AktG, §* 311 Rn. 34.

286 K. Schmidt/Lutter/*J. Vetter*, AktG, 3. Aufl. 2015, § 311 Rn. 40a; *Hüffer/Koch, AktG, §* 311 Rn. 34; Bürgers/Körber/*Fett*, AktG, § 311 Rn. 23.

287 KK/*Koppensteiner*, AktG, § 311 Rn. 71; *Hüffer/Koch, AktG, §* 311 Rn. 34.

288 *Hüffer/Koch, AktG, §* 311 Rn. 42; wohl auch Bürgers/Körber/*Fett*, AktG, § 311 Rn. 27.

289 *Hüffer/Koch, AktG, §* 311 Rn. 43.

290 Grigoleit/*Servatius*, AktG, § 311 Rn. 46.

291 *Hüffer/Koch, AktG, §* 311 Rn. 44; a.A. Grigoleit/*Servatius*, AktG, § 311 Rn. 47 der den Niederschlag in der Bilanz für vernachlässigbar hält.

auf die Ausgleichleistung steht der abhängigen Gesellschaft nach § 311 Abs. 2 S. 2 AktG ausdrücklich zu.

Durch die Einigung über den Rechtsanspruch am Ende des Geschäftsjahres ist, bilanziell betrachtet, der Ausgleich bei der abhängigen Gesellschaft bereits erfolgt, selbst wenn tatsächlich noch keine Zahlung oder ähnliches erfolgt ist. Die Gewährung des Rechtsanspruches ist nur einvernehmlich durch Vertrag zwischen abhängiger und herrschender Gesellschaft möglich[292], während der tatsächliche (unterjährige) Ausgleich auch einseitig und gegen den Willen des Vorstandes der abhängigen Gesellschaft erfolgen kann.[293]

Einen durchsetzbaren Rechtsanspruch auf tatsächlichen Ausgleich oder auf Gewährung des Ausgleichsanspruches steht der abhängigen AG dagegen nicht zu.[294] Dies erscheint zunächst verwunderlich, jedoch werden die Interessen der Minderheitsgesellschafter und Gläubiger dadurch nicht weiter beeinträchtigt, da nach der systematischen Abfolge bei Nichtgewährung der Schadensersatzanspruch nach § 317 AktG eingreift.[295]

### 3) Haftung nach § 317 AktG

Das Nichterfüllen der o.g. Ausgleichspflicht nach § 311 AktG wird zum Schutz der Gläubiger und der Minderheitsaktionäre nach § 317 AktG sanktioniert.[296] Kommt die herrschende Gesellschaft ihrer Verlustausgleichspflicht nicht nach und entsteht der abhängigen Gesellschaft dadurch ein Schaden, steht dieser gemäß § 317 Abs. 1, 3 AktG ein Schadensersatzanspruch sowohl gegenüber der herrschenden

292 Absolut herrschende Meinung vgl. *Habersack* in Emmerich/Habersack, Aktien – und GmbH-Konzernrecht, § 311 Rn. 72 mwN.

293 Spindler/Stilz/*Müller*, AktG, § 311 Rn. 56; *Hüffer/Koch, AktG, §* 311 Rn. 46; *Habersack* in Emmerich/Habersack, Aktien – und GmbH-Konzernrecht, § 311 Rn. 71; K. Schmidt/Lutter/*J. Vetter*, AktG, 3. Aufl. 2015, § 311 Rn. 102 der jedoch klarstellt, dass es für die herrschende AG sinnvoll wäre sich zu einigen (Rn. 103); a.A, Grigoleit/*Servatius*, AktG, § 311 Rn. 52 wonach auch der tatsächliche Ausgleich nur einvernehmlich erfolgen kann; ebenso *Altmeppen* ZIP 1996, 693 (696 f.).

294 *Habersack* in Emmerich/Habersack, Aktien – und GmbH-Konzernrecht, § 311 Rn. 75; Hüffer/*Koch, AktG, §* 311 Rn. 38; Spindler/Stilz/*Müller*, AktG, § 311 Rn. 49 der jedoch klarstellt, dass der einmal gewährte Rechtsanspruch selbstverständlich durchsetzbar ist.

295 Spindler/Stilz/*Müller*, AktG, § 311 Rn. 49.

296 Hüffer/*Koch, AktG, §* 317 Rn. 1.

Gesellschaft, als auch gegenüber dessen Geschäftsführungsorgan zu. Beide in der Vorschrift genannten Haftungsadressaten werden gesamtschuldnerisch verpflichtet. Eine Ersatzpflicht soll gemäß § 317 Abs. 1 S. 2 AktG auch gegenüber den Aktionären der abhängigen Gesellschaft bestehen, sofern diese zusätzlich geschädigt wurden. Nicht eingreifen soll der Schadensersatzanspruch jedoch, wenn die veranlasste Maßnahme (oder Rechtsgeschäft) von einem ordentlichen und gewissenhaften Geschäftsleiter einer unabhängigen Gesellschaft, ebenso getroffen worden wäre.

Für den Schadensersatzanspruch soll es auf ein Verschulden bei der herrschenden Gesellschaft nicht ankommen.[297] Hierfür wird angeführt, dass ein Verschuldenserfordernis nur bei einer Einordnung des § 317 AktG als Sonderhaftung wegen organähnlicher faktischer Verantwortlichkeit[298] konsistent wäre.[299] Anerkannt ist mittlerweile, § 317 AktG als eine Sanktion wegen einer Verletzung der in der Beherrschung begründeten Treuepflicht gegenüber der abhängigen Gesellschaft einzuordnen.[300] Darauf aufbauend soll § 317 Abs. 2 AktG keine Möglichkeit zur Exkulpation für die herrschende Gesellschaft darstellen.[301] Vielmehr wird an dieser Stelle ein Tatbestandsausschluss festgeschrieben, der in entsprechender Form bereits in § 311 AktG hineingelesen wird.[302] Wenn der Vorstand einer unabhängigen Gesellschaft entsprechend gehandelt hätte, besteht schon keine Pflicht zum Verlustausgleich, sodass eine Inanspruchnahme nach § 317 AktG von vorneherein nicht in Betracht kommt.

Die (offenbar) herrschende Auffassung erscheint vorzugswürdig. Nur eine organschaftliche oder jedenfalls eine organähnliche Verantwortung würde es rechtfertigen auf ein Verschulden und dann, konsequenterweise auf die *business judgement rule* zurück zu greifen. Bei einer faktischen Beherrschung nach den §§ 311 ff. AktG handelt die herrschende Gesellschaft gerade nicht gleich einem Organ. Der Vorstand

[297] Hüffer/*Koch, AktG, §* 317 Rn. 5.

[298] so vertreten von MüKo/*Altmeppen*, AktG, § 317 Rn. 8 ff.; ebenso KK/*Koppensteiner*, AktG, § 317 Rn. 5.

[299] K. Schmidt/Lutter/*J. Vetter*, AktG, 3. Aufl. 2015, § 317 Rn. 3; *Wimmer-Leonhardt*, Konzernhaftungsrecht, S. 138 ff.; Hüffer/*Koch, AktG, §* 317 Rn. 5.

[300] K. Schmidt/Lutter/*J. Vetter*, AktG, 3. Aufl. 2015, § 317 Rn. 3; Hüffer/*Koch, AktG, §* 317 Rn. 1, 5.

[301] Bürgers/Körber/*Fett*, AktG, § 311 Rn. 8; Hüffer/*Koch, AktG, §* 317 Rn. 11.

[302] K. Schmidt/Lutter/*J. Vetter*, AktG, 3. Aufl. 2015, § 317 Rn. 7; Hüffer/*Koch, AktG, §* 317 Rn. 11.

der abhängigen AG leitet seine Gesellschaft unter eigener Verantwortung. Es greift grundsätzlich ein Schädigungsverbot und nur ausnahmsweise soll eine nachteilige Veranlassung zulässig sein. Eine Anknüpfung an eine organschaftliche Stellung der herrschenden Gesellschaft ist nach der Gesetzessystematik folglich nicht angelegt und daher abzulehnen.

Gemäß § 317 Abs. 3 AktG haften die gesetzlichen Vertreter der herrschenden Gesellschaft gesamtschuldnerisch mit der Gesellschaft. Dies gilt jedoch nur für diejenigen Vertreter, welche die Maßnahme veranlasst haben, während unbeteiligte Geschäftsführungsorgane, im Übrigen auch die Mitglieder des Aufsichtsrates, haftungsfrei bleiben.[303] Hier wird erneut deutlich, dass § 317 AktG keine Verschuldenshaftung darstellt, sondern es auf die Veranlassung ankommt.

Der Anspruch kommt in jedem Fall nur in Betracht, sofern bei der abhängigen Gesellschaft aufgrund des ausgebliebenen Ausgleichs des Nachteils (durch die nachteilige Veranlassung) auch ein Schaden entstanden ist. Der Schaden im Sinne des § 317 AktG deckt sich regelmäßig mit dem Nachteil gemäß § 311 AktG, jedoch ist dies nicht zwingend.[304] Dadurch, dass der Nachteil aus einer *ex-ante* Perspektive ermittelt wird, der Schaden sich jedoch erst nach einer Betrachtung *ex-post* zeigt, ist es möglich, dass der Schaden größer oder auch kleiner als der Nachteil ist.[305]

Die (Minderheits-)Aktionäre können, wie ausdrücklich in § 317 Abs. 1 S. 2 AktG angeordnet, ebenfalls einen Anspruch geltend machen, sofern bei ihnen ein eigener, zusätzlicher Schaden (durch den unterbliebenen Nachteilsausgleich) entstanden ist. Der Schaden der Aktionäre darf demnach gerade nicht im Wertverfall ihrer Beteiligungen liegen, da dieser Verfall nur den Schaden der Gesellschaft wiedergespiegelt. In Betracht kommt jedoch die Geltendmachung des Anspruchs im Hinblick auf eine Dividende, welche wegen der nachteiligen Veranlassung (ohne Ausgleich) kürzer ausgefallen ist.[306]

---

303 K. Schmidt/Lutter/*J. Vetter*, AktG, 3. Aufl. 2015, § 317 Rn. 36 f.; Hüffer/*Koch, AktG, §* 317 Rn. 14.

304 Bürgers/Körber/*Fett*, AktG, § 311 Rn. 4; Hüffer/*Koch, AktG, §* 317 Rn. 7.

305 Bürgers/Körber/*Fett*, AktG, § 311 Rn. 4; Hüffer/*Koch, AktG, §* 317 Rn. 7.

306 Hüffer/*Koch, AktG, §* 317 Rn. 8.

Im Übrigen kommt auch eine Mithaftung der Vorstände (und unter Umständen auch der Aufsichtsratsmitglieder) der abhängigen Gesellschaft für einen Anspruch aus § 317 AktG in Betracht. Jedoch ist die Anknüpfung für deren Haftung nicht unmittelbar der unterbliebene Nachteilsausgleich. Gemäß § 318 Abs. 1 AktG haften sie, sofern sie es pflichtwidrig unterlassen haben, die veranlasste nachteilige Maßnahme oder das Rechtsgeschäft im Abhängigkeitsbericht zu dokumentieren und der Nachteilsausgleich ausgeblieben ist.

### 4) Publizität der §§ 312 – 316 AktG

Im Anschluss an die Verpflichtung zum Nachteilsausgleich, jedoch in der Gesetzessystematik vor der Einstandspflicht des herrschenden Unternehmens gemäß § 317 AktG, finden sich Berichts- und Prüfpflichten, welche (auch) dem Schutz der Gesellschaftsgläubiger dienen.

#### a) Abhängigkeitsbericht

Gemäß § 312 AktG ist der Vorstand der abhängigen Gesellschaft verpflichtet die Leistungsverhältnisse, die mit der herrschenden Gesellschaft oder mit verbundenen Gesellschaften bestehen, im sog. Abhängigkeitsbericht festzuhalten. Dargestellt werden muss, ob die Gesellschaft aufgrund von Maßnahmen oder Rechtsgeschäften, die auf Veranlassung oder im Interesse der anderen Gruppenunternehmen durchgeführt wurden, einen Schaden erlitten hat und in welchem Rahmen diese Schäden kompensiert wurden. Die Geschäfte und Maßnahmen mit negativen Folgen und ihre entsprechenden Gegenleistungen und Kompensationen sind einzeln aufzulisten und zu beziffern.

Bedeutend ist insbesondere auch die vom Vorstand gemäß § 312 Abs. 3 S. 1 AktG abzugebende Schlusserklärung. Darin muss der Vorstand der abhängigen Gesellschaft aus seiner Perspektive zusammenfassend erklären, ob die Gesellschaft für relevante Rechtsgeschäfte eine angemessene Gegenleistung erhalten hat und sofern durch eine Maßnahme ein Nachteil erlitten wurde, ob dieser auch wieder ausgeglichen wurde.[307]

Der Zweck des Abhängigkeitsberichts ist es, den Gläubigern sowie Minderheitsgesellschaftern der Gesellschaft, auch im Hinblick auf potentielle Ersatzansprüche, eine bessere Informationsbasis zu

[307] Hüffer/*Koch, AktG,* § 312 Rn. 35.

ermöglichen.[308] Vor diesem Hintergrund ist es verwunderlich, dass lediglich die Schlusserklärung als ein Element des Lageberichts publik gemacht wird, während der restliche Bericht nicht veröffentlicht wird.[309] Man darf jedoch nicht außer Acht lassen, dass der verfolgte Zweck der Informationsbereitstellung mittelbar erreicht wird, da die Schlusserklärung die Begründung einer Sonderprüfung[310] nach § 315 AktG darstellen kann.[311] Daneben können Aktionäre über ihr Auskunftsrecht nach § 131 AktG versuchen weitere Informationen über Konzerngeschäfte zu erhalten.[312] Weitere Publikationspflichten bestehen für Unternehmen, welche ihr Geschäftsergebnis nach internationalen Bilanzierungsregel (etwa IFRS) offen legen müssen, in dessen Rahmen Informationspflichten durchaus umfassender sein können.[313]

### b) Prüfungspflichten

Sofern die Gesellschaft durch einen Abschlussprüfer prüfungspflichtig ist, prüft dieser nach den Vorgaben des § 313 AktG den Abhängigkeitsbericht. Dabei wird geprüft, ob die Leistungen und Gegenleistungen nach kaufmännischer Bewertung in einem angemessenen Verhältnis stehen.[314] Auch wenn die Frage der Vollständigkeit der angegebenen Rechtsgeschäfte grundsätzlich nicht Prüfungsgegenstand ist, darf der Prüfer über offensichtliche Lücken nicht hinwegsehen.[315] Nach Abschluss der Prüfung hat der Abschlussprüfer dem Bericht (abhängig vom konkreten Ergebnis) einen Bestätigungsvermerk in den Grenzen des § 313 Abs. 3 - 5 AktG hinzuzufügen. Entsprechend kann der Vermerk lediglich eingeschränkt erteilt oder verweigert werden.

Nach der Erstellung ist der Abhängigkeitsbericht unverzüglich dem Aufsichtsrat zu übermitteln, welcher diesen gemäß § 314 AktG prüft,

---

308 Bürgers/Körber/*Fett*, AktG, § 312 Rn. 2; Hüffer/*Koch, AktG, §* 312 Rn. 1.

309 Hüffer/*Koch, AktG, §* 312 Rn. 38; *Drygala/Staake/Szalai*, Kapitalgesellschaftsrecht, § 31 Rn. 39 (S. 663).

310 Dazu direkt anschließend unten.

311 Bürgers/Körber/*Fett*, AktG, 4. Aufl. 2017, § 312 Rn. 2, der dabei von der präventiven Wirkung des Abhängigkeitsberichts spricht; ähnlich Grigoleit/*Servatius*, AktG, § 313 Rn. 31.

312 Grigoleit/*Servatius*, AktG, § 313 Rn. 32; Hüffer/*Koch, AktG, §* 312 Rn. 39.

313 *Drygala/Staake/Szalai*, Kapitalgesellschaftsrecht, § 31 Rn. 40 (S. 664).

314 Hüffer/*Koch, AktG, §* 313 Rn. 6.

315 Hüffer/*Koch, AktG, §* 313 Rn. 11; Bürgers/Körber/*Fett*, AktG, 4. Aufl. 2017, § 313 Rn. 15; tendenziell auch *Drygala/Staake/Szalai*, Kapitalgesellschaftsrecht, § 31 Rn. 37 (S. 662 f).

das Ergebnis seiner Prüfung der Hauptversammlung offenlegt sowie zu dem Ergebnis der o.g. Prüfung des Abschlussprüfers Stellung bezieht. Zu überprüfen hat der Aufsichtsrat ohne Einschränkung die Vollständigkeit und die Richtigkeit des Berichts.[316] Zum Teil wird kritisiert, dass der Aufsichtsrat regelmäßig von Vertretern der herrschenden Gesellschaft dominiert würde, sodass wenig Interesse an einer Beanstandung des Berichts bestünde.[317] Dies leuchtet ein und regelmäßig dürften Konzerne versuchen schon einen entsprechenden Verdacht auszuräumen, indem der Aufsichtsrat auch durch unabhängige Mitglieder besetzt wird. Entsprechend empfiehlt auch der DCGK[318], dass der Aufsichtsrat ausreichend unabhängige Mitglieder haben sollte.[319]

Sofern einer der in § 315 S. 1 AktG aufgezählten Anhaltspunkte vorliegt, hat jeder Aktionär die Möglichkeit, bei Gericht einen Antrag auf Bestellung eines Sonderprüfers zu stellen. Gemäß § 315 S. 2 AktG kann eine qualifizierte Minderheit den Antrag schon bei Glaubhaftmachung eines Verdachts auf pflichtwidrige Nachteilszufügung stellen. Vom Gericht werden, sofern dem Antrag stattzugeben ist, ein oder mehrere Sonderprüfer bestellt, deren Prüfungsumfang jedoch auf den Abhängigkeitsbericht beschränkt bleibt und nicht sämtliche Verhältnisse des Konzernverbundes umfasst.[320]

### 5) Zwischenergebnis für faktische AG-Konzerne

Gegenüber faktisch abhängigen Aktiengesellschaften besteht kein Weisungsrecht, jedoch geht das Gesetz insoweit davon aus, dass eine herrschende Gesellschaft durch „Veranlassungen" Einfluss ausüben kann. Negative Einflussnahme soll ausnahmsweise zulässig sein, sofern die Nachteile unter Einhaltung der Vorgaben des § 311 Abs. 2 AktG ausgeglichen werden. Der Ausgleich kann entweder tatsächlich oder durch die Gewährung eines Rechtsanspruchs erfolgen, in jedem Fall spätestens am Ende des Geschäftsjahres. Den Interessen der Gläubiger soll, neben dem Nachteilsausgleich, durch die Regel des § 317 AktG Rechnung getragen werden. Nach dieser haftet die herrschende Gesellschaft

---

316 Allg. Ansicht, siehe nur K. Schmidt/Lutter/*J. Vetter*, AktG, 3. Aufl. 2015, § 314 Rn. 11 mwN.; ebenso Hüffer/*Koch, AktG, §* 314 Rn. 4.

317 *Drygala/Staake/Szalai*, Kapitalgesellschaftsrecht, § 31 Rn. 38 (S. 663).

318 Deutscher Corporate Governance Kodex, Ziffer 5.4.2.

319 Näher dazu siehe *Roth* WM 2012, 1985 (1988); *ders.*, ZHR 175 (2011), 605, (619 ff.); ebenso *Langenbucher* ZGR 2007, 571.

320 Hüffer/*Koch, AktG, §* 315 Rn. 5 f.

gesamtschuldnerisch mit ihren gesetzlichen Vertretern, sofern durch einen ausgebliebenen Nachteilsausgleich Schäden entstehen. Den Gläubigerschutz bezwecken, jedenfalls mittelbar auch der Abhängigkeitsbericht und die daran anschließenden Prüfpflichten der §§ 313 ff. AktG.

## V. Faktischer GmbH-Konzern

Von einem faktischen GmbH-Konzern spricht man, wenn sowohl die herrschende, als auch die beherrschte Gesellschaft eine GmbH sind und zwischen beiden kein Unternehmensvertrag abgeschlossen ist.

Diese Organisationsform ist im Vergleich zu den vorgenannten Strukturen ungeregelt, denn das GmbHG enthält weder allgemeine noch spezifische konzernrechtliche Regelungen.[321] Die Regelungen zu faktischen Aktiengesellschaftskonzernen können nach ganz herrschender Anschauung, insbesondere wegen der strukturellen Unterschiede der Rechtsformen, auch nicht analog herangezogen werden.[322]

Die Gefahr, dass die Eigeninteressen einer abhängigen Gesellschaft von einem anderweitigen Interesse des Gesellschafters überlagert werden, ist bei einer GmbH besonders groß. Dies liegt zum einen daran, dass die Organisationsverfassung durch Satzung mehr oder weniger frei und flexibel gestaltet werden kann.[323] Zum anderen sind die Geschäftsführer einer GmbH gegenüber der Gesellschafterversammlung weisungsgebunden.[324] Auf diese Weise kann auch eine Gesellschafter-GmbH die Geschäftspolitik maßgeblich prägen.[325] Besonders empfänglich gegenüber nachteiliger Einflussnahme ist die GmbH im Gegensatz zur AG auch durch ihre Finanzverfassung.[326] Dies zeigt sich sowohl bei der

---

321 *Habersack* in Emmerich/Habersack, Aktien – und GmbH-Konzernrecht, Anh. § 318 Rn. 1.

322 *Habersack* in Emmerich/Habersack, Aktien – und GmbH-Konzernrecht, Anh. § 318 Rn. 6 mwN.

323 *Habersack* in Emmerich/Habersack, Aktien – und GmbH-Konzernrecht, Anh. § 318 Rn. 4; das GmbHG enthält auch keine § 23 Abs. 5 AktG entsprechende Regelung.

324 Zu Inhalt und Schranken des Weisungsrechts siehe *Schneider/Schneider* in Scholz, GmbHG, § 37 Rn. 58ff.

325 *Habersack* in Emmerich/Habersack, Aktien – und GmbH-Konzernrecht, Anh. § 318 Rn. 4.

326 *Habersack* in Emmerich/Habersack, Aktien – und GmbH-Konzernrecht, Anh. § 318 Rn. 7.

Kapitalaufbringung und insbesondere bei der durch die §§ 30, 31 GmbHG geprägte Kapitalerhaltung.[327]

Die Schranken der nachteiligen Einflussnahmen sind bei einem faktischen GmbH-Konzern maßgeblich davon abhängig, ob in der Tochtergesellschaft Minderheitsgesellschafter vorhanden sind oder ob es sich um eine hundertprozentige Tochtergesellschaft handelt (auch Einpersonen-GmbH genannt). Sind Interessen von Minderheitsgesellschaftern zu schützen, schränkt die gesellschaftsrechtliche Treuepflicht die Möglichkeiten der Einflussnahme maßgeblich ein. Ist dies nicht der Fall, rücken die Interessen der Gläubiger in den Vordergrund.

### 1) Treuepflicht der Gesellschafter

Sind bei der abhängigen GmbH Minderheitsgesellschafter vorhanden, besteht für den herrschenden Gesellschafter ein uneingeschränktes Verbot der nachteiligen Einflussnahme.[328] Der Maßstab, an dem sich die Einflussnahme zu orientieren hat, ist der in der Satzung festgelegte Zweck (bzw. Unternehmensgegenstand) der Gesellschaft. Der Grund für die Einschränkung der negativen Einflussnahme ist die mitgliedschaftliche Treuepflicht. Diese verpflichtet jeden Gesellschafter seine Rechte nur unter Beachtung des Zwecks der Gesellschaft auszuüben.[329] Die Treuepflicht ist gewissermaßen der Ausgleich für die Möglichkeit eines Gesellschafters, sogar gesteigert bei einem herrschenden Gesellschafter, Einfluss auf die Gesellschaft zu nehmen. Hat dieser Einfluss negative Auswirkungen auf die Gesellschaft, werden dadurch mittelbar die anderen (Minderheits-)Gesellschafter geschädigt.

Die Treuepflicht kann verschiedenste Ausprägungen annehmen und hängt vom konkreten Einzelfall ab. Allgemein liegt ein Verstoß gegen die Treuepflicht vor, wenn der Gesellschaft ein Nachteil im Sinne des § 311 AktG entstanden ist und ein ordentlicher und gewissenhafter Geschäftsführer einer unabhängigen Gesellschaft die fragliche (schädigende) Maßnahme nicht durchgeführt hätte.[330] Die Frage, ob eine

---

[327] Siehe dazu bereits näher S. 31 ff.

[328] Scholz/*Emmerich*, GmbHG, Anh. § 13 Rn. 71; *Lutter/Hommelhoff*, GmbHG, Anh. § 13 Rn. 39; *Habersack* in Emmerich/Habersack, Aktien – und GmbH-Konzernrecht, Anh. § 318 Rn. 23.

[329] *Habersack* in Emmerich/Habersack, Aktien – und GmbH-Konzernrecht, Anh. § 318 Rn. 24.

[330] *Lutter/Hommelhoff*, GmbHG, Anh. § 13 Rn. 39; *Habersack* in Emmerich/Habersack, Aktien – und GmbH-Konzernrecht, Anh. § 318 Rn. 29.

schädliche Maßnahme einen Verstoß gegen die Treuepflicht darstellt, ist dabei stets unter Abwägung der Umstände im Einzelfall festzustellen.

Bei einem drohenden Verstoß gegen die Treuepflicht steht der abhängigen Gesellschaft gegen den verletzenden (herrschenden) Gesellschafter ein Unterlassungsanspruch zu; ist es bereits zu der Verletzung gekommen, steht der abhängigen Gesellschaft ein verschuldensabhängiger Schadensersatzanspruch gegen den herrschenden Gesellschafter zu.[331] Diese der Gesellschaft zustehenden Ansprüche kann der Minderheitsgesellschafter im Wege der *actio pro socio* geltend machen.[332] Mittelbar sind die Gläubiger der Gesellschaft von der Treuepflicht geschützt, denn es liegt in ihrem Interesse, dass ausschließlich der satzungsmäßig festgelegte Zweck der Gesellschaft verfolgt wird. Mögliche Schadensersatzansprüche der GmbH können sich die Gläubiger pfänden und überweisen lassen.[333]

### 2) Existenzvernichtender Eingriff

Sind bei einer GmbH keine weiteren Gesellschafter vorhanden, kommt eine Geltendmachung von Ansprüchen wegen der Verletzung von Treuepflichten nicht in Betracht. Grund hierfür ist, dass die Treuepflicht auf den Zweck der Gesellschaft bezogen ist, dieser jedoch von den Gesellschaftern definiert wird und damit zur Disposition des alleinigen Gesellschafters steht.[334] Selbst wenn keine Minderheitsgesellschafter geschützt werden müssen, ist eine negative Einflussnahme auf die abhängige Gesellschaft für deren Gläubiger nicht minder gefährlich. Grundsätzlich sind die Gläubiger der Gesellschaft auf den Schutz verwiesen, der ihnen durch die Kapitalerhaltungsregeln der §§ 30, 31 GmbHG gewährt wird.[335] Problematisch ist jedoch, dass die

---

331 *Habersack* in Emmerich/Habersack, Aktien – und GmbH-Konzernrecht, Anh. § 318 Rn. 30.

332 Scholz/*Emmerich*, GmbHG, Anh. § 13 Rn. 87; *Habersack* in Emmerich/Habersack, Aktien – und GmbH-Konzernrecht, Anh. § 318 Rn. 31; a.A. *Lutter/Hommelhoff*, GmbHG, Anh. § 13 Rn. 41.

333 *Habersack* in Emmerich/Habersack, Aktien – und GmbH-Konzernrecht, Anh. § 318 Rn. 32.

334 Scholz/*Emmerich*, GmbHG, Anh. § 13 Rn. 90; *Habersack* in Emmerich/Habersack, Aktien – und GmbH-Konzernrecht, Anh. § 318 Rn. 27.

335 *Lutter/Hommelhoff*, GmbHG, Anh. § 13 Rn. 14; *Habersack* in Emmerich/Habersack, Aktien – und GmbH-Konzernrecht, Anh. § 318 Rn. 33; siehe dazu bereits oben S. 31 ff.

Gläubiger dadurch nur in dem Fall geschützt werden, in dem der Gesellschafter etwas aus dem Vermögen der Gesellschaft erhalten hat und dadurch die erforderlichere Deckung des Stammkapitals nicht mehr gewährleistet ist. Die Befriedigungsaussichten der Gläubiger können sich jedoch auch durch andere nachteilige Einflussnahme verschlechtern. Neben der Abschöpfung von Vermögen oberhalb der Stammkapitalgrenze, ist etwa der Abzug von Führungskräften, der Entzug von Geschäftschancen oder die Verleitung zu riskanten Geschäften nicht erfasst.[336]

Aus diesem Grund gibt es seit jeher Überlegungen zu einem darüber hinaus gehenden „Bestandschutzes“, welcher insbesondere die Gläubiger der abhängigen GmbH schützen soll.

### a) Rechtsprechung zum „qualifiziert faktischen Konzern“

Zur Frage der Qualifizierung des Bestandsinteresses sind sowohl von der Rechtsprechung, als auch in der Literatur enorm viele und unterschiedliche Ansätze verfolgt worden. Eine Motivation war stets die Bekämpfung der Gefahren, welche sich für Gläubiger aus der Konzernierung ergeben.[337] Letztlich ist die Frage nach dem Schutz der abhängigen GmbH meist relevant, wenn es um einschneidende, strukturelle Entscheidungen im Hinblick auf die GmbH geht. Diese lassen sich nicht zwangsläufig bilanziell erfassen und deshalb kann regelmäßig den Interessen der Gesellschaftsgläubiger über die Kapitalerhaltungsregeln nicht ausreichend Rechnung getragen werden.[338]

#### i. Grundlegende Richtung durch *Autokran* und *Tiefbau*

Eine ganze Reihe von Urteilen[339] beruft sich in der Argumentation auf die sog. *Autokran* Entscheidung[340] des BGH aus dem Jahr 1985. Der Gesellschafter verschiedener GmbHs, so der Vorwurf, habe die Gesellschaften beherrscht und wie ein einziges Unternehmen geführt; dazu habe er, um die Gläubiger zu schädigen, die Gesellschaften miteinander

336 *Habersack* in Emmerich/Habersack, Aktien – und GmbH-Konzernrecht, Anh. § 318 Rn. 33.

337 *Schall*, Kapitalgesellschaftsrechtlicher Gläubigerschutz, S. 217.

338 Lutter/Hommelhoff/*dies.*, GmbHG, Anh. § 13 Rn. 20.

339 Hervorzuheben sind insbesondere BGH, Urt. v. 23.09.1991, II ZR 135/90, NJW 1991, 3142; BGH, Urt. v. 29.03.1993, II ZR 265/91, NJW 1993, 1200; siehe dazu sogleich S. 77 ff.

340 BGH, Urt. v. 16.09.1985, II ZR 275/84, NJW 1986, 188.

verquickt und das Vermögen der Gesellschaft und Privatvermögen nicht getrennt.[341] Als die Gläubiger für von den Gesellschaften geleasten Kräne Vollstreckungstitel erwirkten, zeigte sich, dass die Gesellschaften vermögenslos waren. Es stellte sich die Frage, ob die Haftung auf den beklagten Gesellschafter durchgreifen sollte.

Der BGH führte aus, dass der bei einer unabhängigen Gesellschaft bestehende Gleichlauf der Interessen der verschiedenen Beteiligten nicht mehr gegeben sei, wenn der Gesellschafter noch anderweitige unternehmerische Interessen verfolgt und innerhalb der Gesellschaft die Einwirkungsmöglichkeit besitzt, um deren Geschäftstätigkeit an seinen eigenen (anderen) unternehmerischen Interessen auszurichten.[342] Eine solche Gefährdungslage sei die Begründung für die Einführung der konzernrechtrechtlichen Schutzvorschriften gewesen.[343] Die Richter beschreiben an dieser Stelle anschaulich, wo die Gefahren der übermäßigen Einflussnahme eines Gesellschafters bei Kapitalgesellschaften liegen.[344]

In dem zugrundeliegenden Fall hatte der Gesellschafter die einzelnen GmbHs in einer „kaum zu übertreffenden Dichte seines Einflusses“ mit lückenloser Zentralisierung der Aufgaben einheitlich geleitet. Dadurch und weil Betriebsmittel in Abhängigkeit des jeweiligen bestehenden Bedarfs, ohne Rücksicht auf ihre vermögensmäßige Zuordnung zum Vermögen einer einzelnen Gesellschaft eingesetzt wurden, war es für die GmbHs nicht möglich aus eigenen Erträgen Liquidität zu bilden und aus eigener Anstrengung die wirtschaftliche Selbstständigkeit zu erhalten.[345] Da die Selbstständigkeit der GmbHs nur noch formal bestünde, sollte nach Ansicht des BGH die Anwendung des GmbH-Rechts ausscheiden. Die Sachlage sei vielmehr derjenigen eines aktienrechtlichen Vertragskonzern ähnlich, da an die Stelle der eigenen Belange der jeweiligen Gesellschaften der Gruppe, die Belange des Konzerns getreten waren.[346] Daher entschieden sich die Richter für eine Haftung des

---

341 BGH, Urt. v. 16.09.1985, II ZR 275/84, NJW 1986, 188.
342 BGH, Urt. v. 16.09.1985, II ZR 275/84, NJW 1986, 188, 189.
343 BGH, Urt. v. 16.09.1985, II ZR 275/84, NJW 1986, 188, 189.
344 Siehe dazu bereits S. 12 ff.
345 BGH, Urt. v. 16.09.1985, II ZR 275/84, NJW 1986, 188, 190.
346 BGH, Urt. v. 16.09.1985, II ZR 275/84, NJW 1986, 188, 191.

Gesellschafters gegenüber den Gesellschaftsgläubigern durch analoge Anwendung der §§ 303, 322 Abs. 2 AktG.[347]

In der sog. *Tiefbau* Entscheidung[348] aus dem Jahr 1989 stand (unter anderem) in Frage, ob die Haftung auch gegen ein Unternehmen durchgreifen kann, wenn dieses kein Gesellschafter im eigentlichen Sinne ist, sondern lediglich als sog. faktischer Gesellschafter handelt. Im der Entscheidung zugrundeliegenden Fall hatte die beklagte Hausbank eines Tiefbauunternehmers einen eigenen Angestellten als Mitarbeiter und Geschäftsführer in einer das Bauunternehmen kontrollierenden GmbH installiert.[349] Als „kaufmännische Leitung" setzte der Mitarbeiter eine Reihe von Maßnahmen und Umstrukturierungen durch, mit denen Einnahmen generiert wurden, die dazu dienten die Verbindlichkeiten bei der Hausbank zu begleichen.[350]

Die Richter kamen zu dem Schluss, dass die Bank, auch ohne selbst Gesellschafter zu sein, sich als solcher behandeln lassen muss, da der Mitarbeiter seine Anteile treuhänderisch für die Bank gehalten hatte und die Bank letztendlich alle finanziellen Transaktionen in der GmbH kontrolliert hatte.[351] Unter Verweis auf die *Autokran* Entscheidung, sollte es nach Meinung der Richter auch in einer solchen Konstellation entscheidend darauf ankommen, ob die Gefährdungslage mit der eines Vertragskonzerns vergleichbar sei.[352]

Interessant war an der Entscheidung, dass der BGH zwar grundlegende Unterschiede bei der Behandlung von abhängigen Gesellschaften in der Rechtsform GmbH im Gegensatz zu Aktiengesellschaften anerkennt, sich im Ergebnis gleichwohl für eine Analogie entschied. Denn einem GmbH-Mehrheitsgesellschafter soll es im Gegensatz zum herrschenden Aktionär einer AG nicht schlechthin verboten sein, die Ausübung der Leitungsmacht am Konzerninteresse auszurichten.[353] Dennoch wurde eine Haftung durch die Gewährung eines Verlustausgleichsanspruchs nach den Voraussetzungen des § 302 AktG (analog) bejaht. Der Grund hierfür war letztlich, dass die Hausbank die GmbH nicht nur

347 BGH, Urt. v. 16.09.1985, II ZR 275/84, NJW 1986, 188, 189.
348 BGH, Urt. v. 29.02.1989, II ZR 167/88, NJW 1989, 1800.
349 BGH, Urt. v. 29.02.1989, II ZR 167/88, NJW 1989, 1800.
350 BGH, Urt. v. 29.02.1989, II ZR 167/88, NJW 1989, 1800.
351 BGH, Urt. v. 29.02.1989, II ZR 167/88, NJW 1989, 1800, 1802.
352 BGH, Urt. v. 29.02.1989, II ZR 167/88, NJW 1989, 1800, 1802.
353 BGH, Urt. v. 29.02.1989, II ZR 167/88, NJW 1989, 1800, 1802.

maßgeblich beeinflusst hat, sondern durch die Kontrolle des gesamten Zahlungsverkehrs auch tatsächlich die entstandenen Nachteile verursacht hatte.[354]

### ii. Verschärfung durch *Video* und *TBB*

In der sog. *Video* Entscheidung[355] des BGH aus dem Jahr 1991 wurde (unter anderem) thematisiert, wie sich die Analogie zum Vertragskonzern bei sog. qualifiziert faktischen Konzernen begründen lässt. Zum anderen ging es um die Frage, ob für einen hundertprozentigen Gesellschafter (Einmann-Gesellschafter) nicht bloß § 303 AktG, sondern die Verlustausgleichspflicht aus § 302 AktG analog anwendbar sei.

Der Beklagte war Gesellschafter (zunächst allerdings nicht als alleiniger Gesellschafter) und Geschäftsführer einer GmbH und hat sich auch in diversen anderen Gesellschaften unternehmerisch betätigt. Ihm wurde vorgeworfen, seine Interessen nicht nur in der GmbH, sondern auch in den anderen Gesellschaften zu verfolgen.[356] Unter Verweis auf die Autokran Entscheidung erklärte der BGH erneut, dass ein qualifiziert faktischer Konzern vorliegen soll, wenn das herrschende Unternehmen die Geschäfte der abhängigen GmbH dauernd und umfassend geführt hatte.[357] Ist das der Fall, sei dies ein Indiz für einen die Minderheiten gefährdenden Zustand (der Haftungstatbestände auslöst), jedoch soll dieses Indiz bei einer faktisch abhängigen GmbH, anders als beim aktienrechtlichen Vertragskonzern, widerlegbar sein.[358] Die Begründung für diese Unterscheidung überraschte allerdings, denn anders als bei einem Vertragskonzern, sei es einem Gesellschafter einer GmbH trotz des gesetzlichen Weisungsrechts überhaupt nicht erlaubt, die abhängige Gesellschaft im Konzerninteresse zu benachteiligen.[359] Demgegenüber hatte der BGH noch in der Tiefbau Entscheidung argumentiert, dass es einem GmbH-Mehrheitsgesellschafter „nicht schlechthin verboten" sei, die Ausübung der Leitungsmacht am Konzerninteresse auszurichten.[360] Der BGH führte weiter aus, dass die Begründung der die Haftung auslösenden Analogie in der Pflicht des herrschenden

---

354 BGH, Urt. v. 29.02.1989, II ZR 167/88, NJW 1989, 1800, 1803.
355 BGH, Urt. v. 23.09.1991, II ZR 135/90, NJW 1991, 3142.
356 BGH, Urt. v. 23.09.1991, II ZR 135/90, NJW 1991, 3142, 3143.
357 BGH, Urt. v. 23.09.1991, II ZR 135/90, NJW 1991, 3142, 3144.
358 BGH, Urt. v. 23.09.1991, II ZR 135/90, NJW 1991, 3142, 3144.
359 BGH, Urt. v. 23.09.1991, II ZR 135/90, NJW 1991, 3142, 3144.
360 BGH, Urt. v. 29.02.1989, II ZR 167/88, NJW 1989, 1800, 1802.

Gesellschafters zur Übernahme des Risikos liege, dass sich aus der Einbindung der abhängigen GmbH unter ein übergeordnetes Konzerninteresse ergebe.[361] Die Konsequenz dieser Ausführungen war, dass sobald eine abhängige GmbH im Interesse des Konzerns geführt wurde, der beherrschende Gesellschafter für jeden in der GmbH entstehenden Verlust haftete. In der Literatur wurde dies als Aufhebung der Haftungstrennung im GmbH-Recht interpretiert.[362] Zwar hat der BGH auch ausgeführt, dass es lediglich eine Vermutung sei, dass bei umfassender Führung der Geschäfte unter Berücksichtigung des Konzerninteresses die Belange der abhängigen GmbH vernachlässigt werden würden und dass eine Haftung ausscheidet, sofern feststehen würde, dass die Verluste mit der Ausübung der Leitungsmacht „nichts zu tun" hätten.[363] Wann dies der Fall sein soll und wie ein entsprechender Nachweis tatsächlich erbracht werden könnte, blieb jedoch fraglich.

Die Richter führten ebenfalls aus, dass die Verlustausgleichsplicht im Vertragskonzern im Wesentlichen ein Ausgleich für die Nichtanwendung der Kapitalsicherungsvorschriften sei.[364] Da in einem qualifiziert faktischen Konzern diese Regelungen faktisch ebenfalls außer Kraft gesetzt seien, soll aus Gesichtspunkten des Gläubigerschutzes die Verlustausgleichspflicht auch bei Einmann-Gesellschaften bestehen.[365]

In der sog. *TBB* Entscheidung[366] aus dem Jahr 1993, setzte sich der BGH (unter anderem) mit der Begründung der Analogie aus der *Video* Entscheidung auseinander. Daneben ging es um die Frage, ob bei dauernder und umfassender Ausübung der Leitungsmöglichkeit tatsächlich vermutet werden darf, dass auf die Belange der abhängigen GmbH nicht angemessen Rücksicht genommen wurde.

Der BGH begründete die Anwendung der Regelungen des Vertragskonzernes nicht mehr mit der Pflicht aus der Übernahme des Risikos, dass sich aus der Steuerung im Konzerninteresse ergibt. Vielmehr sei eine Inanspruchnahme des herrschenden Gesellschafters zulässig, wenn die abhängige Gesellschaft in einer Weise behandelt wird, die einen „objektiven Missbrauch der beherrschenden Gesellschafterstellung"

361 BGH, Urt. v. 23.09.1991, II ZR 135/90, NJW 1991, 3142, 3144.
362 *Bitter* WM 2001, 2133, 2135.
363 BGH, Urt. v. 23.09.1991, II ZR 135/90, NJW 1991, 3142, 3144.
364 BGH, Urt. v. 23.09.1991, II ZR 135/90, NJW 1991, 3142, 3145.
365 BGH, Urt. v. 23.09.1991, II ZR 135/90, NJW 1991, 3142, 3145.
366 BGH, Urt. v. 29.03.1993, II ZR 265/91, NJW 1993, 1200.

darstellt.[367] Dies soll immer dann der Fall sein, wenn der die GmbH beherrschende Gesellschafter die Konzernleitungsmacht in der Gestalt ausnutzt, dass nicht angemessen Rücksicht auf die eigenen Belange der abhängigen GmbH genommen wird und sich der insgesamt zugefügte Schaden nicht durch Einzelausgleichsmaßnahmen kompensieren lässt.[368] Trotz der neuen Begründung der Haftung als Missbrauch der Gesellschafterstellung, hat der BGH an einer Anknüpfung an die §§ 302, 303 AktG festgehalten. Die Richter führten weiter aus, dass der Haftungstatbestand nicht die umfassende Leitung der abhängigen Gesellschaft, sondern die Beeinträchtigung der Interessen der GmbH sei; aus diesem Grund soll vom Kläger verlangt werden können, dass er Umstände darlegt und beweist, sodass nahe liegt, dass bei der Führung der Gesellschaft die eigenen Belange der GmbH auch „über bestimmte, konkret ausgleichsfähige Einzeleingriffe hinaus", beeinträchtigt worden sind.[369]

### b) Abkehr von einer Durchgriffshaftung hin zur Haftung wegen Existenzvernichtung

#### i. Urteil des BGH in Sachen *Bremer Vulkan*

In der *Bremer Vulkan* Entscheidung[370] des BGH im Jahr 2001 stellte sich den Richtern die Frage, inwieweit eine abhängige GmbH gegen Eingriffe ihres Alleingesellschafters geschützt ist. Die Klage forderte Schadenersatz wegen fehlerhafter Konzernführung (Konzernhaftung) sowie wegen Betruges und Untreue. Die Beklagten waren Vorstände einer herrschenden Aktiengesellschaft, die zum Teil direkt, zum Teil indirekt Anteile an einer GmbH hielten und diese kontrollierten. Die GmbH betrieb eine Schiffswerft und erhielt ausschließlich für diesen Betrieb bestimmte, politisch motivierte Subventionen. Entgegen diesen Vorgaben veranlasste die herrschende AG, dass die GmbH in den Liquidationsausgleich des Konzerns (sog. „Treasury") einbezogen wurde, sodass die finanziellen Mittel der GmbH flexibel in anderen Konzerngesellschaften eingesetzt werden konnten.[371] Der GmbH standen zwar

367 BGH, Urt. v. 29.03.1993, II ZR 265/91, NJW 1993, 1200, 1203.
368 BGH, Urt. v. 29.03.1993, II ZR 265/91, NJW 1993, 1200, 1203.
369 BGH, Urt. v. 29.03.1993, II ZR 265/91, NJW 1993, 1200, 1203.
370 BGH, Urt. v. 17.09.2001 – II ZR 178/99, NZG 2002, 38.
371 BGH, Urt. v. 17.09.2001 – II ZR 178/99, NZG 2002, 38.

gegen die herrschende AG entsprechende Ausgleichsforderungen zu, die jedoch (spätestens) mit der Insolvenz der AG wertlos waren.[372]

Der BGH hat in der Entscheidung grundlegend zu einer konzernrechtlichen Anknüpfung der Gesellschafterhaftung Stellung bezogen. Der Schutz einer abhängigen GmbH in einem faktischen Konzern gegenüber Eingriffen ihres einzigen Gesellschafters soll nicht aus dem Haftungssystem des Konzernrechts (des Aktiengesetzes) erfolgen, sondern beschränke sich auf die Erhaltung des Stammkapitals im Sinne der §§ 30, 31 GmbHG und der Gewährleistung ihres Bestandsschutzes in dem Sinne, dass der Alleingesellschafter bei Eingriffen in das Vermögen angemessene Rücksicht auf eigenen Belange der GmbH zu nehmen hat.[373] Unter Berufung auf die *TBB* Entscheidung soll es an einer solchen angemessenen Rücksicht auf die eigenen Belange immer dann fehlen, wenn die abhängige GmbH als Folge des Einfluss ihres (einzigen) Gesellschafters ihren Verbindlichkeiten nicht mehr nachkommen kann.[374] Damit hat der BGH seine frühere Rechtsprechung zu einer Haftung im qualifiziert faktischen Konzern[375] abgelehnt und stattdessen eine Verschuldenshaftung für Eingriffe in den „Bestand" der GmbH etabliert.[376] Wie diese Haftung dogmatisch einzuordnen ist, hat der BGH zu diesem Zeitpunkt allerdings offen gelassen.

Im zugrundeliegenden Fall war die Rücksichtnahme ab dem Zeitpunkt nicht mehr gewahrt, in dem die Abrufung von Mitteln aus dem Liquiditätsbund (mangels im Konzern vorhandener Liquidität) nicht mehr geeignet war, um die Verbindlichkeiten der GmbH zu erfüllen.[377] Die Grenze der „Erfüllung der Verbindlichkeiten" als Anknüpfung einer Haftung, lässt jedoch auch einen Umkehrschluss zu. Unschädlich wäre es im Bremer Vulkan Fall gewesen, wenn die GmbH einen großen Betrag unwiederbringlich in den Liquiditätsverbund eingebracht (konkret

372 BGH, Urt. v. 17.09.2001 – II ZR 178/99, NZG 2002, 38, 39.

373 BGH, Urt. v. 17.09.2001 – II ZR 178/99, NZG 2002, 38, 39.

374 BGH, Urt. v. 17.09.2001 – II ZR 178/99, NZG 2002, 38, 39; mit Hinweis auf BGH, Urt. v. 29.03.1993, II ZR 265/91, NJW 1993, 1200; siehe bereits zuvor S. 78.

375 BGH, Urt. v. 29.02.1989, II ZR 167/88, NJW 1989, 1800; BGH, Urt. v. 23.09.1991, II ZR 135/90, NJW 1991, 3142; BGH, Urt. v. 29.03.1993, II ZR 265/91, NJW 1993, 1200.

376 So die unmittelbare Einordnung bei *K. Schmidt* NJW 2001, 3577, 3580 mit dem Hinweis, dass die daraus folgenden Pflichten noch zu konkretisieren seien.

377 BGH, Urt. v. 17.09.2001 – II ZR 178/99, NZG 2002, 38, 39.

waren es 590 Mio. DM[378]) und verloren hätte, solange der für die Erfüllung der laufenden Verbindlichkeiten erforderliche, vielfach niedrigere Betrag (z.B. 1 Mio. DM), abrufbar gewesen wäre. Die bedeutet, dass grundsätzlich eine massive Schädigung der abhängigen GmbH (und damit jedenfalls mittelbar die Schädigung der Gläubiger der Gesellschaft) zugunsten eines Konzerninteresses sanktionsfrei bleiben soll, solange die Verbindlichkeiten der GmbH erfüllt werden können.

Interessant sind auch die Aussagen des BGH hinsichtlich der Verhaltenspflichten der Geschäftsführer der abhängigen GmbH. Zwar waren die Geschäftsführer hinsichtlich des Beitritts zum Liquiditätsverbund gegenüber dem Alleingesellschafter weisungsgebunden.[379] Insoweit waren ihnen demnach die Hände gebunden. Eine Weisungsgebundenheit bestand nach Ansicht des BGH jedoch nicht („*auf keinen Fall*") bezüglich der Belassung der Mittel im Liquiditätsverbund, als sich die Illiquidität der anderen Konzerngesellschaften anbahnte.[380] Für den Geschäftsführer einer abhängigen GmbH bedeuten diese Ausführungen, dass die Berücksichtigung fremder Interessen zwar grundsätzlich geduldet werden muss. Sofern jedoch eine Krise die Existenz der GmbH gefährdet, kommt es zu einer Umkehr der berücksichtigungsfähigen Interessen. Berücksichtigen die Geschäftsführer in einer solchen Situation weiterhin das durch eine Weisung zum Ausdruck gebrachte Interesse des Gesellschafters, begeht der Geschäftsführer eine möglicherweise haftungsbegründende Pflichtverletzung.

#### ii. Weitere Konkretisierungen und die *Trihotel* Entscheidung

Durch das Urteil in Sachen *Bremer Vulkan* hat der BGH zwar die konzernrechtliche Anknüpfung abgelehnt, die Notwendigkeit eines Haftungsdurchgriffs zum Gesellschafter für bestimmte Fälle jedoch ausdrücklich bejaht. Da die dogmatische Grundlage dieser Haftung offengelassen wurde, entwickelte die rechtswissenschaftliche Literatur eine beachtliche Anzahl vertretbarer Lösungen, aus denen sich letztlich vier Strömungen herauskristallisierten.[381]

---

378 BGH, Urt. v. 17.09.2001 – II ZR 178/99, NZG 2002, 38, 40.

379 BGH, Urt. v. 17.09.2001 – II ZR 178/99, NZG 2002, 38, 40.

380 BGH, Urt. v. 17.09.2001 – II ZR 178/99, NZG 2002, 38, 40.

381 Für einen Überblick siehe *Habersack* in Emmerich/Habersack, Aktien – und GmbH-Konzernrecht, Anh. § 318 Rn. 35 ff.

Vertreten wurde eine Innenhaftung des Gesellschafters, der als Quasi-Geschäftsführer aus analoger Anwendung von § 43 Abs. 3 GmbHG iVm. § 93 Abs. 5 S. 2 AktG der GmbH zum Ersatz verpflichtet sei.[382] Ebenfalls für eine Innenhaftung gegenüber der GmbH waren die Vertreter, welche die Haftung auf die Verletzung einer aus der Treuepflicht des Gesellschafters begründeten Pflicht zur Respektierung des Fortbestands der Gesellschaft stützen wollten.[383] Daneben plädierten andere für einen den Gläubigern unmittelbar gegenüber dem Gesellschafter zustehenden deliktsrechtlichen Anspruch.[384] Schließlich haben sich andere für eine die beschränkte Haftung durchbrechende Durchgriffshaftung durch teleologische Reduktion des § 13 Abs. 2 GmbHG und analoge Anwendung der §§ 105, 128 HGB ausgesprochen.[385]

Der BGH hat in seiner *KBV* Entscheidung[386] aus dem Jahr 2002 die *Bremer Vulkan* Entscheidung bestätigt und die Haftung des Gesellschafters als Durchgriffshaftung ausgestaltet. Die Inanspruchnahme der Privilegierung der beschränkten Haftung des § 13 GmbHG soll nur dem Gesellschafter gestattet sein, der die Bindung des Gesellschaftsvermögens an den Zweck der vorrangigen Befriedigung der Gesellschaftsgläubiger auch tatsächlich respektiert.[387] Wenn die gebotene Rücksicht auf den Erhalt der Fähigkeit der Gesellschaft zur Bedienung ihrer Verbindlichkeiten dadurch verletzt wird, dass in erheblichem Umfang auf das Gesellschaftsvermögen zugegriffen wird, dann kann dies einen Missbrauch der Rechtsform der GmbH darstellen und zu einem Verlust der Haftungsprivilegierung führen.[388] Der Anspruch soll jedoch nur soweit geltend gemacht werden können, wie die Verluste durch den Eingriff nicht bereits durch Ansprüche wegen der Verletzung von Kapitalerhaltungsvorschriften (§§ 30, 31 GmbHG) ausgeglichen worden sind.[389]

---

382 *Altmeppen* NJW 2002, 321, 323 f.; wohl auch *Wilhelm* NJW 2003, 175, 179; im Ergebnis wohl genauso *Schön* ZHR 168 (2004,), 268, 289f.

383 *Ulmer*, ZIP 2001, 2021, 2026 ff.; *K. Schmidt* NJW 2001, 3577, 3580.

384 *Haas* WM 2003, 1929, 1940 f.; *Dauner-Lieb* DStR 2006, 2034, 2041; *Weller* DStR 2007, 1166, 1168ff.

385 *Bitter* WM 2001, 2133; 2139f.; *Hoffmann* NZG 2002, 68, 71f.; Anwendung der Durchgriffshaftung auch durch das OLG Thüringen, Urt. v. 28.11.2001, 4 U 234/01, GmbHR 2002, 112, 115.

386 BGH, Urt. v. 24.06.2002 - II ZR 300/00, NZG 2002, 914.

387 BGH, Urt. v. 24.06.2002 - II ZR 300/00, NZG 2002, 914, 915.

388 BGH, Urt. v. 24.06.2002 - II ZR 300/00, NZG 2002, 914, 915 (1. Ls).

389 BGH, Urt. v. 24.06.2002 - II ZR 300/00, NZG 2002, 914, 915.

Die Entscheidung ist von der Literatur zum Teil kritisiert worden. Es wurde argumentiert, das vom BGH angeführte Haftungsmodell sei hinsichtlich seiner Rechtsfolgen zu unübersichtlich. Es sei im Einzelnen ungerecht, wenn der gesamte Schaden ersetzt werden muss, obwohl sich die abhängige Gesellschaft im Zeitpunkt des Eingriffs bereits in einer ernsten Krise befand und daher der Eingriff nur teilweise für den Schaden der Gläubiger verantwortlich war.[390]

Auf diese Kritik hat der BGH schlussendlich in seiner *Trihotel* Entscheidung aus dem Jahr 2007 reagiert.[391] Zwar haben die Richter die Notwendigkeit einer „Existenzvernichtungshaftung" für Fälle, in denen ein Gesellschafter eine GmbH missbräuchlich in die Insolvenz führt oder die Zweckbindung des Gesellschaftsvermögens zur vorrangigen Befriedigung der Gesellschaftsgläubiger evident außer Acht lässt, erneut bestätigt, sich jedoch auch klar von der *KBV* Entscheidung distanziert.[392] Eine Durchgriffs(außen)-haftung, die an den Missbrauch der Rechtsform anknüpft, wurde ausdrücklich aufgegeben.[393] Stattdessen soll der Gesellschaft gegenüber dem Gesellschafter eine Innenhaftung mit Anknüpfung an der missbräuchlichen Schädigung des im Gläubigerinteresse zweckgebundenen Gesellschaftsvermögens, aufgrund einer besondere Fallgruppe der sittenwidrigen, vorsätzlichen Schädigung gemäß § 826 BGB zustehen.[394] Dieser Anspruch soll dabei nicht wie in der KBV Entscheidung subsidiär sein, sondern mit den Erstattungsansprüchen der §§ 30, 31 GmbHG in Anspruchskonkurrenz stehen.[395]

Damit hat der BGH eine lange Diskussion um den Schutz der abhängigen GmbH in einer faktischen Konzernierung (vorerst) endgültig beendet. Das Institut der Haftung wegen existenzvernichtenden Eingriffs hat sich gegenüber der Figur des qualifiziert faktischen Konzerns durchgesetzt. Ausgestaltet ist diese Haftung nicht als eine den Gläubigern unmittelbar zugutekommende Außenhaftung, sondern als eine vorsatzabhängige Innenhaftung nach den Regeln des § 826 BGB. Daraus lässt sich eine Formel ableiten, nach der ein herrschender Gesellschafter mit

---

390 *Habersack* in Emmerich/Habersack, Aktien – und GmbH-Konzernrecht, Anh. § 318 Rn. 36 m.w.N.; *Goette* ZIP 2005, 1481, 1487.

391 BGH, Urt. v. 16.07.2007 - II ZR 3/04, NJW 2007, 2689.

392 BGH, Urt. v. 16.07.2007 - II ZR 3/04, NJW 2007, 2689 (1. Ls.).

393 BGH, Urt. v. 16.07.2007 - II ZR 3/04, NJW 2007, 2689, 2690.

394 BGH, Urt. v. 16.07.2007 - II ZR 3/04, NJW 2007, 2689 (2. Ls.).

395 BGH, Urt. v. 16.07.2007 - II ZR 3/04, NJW 2007, 2689 (3. Ls.).

einer Haftung wegen eines existenzvernichtenden Eingriffs rechnen muss:

Der Gesellschafter haftet gegenüber der abhängigen Gesellschaft, wenn er missbräuchlich und kompensationslos in das der Zweckbindung zur vorrangigen Befriedigung der Gläubiger der abhängigen Gesellschaft dienende Gesellschaftsvermögen eingreift und dieser Eingriff zur Insolvenz führt oder diese vertieft.

Der BGH hat die einzelnen Merkmale mittlerweile weiter konkretisiert. Dabei soll etwa das Tatbestandsmerkmal des Eingriffs bzw. des Entzugs von Vermögen der Gesellschaft nicht zu eng auszulegen sein. Einem Entzug durch Entnahme von Vermögen soll es gleichstehen, wenn die den Gläubigern zur Verfügung stehende Haftungsmasse dadurch verkürzt wird, dass der Gesellschaft neue Schulden auferlegt werden.[396]

### 3) Zwischenergebnis für faktische GmbH-Konzerne

Sofern Minderheitsgesellschafter in der faktisch abhängigen GmbH vorhanden sind, wird die Einflussnahme durch die gesellschaftsrechtliche Treuepflicht begrenzt. Das Handeln in der abhängigen GmbH hat sich stets am Satzungszweck zu orientieren, anderenfalls kommen Schadensersatzansprüche gegen die herrschende Gesellschaft in Betracht. Sofern keine Minderheitsgesellschafter vorhanden sind, wird die Einflussnahme dadurch begrenzt, dass der Bestand der abhängigen GmbH geschützt ist. In der Rechtsprechung durchgesetzt, hat sich letztendlich das Institut der Haftung wegen existenzvernichtenden Eingriffs, in Form einer vorsatzabhängigen Innenhaftung nach den Regeln des § 826 BGB.

396 BGH, Teilv. u. Teilendurt. v. 06.11.2018 – II ZR 199/17, NZI 2019, 289, 293 f. (Rz. 29 ff.).

# Teil 2: Das Konzerninteresse

## § 4 Der Begriff des Konzerninteresses

Der Begriff des Konzerninteresses wird in vielen Konstellationen und auch innerhalb der aktuellen Regelungsvorschläge verwendet. Dabei gestaltet es sich gar nicht so einfach den Begriff rechtlich klar zu definieren.

### I. Sprachliche Verwendung

Im allgemeinen deutschen Sprachgebrauch ist der Begriff Konzerninteresse durchaus negativ belastet. Man verwendet ihn um auszudrücken, dass etwa politische Maßnahmen zugunsten großer Wirtschaftsunternehmen ergriffen werden und dabei die Interessen schwächerer Teilnehmer oder auch der Allgemeinheit eher vernachlässigt werden.[397] Eine solche Wertung ist stets beeinflusst von einer soziologischen Grundidee – insbesondere von der Vorstellung, dass in stark kapitalistisch geprägten Strukturen die Interessen schwächerer Personen nicht ausreichend repräsentiert werden. Von dieser Auslegung des Begriffs sollte die rechtliche, genauer die gesellschaftsrechtliche Einordnung des Begriffs unbeeinflusst bleiben. Das rechtliche Verständnis des Konzerninteresses sollte eine eigenständige, unabhängige Auslegung erfahren.

Die ICLEG Gruppe hat den Begriff des Konzerninteresses einem rechtlichen Definitionsansatz zugeführt. Sie führt aus, dass nach ihrer Ansicht die Anerkennung eines Gruppen- bzw. Konzerninteresses die Wirkung haben soll, dass Organe einer Tochtergesellschaft in bestimmten Konstellationen Nachteile dieser Tochtergesellschaft zugunsten der Erfüllung eines Interesses des Konzerns zulassen dürfen, ohne dass ein Schaden, den die Tochtergesellschaft dadurch erleidet, sofort oder

[397] So vielfach im Rahmen der Verhandlungen eines Freihandelsabkommens zwischen den USA und der EU (TTIP), vgl. etwa ÖDP-Journal, Wie Konzerninteressen politische Entscheidungen bestimmen, https://www.oekologiepolitik.de/2017/07/14/wie-konzerninteressen-politische-entscheidungen-bestimmen/ (zuletzt aufgerufen am 27.04.2019); ebenso WiWo, Sieben Mythen über TTIP, https://www.wiwo.de/politik/deutschland/freihandelsabkommen-sieben-mythen-ueber-ttip/11469204.html (zuletzt aufgerufen am 27.04.2019).

innerhalb einer kurzen Zeitperiode vollständig ausgeglichen werden muss.[398] Keine Ausführungen werden leider dazu gemacht, was im Detail inhaltlich unter Interesse des Konzerns zu verstehen ist. Gewiss ist, dass das Interesse des Konzerns nicht in jedem Fall deckungsgleich sein muss, mit dem Interesse einer abhängigen Gesellschaft.

Einer inhaltlich präziseren Definition des Konzerninteresses kann man sich von drei unterschiedlichen Richtungen nähern. Zunächst lässt sich untersuchen, wie der Begriff historisch verstanden wurde. Auch erscheint ein Abgleich des Konzerninteresses mit dem Begriff des Unternehmensinteresses erkenntnisfördernd. Damit verwandt, jedoch nicht deckungsgleich, ist in diesem Zusammenhang der Abgleich des Konzerninteresses mit dem Interesse einer herrschenden Gesellschaft.

## II. Anerkennung des Konzerninteresses im AktG 1937

Beleuchtet man den Begriff Konzerninteresse historisch, so stellt man fest, dass der Begriff bereits deutlich vor den aktuellen Regelungsvorschlägen gesellschaftsrechtlich diskutiert wurde.

Im Aktiengesetzbuch von 1937 war ein rein konzernrechtlicher Abschnitt nicht enthalten. Es enthielt jedoch die „Generalklausel" § 101 AktG 1937. Nach dieser Regelung sollte grundsätzlich eine Ausgleichspflicht für Schäden bestehen, die dadurch entstehen, dass der Einfluss auf die Gesellschaft genutzt wird, um ein Gesellschaftsorgan zu einer Schädigung zu veranlassen.[399] Ein grundsätzliches Verbot des Gesellschafters, die Gesellschaft oder auch eine (andere) kontrollierte Gesellschaft zu schädigen, gab es nicht. Interessant ist jedoch die Regel des § 101 Abs. 3 AktG 1937. Danach sollte die genannte Pflicht zum Ersatz nicht eintreten, wenn der Einfluss benutzt wurde, *„um einen Vorteil zu erlangen, der schutzwürdigen Belangen dient"*.[400] Einer dieser schutzwürdigen Belange sollte nach damaligem Verständnis auch das „Konzerninteresse" sein.[401] Wie aus der Regierungsbegründung zum

[398] ICLEG Report aaO (Fn. 11), S. 22: „(...) *without having to compensate the subsidiary for this damage immediately, or within a short time period, and to the full amount.*".

[399] Ausführungen zu § 101 AktG 1937 in BegRegE bei *Kropff*, Textausgabe AktG (1965), S. 407.

[400] Originalwortlaut abgedruckt bei BegRegE bei *Kropff*, Textausgabe AktG (1965), S. 600.

[401] BegRegE bei *Kropff*, Textausgabe AktG (1965), S. 407; siehe auch *Semler*, Leitung und Überwachung der Aktiengesellschaft, Rn. 356.

AktG von 1965 deutlich wird, war die konkrete Reichweite dieser Ausnahme[402] nach altem Recht umstritten. Es wurde vertreten, dass das Konzerninteresse stets schutzwürdig sei, während andere argumentierten, dass die Schutzwürdigkeit von einer Abwägung zwischen Konzerninteressen und Interessen der Gesellschaft abhängig sei.[403] Wieder andere waren ebenfalls der Meinung, dass Konzerninteressen nur nach einem Abwägungsprozess berücksichtigt werden konnten, wobei es möglich sein sollte in diese Abwägung auch höhere gesamtwirtschaftliche Belange einzubeziehen.[404]

Durch das AktG 1965 wurde die Regelung des § 101 AktG 1937 ersetzt. Aus den Gesetzgebungsmaterialien wird deutlich, dass damit eine Meinung gesetzlich festgeschrieben werden sollte, nach der Konzerninteressen grundsätzlich nicht geeignet sein sollten eine Schädigung von Konzerngesellschaften mit außenstehenden Aktionären zu rechtfertigen.[405] Eine Ausrichtung auf die Interessen des Konzerns soll für die abhängige Gesellschaft im Grundsatz nur zulässig sein, sofern ein Unternehmensvertrag in Form eines Beherrschungsvertrags besteht.[406] Tatsächlich verwendet das AktG in seiner heutigen Form den Begriff Konzerninteresse nicht. Jedoch entspricht es einer weit verbreiteten Ansicht, dass mit der in § 308 Abs. 1, 2 AktG verwendeten Formulierung *„Belangen des herrschenden Unternehmens oder der mit ihm und der Gesellschaft konzernverbundenen Unternehmen“* das Konzerninteresse zum Ausdruck gebracht wurde.[407]

### III. Abgrenzung vom Unternehmensinteresse

Um verstehen zu können, was mit einem Konzerninteresse gemeint sein könnte, ist es unerlässlich zu verinnerlichen, auf welches Interesse eine unabhängige Kapitalgesellschaft ausgerichtet ist.

---

402 Von der Ersatzpflicht des § 101 Abs. 1 AktG 1937.

403 BegRegE bei *Kropff*, Textausgabe AktG (1965), S. 407; ebenso nachzuvollziehen in der Übersicht zum damaligen Meinungsstand bei *Altmeppen* in Bayer/Habersack, Aktienrecht im Wandel, Band II, Kapitel 23 Rn. 12 ff.

404 BegRegE bei *Kropff*, Textausgabe AktG (1965), S. 407 worunter wohl auch politisch motivierte Maßnahmen subsumiert werden konnten.

405 BegRegE bei *Kropff*, Textausgabe AktG (1965), S. 407.

406 BegRegE bei *Kropff*, Textausgabe AktG (1965), S. 374 und 407; *Semler*, Leitung und Überwachung der Aktiengesellschaft, Rn. 356; *Hoffmann-Becking* in FS Hommelhoff (2012), 433, 438.

407 Siehe dazu näher unten S. 93; zu § 308 AktG siehe bereits S. 49.

Der Vorstand führt die Geschäfte der Aktiengesellschaft gem. § 76 Abs. 1 AktG unter eigener Verantwortung. Daher stellt sich die Frage, welche Aspekte dieser bei seiner Leitungsaufgabe zu berücksichtigen hat. Nach heute herrschender Auffassung ist der Geschäftsleiter dem Unternehmensinteresse im Sinne einer „interessenpluralen Zielkonzeption" verpflichtet.[408] Damit ist gemeint, dass die verschiedenen in der Gesellschaft zusammenkommenden Interessen, namentlich die Interessen der Gesellschafter, der Arbeitnehmer und der Öffentlichkeit, zu berücksichtigen sind und der Geschäftsleiter sich nicht nur von den Aktionärsinteressen leiten lassen darf.[409]

Ob der pluralistische Ansatz der herrschenden Auffassung vorzugswürdig ist, wird zum Teil bestritten. Im Hinblick auf die Leitungsentscheidungen eines Vorstands fordern die Vertreter des dem anglo-amerikanischen Rechtsverständnis entspringenden *shareholder value* Ansatzes, dass bei den zu berücksichtigenden Interessen den Interessen der Gesellschafter Vorrang einzuräumen ist.[410] Dahinter steht die Idee, dass es primärer Zweck einer Kapitalgesellschaft sei, den Interessen der Gesellschafter, die das betriebsnotwendige Kapital aufbringen, zu dienen. Reizvoll erscheint das *shareholder value* Modell für die Vertretungsorgane einer Gesellschaft.[411] Bei der Durchführung einer Maßnahme sind im Grundsatz keine schweren, möglicherweise haftungsbegründenden Abwägungen durchzuführen. Dem Interesse des Gesellschafters ist grundsätzlich nachzugeben. Möchte man es negativ ausdrücken,

---

408 OLG Frankfurt, Urt. v. 17.08.2011 - 13 U 100/10, ZIP 2011, 2008 (2010) bekennt sich zum Unternehmensinteresse, wobei grundsätzlich auch dem Gedanken eines *shareholder value* Rechnung getragen werden dürfe; Hüffer/*Koch*, AktG, § 76 Rn. 28, 36; *Kort*, AG 2012, 605 (608 ff.); *Goette*, ZGR 2008, 436 (447) der neben Arbeitnehmerinteressen auch „Umweltressourcen" nennt; im Übrigen bekennt sich auch der Deutsche Corporate Governance Kodex zum Unternehmensinteresse, siehe *Fuhrmann/Linnerz/Pohlmann*, DCGK, Ziff. 4 Rn. 247 ff.

409 Hüffer/*Koch*, AktG, § 76 Rn. 28; *Goette*, ZGR 2008, 436 (447).

410 *Groh*, DB 2000, 2153 (2156 ff.); *Bea/Thissen*, DB 1997, 787 (791 f.), welche argumentieren, dass sich gerade bei der GmbH mit seinen abgeschwächten Kontrollmechanismen die Etablierung des *shareholder value* Ansatzes besonders anbietet; abgeschwächt auch K. Schmidt/Lutter/*Seibt*, AktG, § 76 Rn. 23, der von einem „*Gewichtungsvorsprung der Aktionärsinteressen*" spricht; für einen moderaten Ansatz offenbar auch *Zöllner*, AG 2003, 2 (8).

411 Zu den Vorteilen des *shareholder value* Modells siehe Spindler/Stilz/*Fleischer*, § 76 AktG Rz. 29 ff.; zur Entwicklung rechtsvergleichend jüngst auch *ders.*, ZGR 2018, 703 (721 f.).

werden die Vertretungsorgane zu Ausführungsorganen degradiert, jedoch auf diese Weise vor Haftung geschützt.

Bei der Bewertung der verschiedenen Ansätze, muss zunächst die Reichweite der Auswirkungen einer vollständigen Ausrichtung auf das Gesellschafterinteresse eingeschätzt werden. Auch wenn der Gesetzgeber eine solche vollständige Ausrichtung etablieren würde, dürfte dies mit (neuen) korrespondierenden Schutzvorschriften einhergehen, die von den betroffenen Vertretungsorganen zu beachten wären.[412] Daher sollte man eine Ausrichtung auf den *shareholder value* nicht vorschnell mit einem kapitalistischen Ausbeutungssystem[413] gleichstellen. Der Vorzug des Ansatzes, dass die Entscheidungen „klarer“ und „einfacher“ wären, da nur Gesellschafterinteressen zu berücksichtigen sind, dürfte spätestens in der wirtschaftlichen Krise der Gesellschaft seinen Glanz verlieren. Ab einem gewissen Punkt muss in einer Krise stets eine Umkehr der zu berücksichtigenden Interessen stattfinden. Spätestens bei Erreichen dieses Punktes sind von einem Vertretungsorgan verschiedene Interessen (und nicht bloß einzig das Gesellschafterinteresse) zu berücksichtigen und mithin jene schwierigen Abwägungsentscheidungen zu treffen.

Wenn man dem folgend den *shareholder value* Ansatz gemäßigt interpretiert, im Sinne einer längerfristigen Orientierung an den Interessen des Gesellschafters, sollte der Streit an Bedeutung verlieren. In diesem Fall dürften sich die Interessen der Gesellschafter meist mit den Interessen der (übrigen) *stakeholder* decken.[414] Demnach dürften die Unterschiede zwischen beiden Modellen, trotz unterschiedlicher Grundausrichtung, im Ergebnis nicht besonders groß sein.[415]

---

412 Auch eine Ausrichtung auf Gesellschafterinteressen rechtfertigt keinen Verstoß gegen geltendes Recht; dieser Gedanke ist insbesondere zum Schutz der Arbeitnehmer bedeutsam.

413 Auf die „leidenschaftlich“ geführte Diskussion eingehend *Groh*, DB 2000, 2153 (2153 f.).

414 Ebenso Hüffer/*Koch*, AktG, § 76 Rn. 29; Spindler/Stilz/*Fleischer*, § 76 AktG Rz. 38.

415 *Kuhner*, ZGR 2004, 244 (278) der dies damit begründet, dass Ermessenspielräume nach beiden Modellen die Möglichkeit einer Einbeziehung der verschiedenen Interessen ermöglichen; Hüffer/*Koch*, AktG, § 76 Rn. 29; zweifelnd offenbar *Mülbert* ZGR 1997, 129 (171 f.) der einen Paradigmenwechsel im Aktienrecht für eine konsequente Verwirklichung des *shareholder value* Ansatzes für erforderlich hält.

## IV. Konzerninteresse und Interesse des Gesellschafters

Bei der Suche nach einer Definition des Begriffs Konzerninteresse stellt sich die Frage, ob damit nicht lediglich das Unternehmensinteresse der herrschenden Gesellschaft gemeint ist und ob es ein vom Interesse der herrschenden Gesellschaft unterscheidbares Konzerninteresse tatsächlich gibt.[416]

### 1) Betriebswirtschaftliche Definition eines Konzerns

Die Betriebswirtschaftslehre kennt die rechtlichen Trennungen eines Konzerns nicht, sondern begreift diesen als ein Einheitsunternehmen.[417] Eben jenes Verständnis hat auch dazu geführt, dass nach den §§ 290 ff. HGB eine gemeinsame Rechnungslegung des Konzerns möglich ist. Bei der Schaffung dieses Konzepts hat der Gesetzgeber die Ideen der Vertreter der sog. Einheitstheorie im Wesentlichen umgesetzt.[418] Wenn betriebswirtschaftlich die Trennungen nicht im Vordergrund stehen, könnte auch ein rechtlich relevantes Interesse dieser „Einheit" von Gesellschaften existieren.

*Hoffmann-Becking* beschreibt in dem Zusammenhang, dass innerhalb jeder Gruppe, die zusammen arbeiten möchte, das Interesse der Vereinigung, nicht die Summe der enthaltenen Einzelinteressen der Mitglieder sei, sondern gebildet würde aus den Gemeinsamkeiten der verschiedenen Einzelinteressen.[419] Folgt man diesem Gedanken, könnte man argumentieren, dass es bei einem Konzern, in dem mehrere Gesellschaften zusammen arbeiten, ein „Einheitsinteresse" bezüglich der Aspekte gibt, in denen sich die Interessen der Gesellschaften überschneiden. Eine solche Gemeinsamkeit könnte (wirtschaftlich betrachtet) etwa darin liegen, für eine günstigere gemeinsame Finanzierung zu kooperieren.[420]

416 Ausführlich zu dieser Fragestellung *Hoffmann-Becking* in FS Hommelhoff (2012), 433.

417 Von diesem Grundsatz ausgehende *Kirchner*, ZGR 1985, 214 (216); *Hoffmann-Becking* in FS Hommelhoff (2012), 433, (434) „*einziges Unternehmen*".

418 Staub/*Kindler*, HGB, vor § 290 Rn. 30 ff. mwN.

419 *Hoffmann-Becking* in FS Hommelhoff (2012), 433, 435 bezeichnet das Verbandsinteresse als „gemeinsamen Nenner".

420 Siehe in dem Zusammenhang aber auch *Engert* in FS Baums (2017), Bd. 1, 385 (392 f.) zu den Nachteilen, wenn auf verschiedenen Stufen einer Wertschöpfungskette zusammengearbeitet wird.

Wenn die Betriebswirtschaftslehre den Konzern als Einheit betrachtet, erscheint es jedenfalls nicht völlig abwegig, dass diese Einheit auch ein gemeinsames Interesse hat.

### 2) Rechtswissenschaftliche Definitionsansätze zum Begriff Konzerninteresse

Rechtlich könnte man die betriebswirtschaftlichen Gedanken und Wertungen weiterentwickeln. Eine Reihe von Autoren haben Merkmale und Definitionsansätze für das Konzerninteresse aufgestellt. Tatsächlich finden sich dabei auch einige der gerade genannten Merkmale wie ‚Einheit', ‚Zusammenarbeit', oder ‚Gemeinsamkeiten aus unterschiedlichen Einzelinteressen' inhaltlich wieder.

#### a) Überblick der Definitionsansätze

Muss der Vorstand einer Konzernobergesellschaft verschiedene Handlungsalternativen beurteilen, so soll es für ihn nach Aussage von *Lutter* nicht nur darum gehen das Beste für die eigene Gesellschaft zu erreichen, sondern auch darum den Konzern zu fördern.[421] Der Maßstab des Handelns sei „*das Konzerninteresse, die Förderung des Unternehmensverbundes als Ganzem*"[422]. Auch *Haar* stellt ausdrücklich klar, dass die Weisungsbefugnis des § 308 Abs. 1 S. 2 AktG nicht durch das Interesse der herrschenden Gesellschaft, sondern durch das Konzerninteresse begrenzt wird.[423] Daneben führt *Scheffler* aus, dass im Rahmen des relevanten Verhaltensmaßstabes eines Aufsichtsrates einer herrschenden Gesellschaft das Konzerninteresse relevant sei, wobei im Zweifelsfall „*das Interesse der Konzernobergesellschaft vorrangig*" sei.[424] Es sei nämlich durchaus denkbar, dass das kurzfristige Interesse der Konzernobergesellschaft mit dem kurz- oder langfristigen Konzerninteresse im Widerspruch stünde.[425]

Weiter führt *Altmeppen* (im Rahmen des Weisungsrechts aus § 308 AktG) aus, dass Schädigungen nur im Konzerninteresse zulässig sind und dabei „*ein Unternehmensverbund wirtschaftlich gesehen als ein Gesamtunternehmen erscheint, bei welchem die Interessen der*

---

[421] *Lutter/Krieger/Verse*, Rechte und Pflichten des Aufsichtsrats, § 4 Rn. 147.
[422] *Lutter/Krieger/Verse*, Rechte und Pflichten des Aufsichtsrats, § 4 Rn. 147.
[423] *Haar*, Personengesellschaft im Konzern, S. 283.
[424] *Scheffler*, DB 1994, 793 (797).
[425] *Scheffler*, DB 1994, 793 (797).

*einzelnen Konzernunternehmen mit demjenigen des ‚Gesamtunternehmens' verschmelzen*".[426] Laut *Geßler* bestehe (ebenfalls bei § 308 AktG) allgemeine Einigkeit darüber, dass die Nachteilszufügung nicht im bloßen Interesse der herrschenden Gesellschaft, sondern im Konzerninteresse liegen müsse.[427] Denn ein (Vertrags-)Konzern stelle „*eine neue wirtschaftliche Einheit dar, in dem an die Stelle der eigenen Belange des einzelnen Konzernunternehmens die des Konzerns treten*".[428] An anderer Stelle wird von *Immenga* klargestellt, dass das Konzerninteresse „*der übergeordneten, im Konzern verkörperten Unternehmenseinheit dient*".[429] Jedoch soll es bei der Grenze des Weisungsrechts (nach § 308 AktG) gar nicht entscheidend darauf ankommen, sondern vielmehr darauf, ob die Organe der Muttergesellschaft nach dem für sie relevanten Sorgfaltsmaßstab davon ausgehen durften, dass die Maßnahme im Konzerninteresse lag.[430]

Nach *Semler* müssen im Konzern nicht bloß die unterschiedlichen (pluralistischen) Interessen der Konzernobergesellschaft berücksichtigt werden, sondern im Hinblick auf die abhängigen Gesellschaften auch deren Arbeitnehmerinteressen, Interessen der Minderheitsgesellschafter sowie Interessen der Leitungsorgane (in den abhängigen Gesellschaften).[431] Dies ist nach Ansicht *Semlers* offenbar die Beschreibung des Konzerninteresses: Ein Ausgleich zwischen den verschiedenen im Konzern vorhandenen Interessenträgern, der sich nicht in den Interessen der einzelnen Gesellschaften erschöpft. Damit im Einklang steht jedenfalls, dass laut dem Autor das Konzerninteresse nicht gleichbedeutend sein soll mit der Summe oder dem Ergebnis eines Abgleichs der Interessen aller verbundenen Unternehmen.[432] Jenes durch ‚Abgleich' ermittelte Konzerninteresse und keinesfalls das Unternehmensinteresse der herrschenden Gesellschaft soll folglich auch der Verhaltensmaßstab

426 MüKo/*Altmeppen*, AktG, § 308 Rn. 104.
427 *Geßler*, ZHR 140 (1976), 433 (437).
428 *Geßler*, ZHR 140 (1976), 433 (437).
429 *Immenga*, ZHR 140 (1976), 301 (304 f.).
430 *Immenga*, ZHR 140 (1976), 301 (304).
431 *Semler*, Leitung und Überwachung der Aktiengesellschaft, Rn. 367.
432 *Semler*, Leitung und Überwachung der Aktiengesellschaft, Rn. 365.

der Organe der herrschenden Gesellschaft sein.[433] Dies hat nach Ansicht *Semlers* auch bedeutende Auswirkungen für den Fall, dass eine Beteiligung zum Konzern hinzukommt. Denn „*jede Konzernierung bewirkt zusätzliche Verantwortung und verbietet eine ausschließliche Berücksichtigung der Interessen des herrschenden Unternehmens*“; und der Autor geht sogar noch weiter, denn „*der dies nicht will, muss von der Konzernbildung absehen*“.[434]

### b) Einordnung der Definitionsansätze

Versucht man aus den gerade genannten Ansätzen zum Konzerninteresse Schlüsse zu ziehen, ist Vorsicht geboten. So muss beachtet werden, dass diese Aussagen zum (überwiegenden) Teil im Kontext des § 308 AktG und der starken Einbindung einer Tochtergesellschaft innerhalb eines Vertragskonzerns erfolgt sind. Daher dürfen die Aussagen nicht ohne Weiteres verallgemeinert und auf andere Konstellationen übertragen werden.

Dennoch wird deutlich, dass es offenbar einer weit verbreiteten Anschauung entspricht, dass sich das Konzerninteresse von dem Interesse der herrschenden Gesellschaft unterscheidet.[435] Ebenso lässt sich erkennen, dass jenes Konzerninteresse eine Handlungsmaxime der Organe der herrschenden Gesellschaft sein soll. Zum Teil wird sogar vertreten, dass das Konzerninteresse der alleinige Verhaltensmaßstab sein soll.

Möchte man sich aus dem Vorgenannten dem Konzerninteresse soweit nähern, dass es definiert werden kann, so ist dies jedenfalls soweit möglich, wenn ein „kleinster gemeinsamer Nenner“ zwischen den verschiedenen Ansätzen gefunden wird:

Abgesehen von der gerade genannten (grundsätzlichen) Unterscheidbarkeit zum Interesse der herrschenden Gesellschaft, scheint es den Autoren beim Konzerninteresse stets um ein gemeinsames Auftreten in

---

433 *Semler*, Leitung und Überwachung der Aktiengesellschaft, Rn. 367; *ders.*, in FS Stiefel (1987), 719 (742) führt entsprechend aus, dass bei Doppelmandaten in Mutter- und Tochtergesellschaft je nach Rolle von Rechts wegen ein unterschiedlicher Verhaltensmaßstab gelte. Während als Organ der Tochter deren Unternehmensinteresse maßgeblich sei, soll es für die Tätigkeit in der Tochter auf das Konzerninteresse ankommen.

434 *Semler*, Leitung und Überwachung der Aktiengesellschaft, Rn. 367.

435 Zu den Gegenauffassungen sogleich unten S. 97.

einer Art Verbund zu gehen („*Unternehmenseinheit dient*“[436]; „*Unternehmensverbundes als Ganzem*“[437]; „*verschmelzen*“[438]). Neben dem tatsächlichen Vorhandensein einer Bindung, geht es bei Handeln im Konzerninteresse offenbar darum, dass auch zugunsten des Verbundes gehandelt wird. Ein weiteres Merkmal des Konzerninteresses ist also, dass die Einheit gefördert wird und dies gewissermaßen ein ‚höherrangiges Ziel‘ darstellt („*Förderung des Unternehmensverbundes*“[439]; „*jede Konzernierung bewirkt zusätzliche Verantwortung*[440]; „*wirtschaftliche Einheit (...) an die Stelle der eigenen Belange des einzelnen Konzernunternehmens die des Konzerns treten*“[441]). Deutlich wird, dass die herausgearbeiteten gemeinsamen Merkmale äußerst unbestimmt sind. Damit sollte ebenfalls die Frage beantwortet sein, wieso es keine geläufige oder anerkannte Definition des Konzerninteresses gibt. Ebenso klar sollte sein, dass es einem Vertretungsorgan im Einzelfall nicht leicht fallen dürfte, sich an diesen Merkmalen zu orientieren.

Dennoch könnte man Konzerninteresse nach diesen Merkmalen etwa so definieren, dass „*gemeinsam in einem Verbund eine Unternehmung gefördert werden soll und dabei nicht bloß die Interessen einer herrschenden Gesellschaft, sondern die Interessen der verschiedenen beteiligten Interessenträger zu berücksichtigen sind*“.

### 3) Differenzierbarkeit des Konzerninteresses vom Interesse der herrschenden Gesellschaft

Fraglich ist, ob tatsächlich Fälle denkbar sind[442], in denen sich das Konzerninteresse, in Gestalt des gerade definierten „Verbundsinteresses“, vom Interesse der herrschenden Gesellschaft unterscheiden kann.

[436] *Immenga*, ZHR 140 (1976), 301 (304 f.).
[437] *Lutter/Krieger/Verse*, Rechte und Pflichten des Aufsichtsrats, § 4 Rn. 147.
[438] MüKo/*Altmeppen*, AktG, § 308 Rn. 104.
[439] *Lutter/Krieger/Verse*, Rechte und Pflichten des Aufsichtsrats, § 4 Rn. 147.
[440] *Semler*, Leitung und Überwachung der Aktiengesellschaft, Rn. 367.
[441] *Geßler*, ZHR 140 (1976), 433 (437).
[442] Betrachtet werden dabei nur die relevanten Konstellationen eines Unterordnungskonzerns. Die Sonderkonstellation eines Gleichordnungskonzerns wird ausgeklammert; in solchen Fällen ist es schon strukturell notwendig, dass die beteiligten Gesellschaften ein gemeinsames (Konzern-)Interesse haben, vgl. dazu *Hoffmann-Becking* in FS Hommelhoff (2012), 433 (436 mwN.).

### a) Argumente gegen die Unterscheidbarkeit

Zum Teil wird, entgegen der oben genannten Auffassungen, im rechtswissenschaftlichen Schrifttum vertreten, dass es ein vom Interesse der herrschenden Gesellschaft unterscheidbares Konzerninteresse nicht gibt. Zum Teil wird zwar nicht bestritten, dass es ein differenzierbares Interesse geben kann, jedoch könne ein solches Konzerninteresse auf keinen Fall als Verhaltensmaßstab herangezogen werden.

*Hoffmann-Becking* führt aus, dass es entgegen missverständlichen Aussagen im Schrifttum „*weder einen Aufsichtsrat noch eine Geschäftsführung noch ein Interesse des Konzerns*“ gäbe.[443] Darauf aufbauend, sei das Konzerninteresse auch kein Verhaltensmaßstab, an dem sich der Aufsichtsrat einer Konzernobergesellschaft zu orientieren habe, stattdessen sei er „(...) *dem Unternehmensinteresse der Konzernobergesellschaft verpflichtet*“.[444] Der Autor hat seine ursprüngliche Aussage mittlerweile leicht modifiziert und deutlich gemacht, dass es einen Konflikt zwischen dem Interesse der herrschenden Gesellschaft und einem Konzerninteresse geben kann, wenn ein solches als Gesamtinteresse aller Mitglieder des Konzerns verstanden würde.[445] Wenn man das Konzerninteresse definieren müsste, könnte dies laut dem Autor nur durch einen wertenden Abgleich der Einzelinteressen erfolgen, indem eine Gewichtung vorgenommen wird hinsichtlich der wirtschaftlichen Bedeutung, dem Interesse an einem Verbleiben im Konzernverbund und dem Interesse der Arbeitnehmer und Gläubiger des entsprechenden Konzernglieds.[446] All dies würde jedoch nichts daran ändern, dass ein Konzerninteresse einen tauglichen Verhaltensmaßstab weder für die Organe einer abhängigen Gesellschaft, noch für die Organe der herrschenden Gesellschaft darstellen kann.[447]

Ganz grundsätzlich wird auch von *Krieger* die Frage aufgeworfen, ob es Interessenkonflikte zwischen der Konzernobergesellschaft und dem

---

443 *Hoffmann-Becking*, ZHR 159 (1995), 325 (329).

444 *Hoffmann-Becking*, ZHR 159 (1995), 325 (330).

445 *Hoffmann-Becking* in FS Hommelhoff (2012), 433 (438) der ausführt, dass ein solches Verständnis „*tendenziell auf die Bewahrung des angestammten Zuschnitts des Konzerns*“ hinauslaufen würde, was vom Autor mit guten Argumenten abgelehnt wird.

446 *Hoffmann-Becking* in FS Hommelhoff (2012), 433, 436 mit dem ausdrücklichen Hinweis, dass ein solches Verständnis abzulehnen sei.

447 *Hoffmann-Becking* in FS Hommelhoff (2012), 433 (439 f.).

Konzern in seiner Gesamtheit überhaupt geben könne.[448] Nach dessen Ansicht komme es jedoch gar nicht entscheidend darauf an, vielmehr sei selbst wenn es entsprechende Interessekonflikte geben würde, *„nicht zu begründen, warum Organe des herrschenden Unternehmens den Interessen des Gesamtkonzerns (im Sinne eines Gesamtinteresses aller Konzernglieder) vor den Interessen des herrschenden Unternehmens den Vorzug sollten geben müssen*".[449] Folglich geht es *Krieger* nicht unbedingt um die Definition eines Konzerninteresses, vielmehr lehnt er (in Übereinstimmung mit *Hoffmann-Becking*) das Konzerninteresse als Verhaltensmaßstab ab.

Im Hinblick auf einen möglichen Verhaltensmaßstab wird auch von *Koppensteiner* ausgeführt, dass ein Konzerninteresse ein Organ einer Gesellschaft nicht verpflichten könne, da der Konzern kein Zuordnungssubjekt von eigenen Interessen sei.[450] Ein Konzerninteresse als Verhaltensmaßstab wird demnach von *Koppensteiner* abgelehnt. Auch *Cornett* führt im Ergebnis aus, dass es ein schutzwürdiges Konzerninteresse nicht gibt.[451] Denn nach Ansicht des Autors sei nach der Konzeption des deutschen Rechts, insbesondere des Dritten Buchs des AktG, das Konzerninteresse mit dem Interesse des herrschenden Gesellschafters gleichzusetzen.[452]

Aus dem Genannten wird deutlich, dass es durchaus bestritten wird, dass es ein vom Konzerninteresse unterscheidbares Interesse der abhängigen Gesellschaft geben kann. Für die ablehnende Haltung spricht zunächst eine einfache Überlegung. Es ist ein grundsätzliches Interesse jeder Gesellschaft, dass sich ihre Vermögensgegenstände möglichst positiv entwickeln. In einem Konzern sind aus der Perspektive der herrschenden Gesellschaft ihre Unternehmensbeteiligungen auch solche Vermögensgegenstände. Wenn diese Beteiligungen sich „positiv entwickeln" sollen, dürfte dies (jedenfalls in dieser Allgemeinheit) auch

---

448 Münch. Hdb. AG/*Krieger*, § 70 Rn. 26.

449 Münch. Hdb. AG/*Krieger*, § 70 Rn. 26, der mit der Formulierung wohl „geben sollten" meint.

450 KK/*Koppensteiner*, AktG, § 308 Rn. 38 mwN; im Hinblick darauf erklärt *Hoffmann-Becking* in FS Hommelhoff (2012), 433 (438), dass der Hinweis auf das fehlende Rechtssubjekt eines Konzerns zwar richtig, jedoch alleine keinesfalls zwingend sei.

451 *Cornett*, Treubindung gegenüber dem Eigeninteresse abhängiger Gesellschaften, S. 359 (Fn. 81).

452 *Cornett*, Treubindung gegenüber dem Eigeninteresse abhängiger Gesellschaften, S. 359 (Fn. 81).

im Interesse der unteren Konzernglieder und mithin im „Konzerninteresse" liegen. Im Regelfall dürfte daher das Interesse der herrschenden Gesellschaft und das Konzerninteresse (in Form des oben herausgearbeiteten Verbandsinteresse[453]) deckungsgleich sein.

Den in diesem Abschnitt genannten Autoren, die der herrschenden Anschauung kritisch gegenüberstehen, geht es jedoch gar nicht primär um die Frage, ob es ein Konzerninteresse gibt und wie es zu definieren wäre. Vielmehr soll ein solches Konzerninteresse auf keinen Fall[454] einen relevanten Verhaltensmaßstab für die im Konzern vorhandenen Vertretungsorgane darstellen.

### b) Überprüfung durch praktisches Beispiel

Wie gerade gezeigt wurde, dürfte sich das Interesse der herrschenden Gesellschaft und das Konzerninteresse meist decken. Es sind jedoch Konstellationen möglich, in denen die Interessen auseinanderfallen können. Dies soll durch das nachstehende Praxisbeispiel verdeutlicht werden.

Eine Holdinggesellschaft (ähnliche Veranschaulichung bei *Hoffmann-Becking*[455]) hält eine hundertprozentige Beteiligung an drei Tochtergesellschaften. Die drei Tochtergesellschaften betreiben jeweils ein voneinander vollständig unabhängiges Unternehmen. Einzige Gemeinsamkeit der Holding und der Tochtergesellschaften ist das Führen eines gemeinsamen Namens. So ergeben sich die Firmierungen *Mustermann – Holding* für die Holding und für die Töchter *Mustermann – Textil*, *Mustermann – Maschinen* und *Mustermann – Lebensmittel.*

Das Interesse der Holding ist schlichtweg der optimale Einsatz ihrer in den Töchtern eingesetzten Mittel. Da sich die Tochter *Mustermann – Textil* nicht entsprechend den Erwartungen entwickelt hat, entscheidet

---

453 Siehe zuvor S. 95 f.

454 Nach *Hoffmann-Becking*, ZHR 159 (1995), 325 (330) sind die Aufsichtsratsmitglieder ausschließlich dem Interesse der herrschenden Gesellschaft verpflichtet; ebenso ausdrücklich Münch. Hdb. AG/*Krieger*, § 70 Rn. 26 der zum Ausdruck bringt, dass das Konzerninteresse als Verhaltensmaßstab *„nicht zu begründen"* sei.

455 *Hoffmann-Becking* in FS Hommelhoff (2012), 433, 437 der ein Auseinanderfallen der Interessen bei sog. Portfolioentscheidungen einer Holding beschreibt; in dessen Beispiel wird befürchtet, dass nach einer Übernahme Teile der Belegschaft und des Managements der abhängigen Gesellschaft entlassen werden könnten.

sich die Holding für einen Verkauf jener Tochter an einen Mitbewerber. Die erlösten Mittel sollen in einer anderen Unternehmung verwendet werden, von der sich eine höhere Rendite versprochen wird. Eine Bedingung des Verkaufs ist, dass die Tochter Textil nach dem Vollzug die Firma „Mustermann" nicht mehr führen darf. Die Tochter *Mustermann-Textil* fürchtet dadurch (zutreffend), dass nach dem Verkauf das wirtschaftliche Ergebnis in ihrer Unternehmung schlechter sein wird. Der Grund hierfür liegt darin, dass die Vertragspartner des Textilunternehmens ohne den bekannten Firmennamen schlechtere Vertragskonditionen anbieten werden.

Betrachtet wird nun ein bestimmter Zeitpunkt. Dieser liegt nach der Verkaufsentscheidung der Holding, jedoch vor der Durchführung des Verkaufs. Zu diesem Zeitpunkt hat die Tochter (ganz offenbar) kein Interesse an einem Verkauf ihres Geschäftsbetriebs. Das Unternehmensinteresse der *Mustermann-Holding* unterscheidet sich folglich vom Unternehmensinteresse der *Mustermann-Textil*. Dies dürfte unstreitig sein.

Nun zur eigentlichen Frage: Unterscheidet sich zu diesem Zeitpunkt das Unternehmensinteresse der *Mustermann-Holding* von einem Konzerninteresse der „Mustermann-Gruppe". Zur Erinnerung: Ein Konzerninteresse wäre zu definieren als die gemeinsame Förderung einer Unternehmung in einem Verbund, in dem die Interessen der verschiedenen beteiligten Interessenträger zu berücksichtigen sind[456].

Das auf diese Weise definierte Konzerninteresse (als ein Interesse des Verbundes) unterscheidet sich tatsächlich in einem Punkt von dem Unternehmensinteresse der herrschenden Gesellschaft:

In einem solchen Verbundsinteresse müsste konsequenterweise ein Interesse am Bestand der Unternehmensverbindung enthalten sein. Gewissermaßen ein Interesse am Erhalt des bisherigen *Status Quo*.[457] Grund hierfür ist der kooperative Charakter der Konzernverbindung („gemeinsam") und dem grundlegenden Wesensmerkmal des Konzerninteresses, nämlich dass „nicht nur" die Interessen der herrschenden Gesellschaft[458] maßgeblich sein sollen. Folglich müsste das Interesse

---

456 Siehe oben S. 95 f.

457 Zu dem gleichen Ergebnis kommt auch *Hoffmann-Becking* in FS Hommelhoff (2012), 433 (438).

458 Siehe dazu die „Wesensmerkmale" des Konzerninteresses S. 95 f. und insbesondere *Semler*, Leitung und Überwachung der Aktiengesellschaft, Rn. 367.

der *Mustermann – Textil* einbezogen werden. Ebenso müssten bei der Identifikation des konkreten Konzerninteresses das Interesse der Arbeitnehmer und das Interesse der Leitungsorgane der *Mustermann – Textil* an einem Verbleib, berücksichtigt werden. Deren Interessen wären von dem zukünftig schlechteren Ergebnis mittelbar ebenfalls beeinträchtigt.

Dies hätte weitreichende Konsequenzen. Wenn das Interesse der abhängigen Gesellschaft am Verbleib in der Gruppe als Teil des Konzerninteresses von den Vertretungsorganen der herrschenden Gesellschaft zu berücksichtigen ist, müssten diese möglicherweise von dem Verkauf Abstand nehmen. Denkt man diesen Gedanken zu Ende, würde die Berücksichtigung des Konzerninteresses (jedenfalls in Form des hier erarbeiteten Verbundsinteresse) einer „Veränderungssperre" für die Holdinggesellschaft gleichkommen.

### 4) Schutzwürdigkeit eines Konzerninteresses in Form eines „Verbundsinteresse"

Aus dem Vorgenannten wird deutlich, dass sich das Konzerninteresse, jedenfalls wenn es im Sinne eines „Verbundsinteresse"[459] verstanden wird, in bestimmen Konstellationen von dem Interesse der herrschenden Gesellschaft unterscheiden kann. Nun stellt sich die entscheidende Frage. Ist ein derartiges Interesse am Bestand sinnvoll und vor allem schutzwürdig?

Der Gedanke eines Interesses des Verbundes, in dem es schutzwürdig[460] wäre das Gesamtgebilde zu erhalten, selbst wenn dies im Einzelfall den Interessen des herrschenden Gesellschafters zuwiderläuft, mutet merkwürdig an. Damit würde die wirtschaftliche Realität einer Konzernverbindung, in dem eine Kapitalgesellschaft eine andere vollständig kontrolliert, unzureichend dargestellt.

Wenn ein solches Verbundsinteresse tatsächlich schutzwürdig wäre, müsste man einen Unterordnungskonzern als eine im Gemeinschaftsdenken verbundene Kooperation verstehen, die gleich einer Genossenschaft allen Mitgliedern gleichsam nutzen soll.[461] Ein solches

---

[459] Siehe dazu oben bereits S. 95 f.

[460] In diese Richtung offenbar *Druey* in FS Hommelhoff (2012), 135 (147 f.).

[461] Dies folgert auch *Hoffmann-Becking* in FS Hommelhoff (2012), 433 (440) richtigerweise aus den Thesen zu einem „kooperativen Gesamtinteresse".

Verständnis erinnert beinahe an das AktG 1937, in dem offenbar Gemeinschaftsinteressen von größerer Relevanz waren.[462] Ein solches Verständnis erscheint nicht mehr zeitgemäß. Denkt man den Gedanken zu Ende, wäre der Erhalt der Verbindung wichtiger, als der wirtschaftlich beste Einsatz der von der Muttergesellschaft eingesetzten Mittel. Dies kann nicht richtig sein und ist nicht vereinbar mit dem jeder Erwerbstätigkeit innewohnenden Ziel der Gewinnmaximierung.

Ein Konzern von Kapitalgesellschaften ist (in der Regel) eine Unternehmung, welche aufgrund des vom Gesetzgeber gemachten Angebots der beschränkten Haftung auf unterschiedliche juristische Personen aufgeteilt wird.[463] Sofern das der Haftungsbeschränkung innewohnende Trennungsprinzip nicht in Frage gestellt werden soll[464], dient das eingesetzte Kapital in erster Linie der Muttergesellschaft bzw. deren Gesellschaftern. Jene herrschende Gesellschaft hat dabei die vom Gesetzgeber vorgegebenen Schutzvorschriften zu beachten. Durch die Einhaltung dieser Regeln wird die Haftungsbeschränkung gewissermaßen „erkauft".[465] Sofern die Möglichkeiten der Haftungsbeschränkung besonders extensiv eingesetzt werden, können auch darüberhinausgehende Schutzvorschriften[466] für die *stakeholder* in den Töchtern[467] angebracht sein.

Daraus folgt, dass ein vom Unternehmensinteresse der Muttergesellschaft unterscheidbares Konzerninteresse in der Ausgestaltung eines Verbundinteresses nicht schutzwürdig sein sollte. Die herrschende und

---

462 BegRegE bei *Kropff*, Textausgabe AktG (1965), S. 407 mit Hinweis auf eine frühere überwiegende Auffassung nach der in bestimmten Konstellationen eine einzelne Gesellschaft „*vor den Belangen der größeren, im Konzern zusammengefassten Gemeinschaft zurücktreten*" müsse; siehe auch *Groh*, DB 2000, 2153 (2154) der allgemein die damals vorherrschende Fixierung auf einen außerhalb des Aktionärsinteresse liegenden gemeinsamen Nutzen hervorhebt.

463 Im Grundsatz ebenso *Kirchner*, ZGR 1985, 214 (219).

464 Siehe dazu *Druey* in FS Hommelhoff (2012), 135 (156) der ausführt, dass das Trennungsprinzip weltweit die Grundlage bleiben dürfte; siehe zum Trennungsprinzip im dt. Recht bereits S. 39.

465 Siehe zur rechtsökonomischen Einordnung der Haftungsbeschränkung bereits S. 7 ff.

466 Dies entspricht dem traditionellen Verständnis von Konzernrecht als Schutzrecht; siehe dazu die Ausführungen zum deutschen Konzernrecht und seinem austarierten Schutzregime S. 46 ff.

467 Siehe zu dem dahinterstehenden Konzernkonflikt bereits oben S. 14.

die abhängige Gesellschaft sollten nur ihrem eigenen Unternehmensinteresse unterworfen sein.[468]

## 5) Auswirkungen im Hinblick auf die „Anerkennung eines Konzerninteresses“

Wenn ein vom Interesse der herrschenden Gesellschaft unterscheidbares Konzerninteresse nicht sinnvoll ist, was bedeutet dies dann für die aktuellen Regelungsvorschläge, die sich beinahe ausnahmslos auf ein Handeln im Konzerninteresse berufen. Diese Regelungsvorschläge sind keineswegs sinnlos.

Die hier gefundenen Ergebnisse bedeuten allerdings, dass wenn von der Anerkennung des Konzerninteresses die Rede ist, damit (in der Regel) die Anerkennung des Interesses des Gesellschafters gemeint sein soll.[469] Konzerninteresse bedeutet in dem Zusammenhang das Eigeninteresse der herrschenden Gesellschaft daran, dass sich ihre Beteiligungen an den anderen Gruppengesellschaften positiv auf das eigene Ergebnis auswirken.

Die aktuellen Regelungsbemühungen zur „Anerkennung des Konzerninteresses“ sollten demnach nicht dazu führen, dass ein Konzerninteresse, etwa in der Ausgestaltung eines Verbundsinteresse (inklusive eines Bestandschutzes[470]) den Verhaltensmaßstab der beteiligten Vertretungsorgane darstellt. Vielmehr sollen die Möglichkeiten der Einflussnahme (welche einer herrschenden Gesellschaft - wie gerade gezeigt wurde - „von Haus aus“ zustehen), ebenso wie die korrespondierenden Schutzvorschriften, neu formuliert und vereinheitlicht werden.

Dem hier gefundenen Ergebnis steht nicht entgegen, wenn man das Konzernrecht nicht mehr entsprechend dem traditionellen Verständnis

---

[468] Zutreffend auch *Hoffmann-Becking* in FS Hommelhoff (2012), 433, (440) der in dem Zusammenhang davon spricht, dass das deutsche Konzernrecht insoweit „bipolar“ angelegt sei. Damit dürfte im Ergebnis nichts anderes gemeint sein als das hier hervorgehobene Zusammenspiel von zulässiger Einflussnahme bei Einhaltung der vom Gesetzgeber vorgegeben Schutzmechanismen.

[469] So im Übrigen auch *Hoffmann-Becking* in FS Hommelhoff (2012), 433, (432) Fn. 4 im Hinblick auf den *Report of the Reflection Group on the Future of EU Company Law*, 2011, S. 60 ff.

[470] Siehe dazu gerade zuvor S. 99 f.

als Schutzrecht einordnet, sondern als *enabling law*[471] interpretiert. *Enabling law* soll in dem Zusammenhang nicht etwa bedeuten, dass den bestehenden Schutzvorschriften keine oder eine kleinere Bedeutung zukommen soll. Der Begriff ist vielmehr so zu verstehen, dass das Konzernrecht den Unternehmungen das Angebot macht, gewisse Instrumente zu nutzen, etwa eine weitgehende Einflussnahmemöglichkeit auf eine Tochtergesellschaft. Diese Instrumente müssen jedoch (genau wie bei dem „Angebot" einer Haftungsbeschränkung) durch die Einhaltung bestimmter vom jeweiligen (nationalen oder supranationalen) Gesetzgeber vorgegebenen Schutzvorschriften „erkauft" werden.[472] Wenn also (neue) Regelungsvorschläge zum Konzernrecht als *enabling law* bezeichnet werden[473], bedeutet dies nicht, dass diese Vorschläge nur mit schwach ausgeprägten Schutzbestimmungen einhergehen. Stattdessen ist damit ein neuartig gestaltetes System von Einfluss und Schutz gemeint, welches den Unternehmern (als Option) offensteht.[474] Nur betrifft dieses System, entsprechend dem hier herausgearbeiteten Ergebnis, eben nur den Einfluss der herrschenden Gesellschaft.

## V. Zwischenergebnis

Ein möglicher Vergleichsmaßstab für ein Konzerninteresse ist die Handlungsmaxime der Geschäftsleitung einer unabhängigen Gesellschaft. Diese darf ihr Handeln nicht ausschließlich auf das Interesse des Gesellschafters ausrichten, sondern muss nach dem Unternehmensinteresse die Belange der Gesellschafter, der Gläubiger, der Arbeitnehmer und der Öffentlichkeit in Einklang bringen. Würde die Geschäftsleitung einem dem entgegenstehenden, jedoch gemäßigten und auf langfristiges Wachstum angelegten *shareholder value* Ansatz verfolgen, dürfte dies nur selten zu abweichenden Ergebnissen führen.

Unter Berücksichtigung der in der Rechtswissenschaft genannten Wesensmerkmale müsste man das Konzerninteresse beschreiben als die

---

471 Siehe dazu *Teichmann*, AG 2013, 184 (190); den Perspektivwechsel betonend auch *Mülbert*, ZHR 179 (2015), 645 (645); ebenso offenbar *Forum Europeum on Company Groups*, ZGR 2015, S. 507 (510).

472 Ebenso offenbar *Forum Europeum on Company Groups*, ZGR 2015, S. 507 (510), denn Ziel sei es die „Aktivitäten der Gruppe zu fördern" und „(…) *die Tochtergesellschaften und deren stakeholder gegen Machtmissbrauch der Mutter absichern*".

473 Zur Frage welche Vorteile man sich von den neuartigen Regelungen als *enabling law* verspricht siehe unten S. 201.

474 Siehe dazu *Teichmann*, AG 2013, 184 (190).

gemeinsame Förderung einer Unternehmung in einem Verbund, in dem nicht bloß die Interessen einer herrschenden Gesellschaft, sondern die Interessen der verschiedenen beteiligten Interessenträger zu berücksichtigen sind.

Das Unternehmensinteresse einer herrschenden Gesellschaft und das Konzerninteresse decken sich in den meisten Fällen, können sich jedoch unterscheiden, wenn es um das Ausscheiden eines Konzernteils aus dem Verbund geht. In solchen Situationen sollte das differenzierte Konzerninteresse nicht schutzwürdig sein und keinen Verhaltensmaßstab für die Vertretungsorgane darstellen. Wenn im Rahmen der Regelungsvorschläge von der Anerkennung des Konzerninteresses gesprochen wird, sollte damit inhaltlich eine Ausrichtung an das Unternehmensinteresse der herrschenden Gesellschaft gemeint sein.

## § 5 Der Rozenblum-Ansatz

Der sog. Rozenblum-Ansatz wird von einer Reihe der Regelungsvorschläge zum europäischen Gesellschaftsrecht als Vorlage erwogen, wenn es um den Handlungsrahmen zwischen herrschender und beherrschten Gesellschaft geht.[475] Daher ist es notwendig, die Grundzüge des aus Frankreich stammenden Ansatzes zu identifizieren und nach etwaigen Parallelen im deutschen Recht zu suchen. Dies gilt umso mehr, da eine der zentralen Voraussetzungen stets ein Handeln innerhalb des Konzerninteresses ist.

### I. Grundsätze der Rechtsprechung

Der in der europäischen Konzernrechtsdiskussion vielfach diskutierte Ansatz geht zurück auf die Rechtsprechung der Strafkammer des obersten französischen Gerichts aus dem Jahr 1985[476] und wurde in den darauffolgenden Jahren weiter konkretisiert sowie von der rechtswissenschaftlichen Literatur vielfach interpretiert.[477]

Der Rechtsnatur nach ist der Rozenblum-Ansatz ein Rechtfertigungsgrund für die Straftat des Missbrauchs von Mitteln der Gesellschaft (*abus de biens sociaux*). Dieser bezieht sich auf die Tatsache, dass eine aufgrund eines Missbrauchs geschädigte Gesellschaft Teil eines Konzerns ist. Als Rechtfertigungsgrund, jedoch im zivilrechtlichen und nicht im strafrechtlichen Sinne, wird der Ansatz aktuell auch auf europäischer Ebene eingeordnet.[478]

---

475 Siehe nur Report of the Reflection Group on the Future of EU Company Law, 2011, S. 64 f.; *Forum Europeum on Company Groups*, ZGR 2015, S. 507 (513); EMCA, First Edition 2017, S. 386; bereits *Forum Europeum,* Konzernrecht für Europa ZGR 1998, 672, (705 ff.).

476 Cour de Cassation - Cass. crim. 4.2.1985, Bull. crim. n° 54.

477 *Forum Europeum,* Konzernrecht für Europa ZGR 1998, 672, 705ff; *Lutter* in FS Kellermann 1990, 257; *Gräbener*, Schutz außenstehender Gesellschafter im deutschen und französischen Kapitalgesellschaftsrecht, S. 105ff.; jüngst *Conac* in Hommelhoff/Lutter/Teichmann, Corporate Governance im grenzüberschreitenden Konzern, 89; *Bökli* in Hommelhoff/Lutter/Teichmann, Corporate Governance im grenzüberschreitenden Konzern, 363, 379.

478 Report of the Reflection Group on the Future of EU Company Law, 2011, S. 62, *„This doctrine admits a „group defence" under certain conditions."*; zur zivilrechtlichen Anwendung des Ansatzes vgl. *Gräbener*, Schutz außenstehender Gesellschafter im deutschen und französischen Kapitalgesellschaftsrecht, S. 119.

## II. Voraussetzungen des Ansatzes

Betrachtet wird stets die Situation, dass die finanziellen Ressourcen einer Gesellschaft entgegen dem Interesse der Gesellschaft negativ eingesetzt wurden. Dies zieht strafrechtliche Folgen für die handelnden Personen nach sich, sofern nicht die nachfolgend dargestellten Voraussetzungen kumulativ gegeben sind.

### 1) Vorliegen eines Konzerns

Soll die Regel Anwendung finden, muss die relevante Gesellschaft Teil einer Konzernstruktur sein. Darunter ist eine strukturierte Einheit verschiedener Gesellschaften zu verstehen, mit stark wechselseitigen Abhängigkeiten, wobei einzelne Details unklar und streitig sind.[479] Ob die Gesellschaften einen derart qualifizierten Konzern bilden, um in den Genuss der Rechtfertigung zu kommen, hängt davon ab, ob für die Einheit eine „kohärente" gemeinsame Konzernpolitik existiert. Die Konzernpolitik ist dabei in einem gemeinsamen Geschäftsplan festzuhalten. Das Zufügen von Nachteilen und die daraus resultierenden Schäden für bestimmte Gruppengesellschaften müssen bereits vor Durchführung der nachteiligen Maßnahme Teil des Plans sein.[480]

Korrelierend zur Konzernpolitik ist erforderlich, dass die Nachteile, welche einer Gesellschaft auferlegt werden, mit dem Konzerninteresse übereinstimmen müssen. Eine konkrete Beschreibung des Konzerninteresses liefert die französische Rechtsprechung nicht.[481] Es wird jedoch angeführt, dass die Definition sehr weit zu fassen sei und es bei gruppenangehörigen Gesellschaften in gemeinsamen Entwicklungs- und Optimierungsmöglichkeiten zu sehen sei.[482]

---

479 Überblick *Forum Europeum,* Konzernrecht für Europa ZGR 1998, 672, 706; *Gräbener*, Schutz außenstehender Gesellschafter im deutschen und französischen Kapitalgesellschaftsrecht, S. 108 f; *Conac* in Hommelhoff/Lutter/Teichmann, Corporate Governance im grenzüberschreitenden Konzern, 89, 92 unter Verweis auf „Kapitalverflechtungen".

480 *Gräbener*, Schutz außenstehender Gesellschafter im deutschen und französischen Kapitalgesellschaftsrecht, S. 110f.

481 Zur Frage, ob eine Maßnahme lediglich im Interesse einer anderen bzw. der herrschenden Gesellschaft liegen muss oder ob es ein darüberhinausgehendes Konzerninteresse überhaupt gibt, vgl. oben S. 92 ff.

482 *Gräbener*, Schutz außenstehender Gesellschafter im deutschen und französischen Kapitalgesellschaftsrecht, S. 113 f. mwN.

### 2) Nachteilsausgleich

Liegen die zuvor genannten Voraussetzungen vor, darf die nachteilige Maßnahme dennoch nicht kompensationslos bleiben.[483] Unklar sind dabei die weiteren Konkretisierungen. Einigkeit besteht darüber, dass der mit der Maßnahme einhergehende Nachteil ein Äquivalent haben muss, welches dazu führt die Ausgewogenheit der gegenseitigen Verpflichtungen betroffener Gesellschaften wiederherzustellen. Das Äquivalent muss kein exakter Ausgleich innerhalb eines fixen Zeitraums sein, darf also auch in der Zukunft geleistet werden und muss nicht zwingend finanzieller Natur sein.[484] Nicht geklärt ist die Frage, ob eine vollständige Ausgeglichenheit der wechselseitigen Verpflichtungen überhaupt wiederhergestellt werden muss oder ob es beispielsweise ausreichend ist, wenn lediglich wesentliche Teile des Nachteils ausgeglichen werden. Nicht eindeutig geklärt ist auch, ob die Vorteile der benachteiligten Gesellschaft unmittelbar zugutekommen müssen oder ob bei der Beurteilung der Ausgeglichenheit alle konzernangehörigen Gesellschaften (in einer Art konsolidierten Betrachtung) mit einbezogen werden dürfen.[485]

### 3) Keine finanzielle Überforderung

Es ist erforderlich, dass die relevante Maßnahme die benachteiligte Gesellschaft finanziell nicht überfordert.[486] Damit soll verhindert werden, dass einzelne konzernangehörige Gesellschaften in der Zeit, bis ihnen die Vorteile aus dem Äquivalent zufließen, in finanzielle Schwierigkeiten geraten. Die finanziellen Möglichkeiten der Gesellschaft sollen überschritten sein, wenn der Gesellschaft durch die nachteilige Maßnahme ein nicht reparabler Schaden zugefügt wird oder wenn die Gesellschaft dadurch einem überproportionalen Risiko ausgesetzt ist.[487]

---

483 *Lutter* in FS Kellermann 1990, 257, 263 der darin ein *do ut des* von Nachteil und Ausgleich sieht.

484 *Conac* in Hommelhoff/Lutter/Teichmann, Corporate Governance im grenzüberschreitenden Konzern, 89, 93.

485 *Forum Europeum,* Konzernrecht für Europa ZGR 1998, 672, 708; *Gräbener*, Schutz außenstehender Gesellschafter im deutschen und französischen Kapitalgesellschaftsrecht, S. 115.

486 *Conac* in Hommelhoff/Lutter/Teichmann, Corporate Governance im grenzüberschreitenden Konzern, 89, 93.

487 *Gräbener*, Schutz außenstehender Gesellschafter im deutschen und französischen Kapitalgesellschaftsrecht, S. 117.

## III. Exkurs: BGH-Rechtsprechung zur Untreue

Der Rozenblum-Ansatz entstammt strafrechtlicher Rechtsprechung zum Tatbestand des *abus de biens sociaux,* der wertend einer Untreue gemäß § 266 StGB nahe kommt.[488] Daher ist es naheliegend die Rechtsprechung deutscher Gerichte auf etwaige Parallelen zu untersuchen.

### 1) Berücksichtigung von Konzernkonstellationen

Der Rechtfertigungsgrund nach dem Rozenblum-Ansatz kann nur eingreifen, wenn Abhängigkeit einer Gesellschaft innerhalb einer Konzernstruktur vorliegt, die relevante Maßnahme im Rahmen einer gemeinsamen Konzernpolitik erfolgt und dazu im Konzerninteresse liegt. Fraglich ist daher zunächst, ob deutsche Gerichte die Zugehörigkeit zu einer Konzernstruktur überhaupt wertend berücksichtigen.

In einer Entscheidung aus dem Jahr 2013 führt der BGH bei vorgeworfener Untreue zu Lasten einer abhängigen GmbH aus, dass es nicht fernliege, dass der Fall von vorneherein an einer allzu isolierten Sicht auf die geschädigte GmbH „*kranke*“ und dass in der Vorinstanz nicht angemessen Rücksicht auf deren „*in den Gesamtkonzern integrierten Rolle*“ genommen wurde.[489] In dem Fall war es tatsächlich so gewesen, dass die in der GmbH generierten Verluste zu höheren Erträgen in anderen Konzerngesellschaften führten und im Gesamtkonzern (bei konsolidierter Betrachtung) von großem Nutzen war. Der BGH berücksichtigte dies bei der Frage, ob die Angeklagten bei der Schädigung der GmbH vorsätzlich gehandelt hatten. So wird ausgeführt, dass es aus Sicht der Angeklagten geboten sei zu berücksichtigen, dass diese vom Gesamtkonzernnutzen her dachten und die GmbH in ihrer Funktion als Kostenstelle so lange funktionierte, wie deren Existenz gesichert war.[490] Die wirtschaftliche Lage der GmbH hätte von den Angeklagten erst dann ernst genommen werden müssen, als die Existenz der Gesellschaft gefährdet war.[491]

---

488 *Lutter* in FS Kellermann 1990, 257, 260, mit dem Hinweis, dass der französische Tatbestand sogar über § 266 StGB hinausgehe.

489 BGH v. 28.05.2013 – 5 StR 551/11, ZIP 2013, 1382, 1383 - Berliner Bankkonsortium.

490 BGH v. 28.05.2013 – 5 StR 551/11, ZIP 2013, 1382, 1385 - Berliner Bankkonsortium.

491 BGH v. 28.05.2013 – 5 StR 551/11, ZIP 2013, 1382, 1385 - Berliner Bankkonsortium.

Festzuhalten ist, dass die Situation der Gesellschaft in ihrer Rolle im Gesamtkonzern nach der Rechtsprechung des BGHs durchaus zu beachten ist. Insbesondere soll die Tatsache relevant sein, dass die Verluste der abhängigen Gesellschaft „den Gesamtkonzernnutzen fördern". Dies zeigt wesentliche Überschneidungen mit dem Kriterium der kohärenten Konzernpolitik.

### 2) Ausnahme bei ausreichender Besicherung

Weiterhin müssen nach den Rozenblum Grundsätzen die Nachteile, welche einer Gesellschaft (aufgrund der Gruppenpolitik und im Konzerninteresse) entstehen, durch Vorteile ausgeglichen werden; die Nachteile dürfen jedenfalls nicht kompensationslos bleiben.

In einer Entscheidung aus dem Jahr 2009 führt der BGH aus, dass das geschäftsleitende Organ einer herrschenden Gesellschaft seine Vermögensbetreuungspflicht nicht verletzt, wenn es zwar seine Einflussnahmemöglichkeit auf eine abhängige Gesellschaft negativ ausnutzt[492], aber der Ausgleich des Nachteils durch ausreichende Besicherung gewährleistet ist.[493] Daraus wird deutlich, dass der BGH strafrechtlich eine massiv negative Einflussnahme auf eine abhängige Gesellschaft unter Umständen toleriert, sofern ein Ausgleich versprochen wird und dies adäquat gesichert wird.

In ähnlicher Weise hatte der BGH bereits im Jahr 2004 im Untreueprozess zu *Bremer Vulkan* argumentiert. Die herrschende Gesellschaft sei insoweit um andauernde Sicherheit des Nachteilsausgleich verpflichtet.[494] Das Organ der herrschenden Gesellschaft treffe hinsichtlich der Vermögensinteressen der beherrschten Gesellschaft eine Vermögensbetreuungspflicht und eine Pflicht die Eigeninteressen der Tochtergesellschaft und die Interessen von deren Gläubigern zu wahren.[495]

Aus diesen Beispielen wird deutlich, dass nach der Rechtsprechung des BGHs sogar erhebliche Nachteile akzeptabel sind, sofern ein Ausgleich, etwa durch ausreichende Besicherung, gewährleistet ist.

---

492 Offenbar so weit, dass ohne den Ausgleich die Erfüllung der Verbindlichkeiten der abhängigen Gesellschaft in Gefahr gerät.

493 BGH v. 31.07.2009 – 2 StR 95/09, BGHSt 54, 52, juris Rn. 25.

494 BGH v. 13.05.2004 – 5 StR 73/03, BGHSt 49, 147, juris Rn. 55 - BV – Untreue.

495 BGH v. 13.05.2004 – 5 StR 73/03, BGHSt 49, 147, juris Rn. 55 - BV – Untreue.

### 3) Grenzen der Gesellschaftereinflussnahme

Die letzte Voraussetzung des Rechtfertigungsgrunds nach dem Rozenblum-Ansatz ist, dass die finanzielle Belastbarkeit der Gesellschaft durch die nachteilige Maßnahme bedacht wird.

Nach der Rechtsprechung des BGHs sind Verfügungen der abhängigen Gesellschaft im Gruppeninteresse, also in Übereinstimmung mit dem Willen des Vermögensinhabers, grundsätzlich nicht pflichtwidrig, jedoch bestehen Ausnahmebereiche, welche der Dispositionsbefugnis der Gesellschafter entzogen sind: Unzulässig ist die Entziehung des Stammkapitals der Gesellschaft, das Entziehen der Produktionsgrundlagen und das Entziehen von Liquidität in einer Weise, dass die Erfüllung der Verbindlichkeiten der Gesellschaft gefährdet ist.[496]

Somit wird deutlich, dass vergleichbar zum Kriterium der finanziellen Überforderung nach dem Rozenblum-Ansatz, nach der Rechtsprechung des BGHs Maßnahmen immer unzulässig sind, sofern sie eine erhebliche Schwelle der Gefährdung der Gesellschaft überschreiten.

### 4) Schlussfolgerung

Die Aussagekraft des vorgenommenen Vergleichs sollte man nicht überschätzen. Auch eine Aussage dahingehend, dass in der Rechtsprechung des BGHs zur Untreue ein Rozenblum-Test durchexerziert werde, ginge zu weit. Eine solche Aussage wäre zu erwägen, wenn alle drei Prüfungsschritte in einer Entscheidung kumulativ vorgenommen worden wären. Jedoch sollte beachtet werden, dass die genannten Urteile gemein haben, dass ihnen Sachverhalte zugrunde lagen, in denen abhängige Gesellschaften durch das Management einer herrschenden Gesellschaft massiv benachteiligt wurden. Dies sollte (von einer *ex ante* Perspektive aus) jedoch stets zu einem Vorteil an einer anderen Stelle innerhalb der Gruppe führen. Festzuhalten ist daher, dass die strafrechtliche Untreuehaftung des Organs einer Gesellschaft, innerhalb eines Konzernverbunds, vom BGH nach Maßstäben beurteilt wird, welche sich einzeln betrachtet nicht wesentlich von den Kriterien unterscheiden, welche im Fall Rozenblum aufgestellt worden sind.

---

496 BGH v. 13.05.2004 – 5 StR 73/03, BGHSt 49, 147, juris Rn. 49; - BV – Untreue; BGH v. 31.07.2009 – 2 StR 95/09, BGHSt 54, 52, juris Rn. 24; BGH v. 28.05.2013 – 5 StR 551/11, ZIP 2013, 1382, 1385 - Berliner Bankkonsortium.

## IV. Zwischenergebnis

Der durch französische Rechtsprechung entwickelte Rozenblum-Ansatz gestattet eine „Schädigung“ von Tochtergesellschaften, sofern eine Reihe von Merkmalen erfüllt sind, bei denen es sich zum Teil um schwer bestimmbare Rechtbegriffe wie „Konzerninteresse“ und „kohärente Gruppenpolitik“ handelt. Die Schädigung muss ausgeglichen werden und die Existenz der Gesellschaft darf nicht gefährdet sein. Die Art und Weise des zu gewährenden Ausgleichs ist umstritten; gesichert ist, dass zeitlich gestreckt und flexibel ausgeglichen werden darf und nicht zwangsläufig eine Ausgleichszahlung erfolgen muss.

Das deutsche Recht kennt ein zum Rozenblum-Ansatz vergleichbares Institut grundsätzlich nicht. Jedoch beurteilt der BGH die strafrechtliche Untreuehaftung in Konzernsachverhalten nach Maßstäben, die den Merkmalen des Rozenblum-Ansatzes nicht unähnlich sind.

# Teil 3: Das Regelungsprojekt zur Anerkennung eines Konzerninteresses

## § 6 Die Regelungsvorschläge

### I. Hintergrund

Der Anlass für die hier untersuchten Regelungsvorschläge war die Ankündigung der Europäischen Kommission im Rahmen des gesellschaftsrechtlichen Aktionsplans von 2012, eine Initiative zur besseren Anerkennung des Begriffs Gruppeninteresse vorzulegen.[497] Dieser Ankündigung lag der Bericht einer von der Kommission eingesetzten Expertengruppe, der sog. *Reflection Group*, aus dem Jahr 2011 zugrunde.[498] Daher dürften sich die Autoren der verschiedenen Regelungsvorschläge bei der Ausgestaltung an diesem Bericht orientiert haben. Gleichzeitig müssen sich die Vorschläge auch daran messen lassen, ob sie die in dem Bericht festgehaltenen Ziele erreichen können.

Letztendlich geht es um zwei Ziele, die sich jedoch nicht klar trennen lassen. Zunächst soll durch die Anerkennung des Gruppeninteresses Klarheit für Geschäftsleiter von abhängigen Gesellschaften geschaffen werden. Es geht dabei um die Frage, ob sie ihr Handeln ausschließlich am Interesse der eigenen Gesellschaft ausrichten müssen oder ob sie auch andere Interessen, wie ein Gruppen- bzw. Konzerninteresse berücksichtigen dürfen.[499] Wenn diese Frage europaweit einheitlich geklärt wäre, erscheint auch die Erreichung des zweiten Ziels möglich: Die rechtsichere Steuerung eines Konzerns über die einzelnen Binnengrenzen Europas hinweg. Die *Reflection Group* führt aus, dass sofern Geschäftsleiter in abhängigen Gesellschaften auch fremde Interessen „berücksichtigen dürfen", würde dadurch Rechtssicherheit für das Handeln eines Konzerns in grenzüberschreitenden Sachverhalten gewährleistet.[500]

497 COM (2012) 740 final, S. 17.

498 Report of the Reflection Group on the Future of EU Company Law, 2011, S. 59 ff.

499 Report of the Reflection Group on the Future of EU Company Law, 2011, S. 60.

500 Report of the Reflection Group on the Future of EU Company Law, 2011, S. 61.

Werden die bisher vorgelegten Ansätze zum Regelungsprojekt „Anerkennung des Konzerninteresses" betrachtet, lassen sich abstrakte und konkrete Vorschläge unterscheiden. Die abstrakten Vorschläge stellen vorwiegend strukturelle Überlegungen an. Es wird insbesondere auf die Frage eingegangen, welche Instrumente und Mechanismen für eine europaweite Umsetzung geeignet wären. Demgegenüber stellt der Vorschlag des EMCA[501] die Anerkennung des Konzerninteresses anhand konkreter Rechtsnormen vor und erklärt die dahinterstehenden strukturellen Überlegungen, vergleichbar zu einem formellen Gesetzesentwurf, in einer der jeweiligen Norm nachstehenden Erläuterung.

## II. Abstrakte Regelungsvorschläge

Europaweit wurden nach der Ankündigung der Kommission einige abstrakte Vorschläge oder Positionspapiere vorgelegt. So hat etwa 2015 der *Club des Juristes* rechtsvergleichend bestehende nationale Modelle untersucht und die jeweiligen Vor- und Nachteile herausgearbeitet.[502] Im Jahr 2016 haben die *European Company Law Experts* (kurz ECLE) eine mögliche Verwirklichung des Projekts im Rahmen der Regelungen zu *related party transactions* diskutiert.[503]

In dieser Untersuchung wird insbesondere auf die Vorschläge des *Forum Europeum on Company Groups* (kurz FECG) aus dem Jahr 2015 und den Bericht der *Informal Company Law Expert Group* (kurz IC-LEG) von 2016 eingegangen. Diese sind besonders aufschlussreich, da sie sich in der Ausgestaltung teils deutlich unterscheiden.

### 1) Vorschlag des Forum Europeum

Der privat organisierte Arbeitskreis des *Forum Europeum on Company Groups* hat 2015 Vorschläge für die Anerkennung eines Gruppeninteresses durch den europäischen Gesetzgeber vorgelegt. Bereits 1998 hat ein anderes *Forum Europeum* Vorschläge für ein „Konzernrecht für Europa" vorgelegt und dabei erwogen, die Grundsätze des Urteils in

---

501 EMCA, First Edition 2017, S. 369 – 389; siehe dazu unten S. 126 ff.

502 CDJ, Towards Recognition of the Group Interest in the European Union, wobei vorgeschlagen wird, jedenfalls für die Definition des Konzerninteresses, offenbar auf den Rozenblum Ansatz zurück zu greifen, vgl. S. 24.

503 ECLE, A proposal for reforming group law in the European Union - Comparative Observations on the way forward, S. 35 ff., Mitglieder des Kollektivs waren *Böckli, Davies, Ferran, Ferrarini, Garcia, Hopt, Opalski, Pietrancosta, Roth, Skog, Soltysinski, Winner, Winter, Wymeersch.*

Sachen Rozenblum für das „Berufen-Dürfen“ eines Organs auf Gruppeninteressen, heranzuziehen.[504]

Der aktuelle Vorschlag zeichnet sich durch eine differenzierte Behandlung unterschiedlicher Typen von Tochtergesellschaften aus. Während für Tochtergesellschaften, die ein besonderes Maß an wirtschaftlicher Selbstständigkeit aufweisen, Konzerninteressen nur bei Einhaltung gewisser Schutzmechanismen berücksichtigt werden dürfen, sollen die Schutzmechanismen zugunsten der Gläubiger eingeschränkt werden, wenn es sich bei der Tochtergesellschaft um eine sog. „Servicegesellschaft“ handelt.[505] Sofern das jeweils anwendbare Schutzregime gewahrt ist, soll der herrschenden Gesellschaft gegenüber beiden Typen von Tochtergesellschaften ein verbindliches Weisungsrecht zustehen.[506]

### a) Reguläre Tochtergesellschaften

Tatbestandlich soll es sich um eine reguläre Tochtergesellschaft handeln, sofern die Voraussetzungen der Servicegesellschaft[507] nicht erfüllt sind oder auf die Nutzung des vereinfachten Schutzregimes verzichtet wurde.[508]

Ein Weisungsrecht soll gegenüber einer solchen Gesellschaft bestehen, sofern die Voraussetzungen nach Vorbild des Rozenblum-Ansatzes eingehalten sind.[509] Dadurch würde ein qualifiziertes Schutzregime etabliert, sodass für die Tochtergesellschaft die Möglichkeit bestünde eigene Geschäftschancen wahrzunehmen.[510] Unter diesen Voraussetzungen soll zwingend eine gefestigte und durchsichtige Gruppenstruktur sowie eine ausgewogene und abgestimmte Gruppenpolitik auf Grundlage eines umfassenden Geschäftsplans enthalten sein.[511]

---

504 *Forum Europeum,* Konzernrecht für Europa, ZGR 1998, 672, 705ff.; zum Rozenblum-Ansatz siehe zuvor bereits S. 107 ff.

505 Forum Europeum on Company Groups ZGR 2015, 507, 511.

506 Forum Europeum on Company Groups ZGR 2015, 507, 511.

507 Siehe zugleich unter (b).

508 Forum Europeum on Company Groups ZGR 2015, 507, 512.

509 Forum Europeum on Company Groups ZGR 2015, 507, 513.

510 Forum Europeum on Company Groups ZGR 2015, 507, 513.

511 Forum Europeum on Company Groups ZGR 2015, 507, 513; ob der Ansatz unmittelbar aus dem französischen Recht übernommen werden soll oder ob eine Modifikation vorzunehmen wäre, wird nicht näher erläutert.

Daneben sollen die Publizitätsvorgaben bei einer regulären Tochtergesellschaft gesteigert werden. In zwei Sonderberichten in Form eines Strukturberichts (der Mutter) und eines Transaktionsberichts (der Tochter), sind neben den gruppeninternen Unternehmensverbindungen und den Prinzipien der Gruppenleitung, auch die gruppeninternen Transaktionen und die Einhaltung der vorgegebenen Prinzipien zu beschreiben.[512] Die Berichte sollen von einem unabhängigen Sachverständigen geprüft und bewertet werden und diese Bewertung soll (zusammen mit den Berichten) offengelegt werden.[513]

Weiterhin sieht der Vorschlag des Forum Europeum vor, dass die Reglungen zu außergewöhnlichen Rechtsgeschäften bei *related party transactions*[514] (enthalten im damaligen Entwurf zur Aktionärsrechterichtline[515]) für reguläre Tochtergesellschaften Anwendung finden sollen. Danach ist das geschäftsführende Organ der Tochtergesellschaft verpflichtet für Geschäfte, welche nicht zum gewöhnlichen Geschäftsgebaren dieser Gesellschaft gehören, die Drittmeinung eines unabhängigen Sachverständigen einzuholen.[516] Sofern Minderheitsgesellschafter beteiligt sind, soll diesen ein Austrittsrecht mit Barabfindung durch die Gruppenmutter zustehen, sofern ihren Interessen über einen längeren Zeitraum nicht angemessen Rechnung getragen wird.[517]

### b) Servicegesellschaften

Nach dem Forum Europeum soll es sich bei einer Tochtergesellschaft um eine Servicegesellschaft handeln, sofern diese bloß Hilfstätigkeiten im Konzern durchführt, eine gewisse Größe nicht überschreitet und keine außerhalb der Gruppe stehenden Gesellschafter hat.[518] Das Kriterium der Hilfstätigkeit soll erfüllt sein, wenn die Gesellschaft allein den Interessen anderer Gruppengesellschaften dient, beispielsweise in Bereich der Finanzierung, des Vertriebs oder anderen Serviceleistungen.[519] Die relevante Größe hat die Gesellschaft überschritten, sofern

---

512 Forum Europeum on Company Groups ZGR 2015, 507, 514.

513 Forum Europeum on Company Groups ZGR 2015, 507, 514.

514 Siehe dazu ausführlich *Roth*, Related Party Transactions, 2016.

515 Art. 9c Abs. 3 der Richtlinie (EU) 2017/828; zu den wesentlichen Elementen einer *fairness opinion* vgl. *Tarde* ZGR 2017, 360, 367.

516 *Forum Europeum on Company Groups* ZGR 2015, 507, 513.

517 *Forum Europeum on Company Groups* ZGR 2015, 507, 514.

518 *Forum Europeum on Company Groups* ZGR 2015, 507, 512.

519 *Forum Europeum on Company Groups* ZGR 2015, 507, 512.

sie sich nicht als KMU im Sinne der EU-Bilanzrechterichtlinie qualifizieren lässt.[520] Interessant ist, dass die Tochtergesellschaft ihren Status als bloße Servicegesellschaft in Firma sowie Geschäftskorrespondenz offenlegen soll.[521]

Liegen die genannten Voraussetzungen vor, soll der herrschenden Gesellschaft ein Weisungsrecht zustehen, sofern die Befolgung der Weisung nicht zu einer Existenzgefährdung der Servicegesellschaft führt[522] und eine der beiden (folgenden) Alternativen erfüllt ist. Die Servicegesellschaft muss in der Lage sein, auch unter Berücksichtigung der Weisung alle Verbindlichkeiten gegenüber gruppenfremden Gläubigern zu erfüllen, die innerhalb von 12 Monaten nach der Weisung fällig werden.[523] Alternativ soll das gleiche gelten, wenn eine dynamische Garantie (von einer Gruppengesellschaft oder einem Dritten) abgegeben wurde, für nicht erfüllte Verbindlichkeiten gegenüber gruppenfremden Gläubigern zu haften, die innerhalb von 12 Monaten nach der Weisung fällig werden.[524]

### c) Einordnung des Vorschlags

Gegenüber einer regulären Tochtergesellschaft soll nach dem Vorschlag des Forum Europeum der herrschenden Gesellschaft ein Weisungsrecht zustehen, solange die Kriterien des Rozenblum Ansatzes[525] erfüllt sind. Diese sind etwa das Vorliegen einer qualifizierten Konzernstruktur sowie eine kohärente Konzernpolitik. Sollte sodann die Durchführung einer Maßnahme im Gruppeninteresse verlangt werden, darf dies nicht kompensationslos erfolgen und darf die Gesellschaft finanziell nicht überfordern.[526] Das Weisungsrecht ermöglicht der herrschenden Gesellschaft eine grundsätzlich weite Einflussnahme, welche gegenüber den Gläubigern der Tochter durch opportunistisches Verhalten ausgenutzt werden könnte.[527] Sollten die vom Forum Europeum

520 *Forum Europeum on Company Groups* ZGR 2015, 507, 512; so auch *Schüßler* NZG 2017, 1046, 1047.

521 *Forum Europeum on Company Groups* ZGR 2015, 507, 514; wie dies konkret aussehen soll wird nicht erläutert; denkbar scheint nach der Rechtsform der Zusatz „Konzernservicegesellschaft“.

522 *Forum Europeum on Company Groups* ZGR 2015, 507, 512.

523 *Forum Europeum on Company Groups* ZGR 2015, 507, 512.

524 *Forum Europeum on Company Groups* ZGR 2015, 507, 512.

525 Siehe dazu bereits zuvor S. 107 ff.

526 Siehe hierzu bereits S. 110.

527 Siehe zum dahinterstehenden Konzernkonflikt bereits S. 14.

genannten Voraussetzungen jedoch nicht erfüllt[528] sein, so soll das angewiesene Handeln unzulässig sein. Der Vorschlag hat in diesem Punkt die Wirkung, dass das freie Gestaltungsermessen des Gesellschafters eingeschränkt wird. Daher ist der Vorschlag funktional als Ermessensschranke mit *ex ante* Wirkung einzuordnen.

Ermessensschranken welche *ex post* zugunsten der Gläubiger wirken, werden von den Autoren angedacht, jedoch nicht weiter konkretisiert, vielmehr sollen Verstöße auf Grundlage des jeweiligen nationalen Zivil-, Verwaltungs- bzw. Strafrechts geahndet werden.[529] Daher wird für diese Untersuchung davon ausgegangen, dass die nationalen Regeln insoweit unangetastet bleiben sollen.

Nach dem Vorschlag des Forum Europeum sind in einem Struktur- bzw. Transaktionsbericht die gruppeninternen Unternehmensverbindungen und die gruppeninternen Transaktionen offenzulegen. Die abhängige Gesellschaft ist somit verpflichtet die Informationen über vergangene Geschäfte mit der herrschenden Gesellschaft offenzulegen. Diese Maßnahme ist einzuordnen als Informationspflicht mit *ex post* Wirkung. Ein Gläubiger in der Tochter erhält Informationen über vergangene Handlungen des herrschenden Gesellschafters,[530] welche ihm grundsätzlich die Möglichkeit der Verfolgung von Ersatzansprüchen ermöglichen können.[531]

Gegenüber einer Servicegesellschaft soll der herrschenden Gesellschaft ebenfalls ein Weisungsrecht zustehen, sofern die Servicegesellschaft einen Solvenztest[532] besteht bzw. eine Garantie zugunsten der Servicegesellschaft abgegeben wurde. Immer ausgeschlossen soll das Weisungsrecht sein, sofern bei Befolgung die Existenz der Servicegesellschaft gefährdet ist. Im Vergleich zur regulären Tochtergesellschaft, ist der

---

528 Dabei wird es insbesondere darauf ankommen, wie die unbestimmten Begriffe des Nachteilsausgleiches und der finanziellen Überforderung konkret ausgestaltet werden. Darauf wird sodann im Rahmen des EMCA-Vorschlags S. 137 ff. eingegangen.

529 *Forum Europeum on Company Groups* ZGR 2015, 507, 514.

530 Als sein Agent nach dem oben aufgezeigten Prinzipal-Agenten Modell, siehe S. 12.

531 Zu der Wirkungsweise von Informationspflichten vgl. *Steffek*, Gläubigerschutz in der Kapitalgesellschaft, S. 35.

532 Zu den Erwägungen einen solchen Solvenztest im deutschen Recht anstatt des für die Kapitalerhaltung geltenden Bilanztest zu etablieren siehe Scholz/*Verse*, GmbHG, 12. Aufl. 2018, (Bd. 1), § 30 Rn. 13 ff.

Gläubigerschutz in diesem Fall herabgesetzt.[533] Der Vorschlag zur Servicegesellschaft ist wie der Vorschlag zur regulären Tochter als Ermessensschranke mit *ex ante* Wirkung einzuordnen, jedoch greift diese erst an einem späteren Punkt ein.

Für Servicegesellschaften soll die Einschränkung des Gläubigerschutzes durch zusätzliche Bekanntmachungen im Rechtsverkehr abgefedert werden. Vorgesehen ist die Nennung des Status als Servicegesellschaft in Firma und Korrespondenz. Auf diese Weise soll klargestellt werden, dass diese Gesellschaft nur Hilfstätigkeiten ausführt und gläubigerschützende Mechanismen abgeschwächt sind. Fraglich ist, ob diese Nennung der Gruppenzugehörigkeit nicht tatsächlich einen gegenteiligen Effekt herbeiführt. Tatsächlich dürfte durch den Hinweis auf die Konzernzugehörigkeit im Rechtsverkehr eher die Erwartung geweckt werden, dass die Gläubigeransprüche besonders sicher seien.[534]

Die zusätzlichen Publikationserfordernisse sind als Informationspflichten einzuordnen, welche im Gegensatz zu Berichtspflichten bereits *ex-ante* wirken. Potentielle Gläubiger können durch die Informationen bereits vor Entstehen des Vertragsverhältnisses entscheiden, ob sie sich auf die Folgen der Abhängigkeit einer Servicegesellschaft einlassen möchten.

Aus Sicht der Geschäftsleiter der abhängigen Gesellschaft könnte vor allem die Idee der Servicegesellschaft besonders reizvoll sein. Durch die einfach zu befolgenden Regeln, könnte die viel diskutierte „Tätigkeit im Spannungsfeld“ tatsächlich entschärft werden. Im Allgemeinen dürfte dies auch für die Geschäftsleiter einer „regulären“ Tochtergesellschaft gelten. Das verbindliche Weisungsrecht schränkt die Notwendigkeit von potentiell haftungsbegründenden Abwägungsentscheidungen ein. Dabei darf jedoch nicht außer Acht gelassen werden, dass die Merkmale des Rozenblum-Ansatzes, wie bereits erläutert, zum Teil äußerst unbestimmt sind. Daher müssten insbesondere in wirtschaftlich prekären Konstellationen, dennoch schwierige Entscheidungen von den Geschäftsleitern getroffen werden.[535]

---

533 Zum Vergleich mit dem deutschen Recht siehe unten S. 160 ff.

534 Ebenso *J. Schmidt* in Hommelhoff/Lutter/Teichmann, Corporate Governance im grenzüberschreitenden Konzern, 467, 471ff, die in dem Rahmen ausführlich auf die Thematik „Konzernvertrauenshaftung“ eingeht.

535 Zur Tauglichkeit des Rozenblum-Tests näher auch im Rahmen des EMCA-Vorschlags siehe S. 133 ff.

### 2) Vorschlag der ICLEG

Im Oktober 2016 hat die von der Kommission beauftragte Expertengruppe Informal Company Law Expert Group (kurz ICLEG) in einem Bericht ebenfalls Regelungsvorschläge zur Anerkennung des Gruppeninteresses veröffentlicht. Wie bei den Vorschlägen des Forum Europeum zur Servicegesellschaft, soll eine Regelung zur Anerkennung von Gruppeninteressen auf Gesellschaften ohne Minderheitsgesellschafter beschränkt werden.[536] Dadurch verspricht man sich bessere Umsetzungschancen, da die Unterschiede in den nationalen Regelungssystemen in diesem Fall nicht so groß seien.[537]

Die ICLEG unterscheidet drei gangbare Optionen.

#### a) Option 1

Die Mitgliedsstaaten müssten als Mindeststandard gewährleisten, dass Organe einer Tochtergesellschaft bei Entscheidungen Konzerninteressen berücksichtigen dürfen, jedoch sollen sie dazu nicht verpflichtet sein.[538] Dies ist eine klare Absage an ein einheitliches verbindliches Weisungsrecht für herrschende Gesellschaften. Ob diese Formulierung des jederzeitigen „Berufen-Dürfens“ ohne jede Einschränkung in allen europäischen Rechtsordnungen eine Haftungsfreistellung gewährleisten könne, sei nach Ansicht der Gruppe jedoch unklar.[539] Dies gelte insbesondere, wenn ein Geschäftsleiter sich in der wirtschaftlichen Krise der Gesellschaft darauf berufen würde.[540]

#### b) Option 2

Die Option 2 ergänzt Option 1, indem Gruppeninteressen nur solange berücksichtigt werden dürfen, wie dadurch Nettovermögenswerte oder andere verwertbare Vorteile der Gesellschaft nicht in einem Maße reduziert werden, dass es unmöglich wird die Verbindlichkeiten im Sinne des Art. 17 Abs. 1 – 3 VO 2012/30/EU[541] zu erfüllen.[542] In Anlehnung

---

536 ICLEG Report aaO (Fn. 11), S. 41; bedenkt man das zwei Mitglieder des Forum Europeum ebenfalls Mitglieder der ICLEG Gruppe sind, verwundert dies kaum.

537 ICLEG Report aaO (Fn. 11), S. 41.

538 ICLEG Report aaO (Fn. 11), S. 41.

539 ICLEG Report aaO (Fn. 11), S. 41 f.

540 ICLEG Report aaO (Fn. 11), S. 41 f.

541 Nach dieser Regelung muss eine Auszahlung an die Gesellschafter unterbleiben, wenn dadurch das gezeichnete Kapital der Gesellschaft beeinträchtigt wird.

542 ICLEG Report aaO (Fn. 11), S. 42.

an die Regeln zur Ausschüttung von Gesellschaftsvermögen (an die Gesellschafter) soll eine Maßnahme also ausgeschlossen sein, wenn dadurch das Mindestkapital der Gesellschaft unterschritten werden würde. Als Vorteil dieser Option wird angeführt, dass die gesetzte Grenze des Mindestkapitals bereits europaweit durch eine Richtline, jedenfalls für Aktiengesellschaften, anerkannt sei.[543] Jedoch sei unter Gläubigerschutzgesichtspunkten das Mindestkapital ein weniger geeignetes Instrument, verglichen mit einem Mechanismus, bei dem einer Ausschüttung ein Solvenztest vorangestellt wird.[544]

### c) Option 3

Die Option 3 modifiziert Option 2, indem die genannte Grenze des Mindestkapitals nur für Tochtergesellschaften in der Rechtsform einer Aktiengesellschaft eingreifen soll.[545]

Demgegenüber soll für Tochtergesellschaften in der Rechtsform einer GmbH eine andere Regelung gelten. In dem Fall dürfen Gruppeninteressen von der Tochtergesellschaft nur berücksichtigt werden, wenn das geschäftsführende Organ sich zuvor ein vernünftiges Bild von der wirtschaftlichen Situation der Gesellschaft, inklusive der bestehenden Verbindlichkeiten gemacht hat.[546] Der Geschäftsleiter hat daneben eine schriftliche Erklärung mit dem Inhalt abzugeben, dass die Gesellschaft unter Berücksichtigung der relevanten Maßnahme alle Verbindlichkeiten wird erfüllen können, welche innerhalb der nächsten sechs Monate (ab der Entscheidung) fällig werden.[547] Diese Option beinhaltet folglich einen Solvenztest. Ein solcher war bereits im Regelungsvorschlag zur *societas unius personae* (SUP) enthalten, wobei die Frist in diesem Vorschlag auf jene sechs Monate reduziert wurde, für die sich nun auch die ICLEG entschieden hat.[548]

---

543 ICLEG Report aaO (Fn. 11), S. 42.
544 ICLEG Report aaO (Fn. 11), S. 42.
545 Vgl. Ziff. 2.2, ICLEG Report aaO (Fn. 11), S. 43.
546 ICLEG Report aaO (Fn. 11), S. 43.
547 ICLEG Report aaO (Fn. 11), S. 43.
548 ICLEG Report aaO (Fn. 11), S. 43; zur SUP als internationaler Konzernbaustein siehe *Teichmann* ZGR 2017, 485, 501ff.

### d) Einordnung des Vorschlags

Für eine Einordnung des Vorschlags ist zunächst der gewählte Ansatz grundsätzlich zu bewerten, bevor auf die eigentlichen Regelungsoptionen eingegangen werden kann.

#### i. Ansatzrichtung

Interessant ist an dem Vorschlag, dass er ausdrücklich nicht auf dem Rozenblum-Ansatz beruhen soll. Jedoch wurden einige Merkmale zum Teil verwendet. Die ICLEG setzt sich durchaus intensiv mit dem Ansatz auseinander und erkennt seine Vorzüge an.[549] Aus der Analyse folgert die Gruppe, dass nach dem Rozenblum-Ansatz eine Einflussnahme immer nur soweit zulässig sei, wie die Fähigkeit der Tochtergesellschaft zur Erfüllung der Verbindlichkeiten gewahrt bleibt.[550] Da die ICLEG insbesondere auch dem Schutz der Gläubiger (der Töchter) verpflichtet sei, müsse eine Einflussnahme im Konzerninteresse stets begrenzt sein, wenn die Tochtergesellschaft dadurch in finanzielle Schwierigkeiten geraten würde.[551] Zum Abschluss des erläuternden Teils betonten die Autoren darauf aufbauend noch einmal, dass bei der Anerkennung von Konzerninteressen die Schnittstelle zu den Maßnahmen zur Koordinierung des europaweiten Gläubigerschutzes äußerst relevant sei.[552]

So ist auch zu erklären, dass bei den gemachten Regelungsoptionen die Frage - wie kommt es zur nachteiligen Maßnahme - überhaupt keine Rolle spielt. Gesetzt wird auf das Modell des „Berufen-Dürfens". Nach der ICLEG soll demnach nur der Blickwinkel von Tochtergesellschaft „nach oben" zur Muttergesellschaft relevant sein. Der Geschäftsleiter in der Tochtergesellschaft hat nach den ICLEG-Optionen schlicht zu prüfen, ob die finanziellen Ressourcen der Gesellschaft ausreichen, um die Maßnahme zu überstehen. Die konkret zu prüfende Einflussgrenze ist dann von der Option abhängig. Sofern seine Prüfung positiv ausfällt, „darf" er Konzerninteressen berücksichtigen. Damit dürfte gemeint sein, dass er die relevante Beeinträchtigung seiner Gesellschaft durch die Maßnahme nicht bekämpfen muss.

549 ICLEG Report aaO (Fn. 11), S. 23.
550 ICLEG Report aaO (Fn. 11), S. 25.
551 ICLEG Report aaO (Fn. 11), S. 25.
552 ICLEG Report aaO (Fn. 11), S. 27.

### ii. Die Optionen im Einzelnen

Nach Option 1 des ICLEG-Vorschlags dürfen Konzerninteressen stets von der Geschäftsleitung der abhängigen Gesellschaft berücksichtigt werden. Eine Verpflichtung zur Befolgung besteht nicht, da im Gegensatz zum Vorschlag des Forum Europeum der herrschenden Gesellschaft kein Weisungsrecht zusteht. Auf weitere gläubigerschützende Elemente wird verzichtet.[553]

Nach Option 2 dürfen Gruppeninteressen solange berücksichtigt werden, wie dadurch das Mindestkapital der Gesellschaft nicht beeinträchtigt wird. Die Schwelle des Mindestkapitals ist, wie auch andere Instrumente der Kapitalerhaltung, einzuordnen als Ermessensschranke. Da die bilanzielle Betrachtung bereits vor der Durchführung der Maßnahme anzustellen ist, wirkt die Schranke *ex ante*.

Die Option 3 modifiziert die Option 2, indem der dort vorzunehmende Bilanztest mit einem Solvenztest kombiniert wird. Dies soll jedoch nur für die GmbH bzw. ihre europäischen Pendants gelten. Die Verpflichtung zur Durchführung eines vorgelagerten Solvenztests funktioniert als eine *ex ante* wirkende Ermessensschranke.

Die Geschäftsleiter in abhängigen Gesellschaften würden durch die Einhaltung der in den Optionen 2 und 3 geforderten Schutzmechanismen wohl kaum belastet. Die fortlaufende Prüfung der Kapitalerhaltungsregeln sollte zu den Standardaufgaben eines jeden Geschäftsleiters gehören. Wenn dazu noch eine entsprechende Erklärung abzugeben ist, dürfte dies durchaus die Motivation zur ordnungsgemäßen Prüfung erhöhen. Das von der *Reflection Group* genannte Ziel, den Geschäftsleiter in der Tochter zu schützen, dürfte nach den ICLEG Optionen weitestgehend erreicht werden.

Für die Gläubiger der abhängigen Gesellschaften ist entscheidend, dass ihnen für das weitgehende „berücksichtigen-dürfen" kein entsprechendes, neues Schutzpendant zur Verfügung gestellt würde. Es scheint demnach so, als würde die, zugunsten der Gläubiger wirkende Einflussgrenze nach dem ICLEG Vorschlag herabgesetzt werden. Ob dies

---

[553] Kritisch *J. Schmidt* Der Konzern 2017, 1, es sei problematisch ein Berufen auf Konzernbelange zuzulassen ohne zugleich ein anderweitiges Schutzsystem, wie im deutschen Aktienkonzernrecht, zu etablieren.

tatsächlich eine Herabsetzung darstellt und welche Reichweite diese hätte, kann nur der Vergleich mit dem deutschen Recht zeigen.[554]

### III. Der Vorschlag des EMCA

Die Abkürzung EMCA steht für European Model Company Act, der im Jahr 2017 erstmals vorgestellt wurde. Der EMCA ist ein umfassendes Modell-Gesetzeswerk für Kapitalgesellschaften in Europa.[555] Das Gesetz wurde von einer Gruppe Rechtsgelehrter über einen Zeitraum von insgesamt zehn Jahren entwickelt. Es ist als ein Angebot an nationale und supranationale Gesetzgeber zu verstehen, das gesamte oder nur Teile des Werks zu übernehmen. Auf diese Weise soll eine Rechtsangleichung und Harmonisierung des Rechts gefördert werden.[556] Das Regelungsvorbild des Vorhabens waren die USA, wo seit den 1950er Jahren ein Modellgesetz - das US Model Business Corporation Act (MBCA) – existiert und zur Harmonisierung der Rechtsnormen der verschiedenen Bundesstaaten beitragen soll.[557]

Das Kapitel 15[558] des EMCA beschäftigt sich mit Gesellschaftsgruppen. Ziel dieses Abschnitts war nicht eine rigide, umfassende Regelung, mit Schwerpunkt auf den Schutz von Gläubigern und Minderheitsaktionären. Aufgrund der Erfahrungen aus historischen Reformbemühungen waren die Autoren davon überzeugt, dass eine solche Reglementierung politisch nicht durchsetzbar wäre und daher der Zweck eines Modellgesetzes verfehlt werden würde.[559] Stattdessen soll eine kleine Gruppe von Normen die Gründung, Organisation und Funktion von Konzernen vereinfachen und insbesondere flexibilisieren und dabei den Konzern als legitime Organisationsform anerkennen.[560] Neu, jedenfalls auf europäischer Ebene, soll auch die rechtliche Erfassung des

554 Siehe dazu Kapitel II, S. 160 ff.

555 EMCA, First Edition 2017, S. 1.

556 EMCA, First Edition 2017, S. 1.

557 Aktuelle Version (Revision 2016) zum Download verfügbar auf der Homepage der *American Bar Association* unter: https://apps.americanbar.org/dch/committee.cfm?com=CL270000; zur Einschätzung des Verhältnisses zwischen dem amerikanischen und dem europäischen Modellgesetz sowie zu den Chancen die dem EMCA bei der Rechtsentwicklung zugetraut werden, siehe *Teichmann*, FS Baums (Bd. II), S. 1227 ff.; siehe auch *Klausner*, ECFR 2016, 363.

558 EMCA, First Edition 2017, S. 369 – 389.

559 Historische Einordnung und Rechtsvergleich siehe EMCA, First Edition 2017, S. 371.

560 *J. Schmidt*, ZHR 181 (2017), 43, 82.

Verhältnisses zwischen Mutter- und Tochtergesellschaft sein. Entgegen dem traditionellen Ansatz des Schutzes der Tochter gegen die Mutter soll es einen Perspektivenwechsel darstellen, wenn im Verhältnis zwischen Mutter- und Tochtergesellschaft nun explizit die Leitungsmacht der Mutter über die Tochter legitimiert wird.[561]

### 1) Leitungsmacht der Muttergesellschaft

Einen Konzern im Sinne des EMCA zeichnet nicht die von § 18 Abs. 1 AktG geforderte „einheitliche Leitung" aus.[562] Vielmehr reicht gemäß Ziff. 15.01 iVm. 15.02 EMCA für einen Konzern aus, wenn eine Gesellschaft „Kontrolle" über eine andere Gesellschaft ausübt.[563] Die Verfasser des EMCA haben sich bewusst für den weiten Begriff der Beherrschung bzw. Kontrolle entschieden.[564]

Der herrschenden Gesellschaft wird ausdrücklich ein Weisungsrecht zugewiesen. Gemäß Ziff. 15.09 EMCA hat eine Muttergesellschaft, welche als Aktionär in der Hauptversammlung oder auf andere Weise[565] in der Tochtergesellschaft tätig wird, das Recht, dessen Leitungsorgan eine Weisung zu erteilen.[566] Beschränkt wird das Weisungsrecht nur durch die Grenzen der Ziff. 15.16 EMCA[567] sowie, wenn gemäß Ziff. 15.09 Abs. 3 EMCA zwingende gesetzliche Bestimmungen es gebieten, dass ein Vertreter des Leitungsorgans weisungsunabhängig ist.[568]

Die Autoren des EMCA bezwecken mit der Regelung zum Weisungsrecht, dass die Realität im Rechtsverkehr – die Steuerung von Tochtergesellschaften durch Weisungen – eine explizite rechtliche Anerkennung findet. Auch wenn die unabhängige Gesellschaft die gesetzliche Regel bleibe, soll dadurch klargestellt werden, dass

561 Sogenannter *top-down* Ansatz EMCA, First Edition 2017, S. 373; auch *J. Schmidt*, ZHR 181 (2017), 43, 82.

562 Darunter ist eine grundsätzliche Abstimmung der Gesellschaften in Geschäftsführungsfragen (jedenfalls in der Personalpolitik) zu verstehen, vgl. K. Schmidt/Lutter/*Vetter*, AktG, 3. Aufl. 2015, § 18 Rn. 11 mwN.

563 EMCA, First Edition 2017, S. 375.

564 Das Halten von Mindestens 50% der Stimmen oder Anteile sei gegenüber der „Beherrschung" zu restriktiv vgl. EMCA, First Edition 2017, S. 376.

565 Möglich durch einen Verwaltungsrat oder durch die Geschäftsleitung (etwa durch Doppelmandate), vgl. EMCA, First Edition 2017, S. 379.

566 EMCA, First Edition 2017, S. 379.

567 Siehe sogleich unten.

568 Die Regelung nennt etwa die Arbeitnehmervertreter eines Leitungsorgans, vgl. EMCA, First Edition 2017, S. 379.

Tochtergesellschaften im Gegensatz zu „autonomen Unternehmen“ anders zu behandeln seien.[569]

### 2) Anerkennung des Konzerninteresses

Für die Anerkennung des Konzerninteresses haben die Autoren des EMCA die zentrale Norm Ziff. 15.16 EMCA geschaffen. Damit sollen dem vorstehend genannten Weisungsrecht Grenzen gesetzt werden. Flankiert wird die Regelung im Übrigen von der Haftungsnorm Ziff. 15.17 EMCA.[570]

#### a) Die Regelung Ziff. 15.16 EMCA

Bedeutend ist die Regelung unter Ziff. 15.16 - Konzerninteresse (*interest of the group*)[571]:

> (1) Handelt die Geschäftsführung eines Tochterunternehmens, unabhängig davon, ob dies aufgrund einer Anweisung des Mutterunternehmens erfolgt ist oder nicht, in einer Weise, die den Interessen des Tochterunternehmens zuwiderläuft, so wird davon ausgegangen, dass ein Direktor oder Geschäftsführer nicht gegen seine treuhänderischen Pflichten verstoßen hat, wenn
>
> a) die Entscheidung im Interesse der gesamten Gruppe liegt; und
>
> b) die Unternehmensleitung, die nach Treu und Glauben auf der Grundlage der ihr vorliegenden Informationen handelt sowie unter Berücksichtigung von denjenigen Informationen, die ihr zur Verfügung stünden, wenn sie vor der Entscheidung ihren treuhänderischen Pflichten nachgekommen wäre, vernünftigerweise davon ausgehen kann, dass der Verlust/Schaden/Nachteil innerhalb eines angemessenen Zeitraums durch einen Nutzen/Gewinn/Vorteil ausgeglichen wird, und
>
> c) der Verlust/Schaden/Nachteil, auf den in Satz 1 Bezug genommen wird, nicht den Fortbestand der Gesellschaft gefährdet.

569 EMCA, First Edition 2017, S. 379; siehe auch *Lutter/Bayer/J. Schmidt*, EuropUR, Rn. 12.35.

570 Siehe dazu unter 3), S. 148 ff.

571 EMCA, First Edition 2017, S. 385 – mangels bisher verfügbarer offizieller Übersetzung in die deutsche Sprache, ist die Norm selbstständig übersetzt.

(2) Ist das Tochterunternehmen hundertprozentig im Besitz des Unternehmens, so findet Absatz 1 Buchstabe b) keine Anwendung.

(3) Die Leitung des Tochterunternehmens kann es ablehnen, Weisungen des Mutterunternehmens zu befolgen, wenn die Voraussetzungen des Absatzes 1 nicht erfüllt sind.

Nach Absatz 1 der Regelung soll die Vermutung gelten, dass ein Leitungsorgan pflichtgemäß handelt, wenn es eine Weisung befolgt oder in sonstiger Weise handelt, sofern die Voraussetzungen der Unterabschnitte a bis c kumulativ erfüllt sind.

In diesen Unterabschnitten finden sich Elemente des Rozenblum-Urteils wieder[572], jedoch ist die Prüfung modifiziert. Die Entscheidung muss gemäß Abs. 1 a) im „Interesse der gesamten Gruppe" liegen. Dazu muss die Unternehmensleitung davon ausgehen, dass der Nachteil, der mit der Entscheidung einhergeht, innerhalb eines angemessenen Zeitraums durch einen Vorteil ausgeglichen wird. Jedoch darf jener Nachteil gemäß Abs. 1 c) in keinem Fall den Fortbestand der Gesellschaft gefährden. Ist die Gesellschaft eine hundertprozentige Tochtergesellschaft, soll es auf Abs. 1 b) und damit auf den Nachteilsausgleich nicht ankommen. Liegen die Voraussetzungen des Abs. 1 nicht vor, soll es ein Geschäftsleiter gemäß Abs. 3 ablehnen können, die Weisung zu befolgen.

Nachfolgend soll die Prüfung, welche ein Geschäftsleiter gemäß dieser Ziff. 15.16 EMCA durchzuführen hat, im Einzelnen aufgezeigt werden. Dabei wird deutlich werden, dass einige Merkmale unbestimmt sind und einer näheren Betrachtung bedürfen.

### b) Der Begriff Konzerninteresse

Der erste Prüfungspunkt mit dem sich ein Geschäftsleiter bei Anwendung der Ziff. 15.16 EMCA auseinandersetzen muss, ist die Frage, ob die Entscheidung im Interesse der gesamten Gruppe (Abs. 1 a)) liegt. Ziff. 15.16 EMCA enthält keine Definition des „Interesses der Gruppe".[573] Als Grund führen die Autoren an, dass eine zufriedenstellende Definition angesichts der schier unendlichen Vielfalt von

[572] Siehe hierzu bereits oben S. 107 ff.

[573] Zu den bisherigen Definitionsversuchen und zur Abgrenzung des Konzerninteresses vom Unternehmensinteresse siehe ausführlich oben S. 92 ff. sowie insbesondere *Hoffmann-Becking*, FS Hommelhoff (2012), 433 ff.

Situationen in Konzernen sehr schwierig, wenn nicht gar unmöglich sei.[574] Es soll den Richtern überlassen werden, im Einzelfall zu entscheiden und dieses Merkmal mit Leben zu füllen.[575]

#### i. Keine Probleme durch Unbestimmtheit laut EMCA

Daher schaffen die Autoren bereits an dieser Stelle eine gewisse Unsicherheit. Interessant hierbei ist, dass die Autoren des EMCA die Rechtsunsicherheit nicht besonders kritisch einordnen, da Richter nicht dazu neigen würden, „unternehmerischen Entscheidungen des Managements zu hinterfragen", solange das Unternehmen „nicht Insolvenz angemeldet hat".[576] Auch soll die fehlende Definition als ergänzender Schutz für Minderheitsaktionäre oder Gläubiger dienen, indem Richter flexibel zu deren Gunsten entscheiden könnten.[577]

#### ii. Tatsächliche Probleme durch Unbestimmtheit

Die Autoren des EMCA scheinen sich an der Unbestimmtheit des Begriffs Gruppeninteresse nicht zu stören. Es stellt sich die Frage, ob dem gefolgt werden kann. Denn ein Geschäftsleiter steht vor einer nicht unerheblichen Hürde bei der Prüfung. Dies gilt umso mehr, werden die Situationen bedacht, in denen sich ein Geschäftsleiter einer Tochtergesellschaft befinden kann. Beispielsweise könnte dieser die Weisung erhalten haben, zum Zwecke der Besicherung eines der Muttergesellschaft dann gewährten Darlehens, eine Sicherheit aus dem Gesellschaftsvermögen zu stellen. Fraglich ist, wie der Geschäftsleiter beurteilen soll, ob die Aufnahme des Darlehens und die dafür notwendige Sicherheit im Interesse der Muttergesellschaft bzw. im Interesse der gesamten Gruppe liegt. Unmöglich ist es, wenn er diesbezüglich keine Informationen hat. Doch selbst wenn ihm entsprechende Informationen zur Verfügung stehen, kann es sehr komplex sein, nachzuvollziehen, ob die konkrete Maßnahme für den Konzern insgesamt sinnvoll ist.

Soll diese Prüfung gelingen, müssten zwei Aspekte gegeben sein. Zwischen den einzelnen Konzerngesellschaften muss es ein System des Informationsaustausches geben, sodass jeder Geschäftsleiter jedenfalls die Möglichkeit hat, sich bei Bedarf eine Informationsgrundlage über

574 EMCA, First Edition 2017, S. 386.
575 EMCA, First Edition 2017, S. 386.
576 EMCA, First Edition 2017, S. 386.
577 EMCA, First Edition 2017, S. 386.

die Lage und die Bedürfnisse zu verschaffen.[578] Dabei muss darauf geachtet werden, einen akzeptablen Kompromiss zwischen Informationen, welche für den Geschäftsleiter und seine Entscheidung notwendig sind und daher zugänglich sein müssen und solchen sensiblen betrieblichen Informationen zu finden, welche aus guten Gründen der Geheimhaltung unterliegen und unter Verschluss bleiben sollen.[579]

Das Zugänglichmachen von Informationen alleine ist jedoch nicht zielführend. Bei hoher Komplexität muss es dem einzelnen Geschäftsführer einer Tochtergesellschaft möglich sein, dass ihm die Maßnahme näher erläutert wird, wenn er dies für notwendig hält. Auch muss es ihm möglich sein, dass er den mit der Weisung einhergehenden Informationen in gewissen Grenzen Glauben schenken darf. Es kann einem Geschäftsführer nicht zugemutet werden im Einzelnen nachzuprüfen, ob eine komplexe Transaktion, die durch die Konzernmuttergesellschaft angestoßen wurde, auch im Interesse des Konzerns liegt. Dem Geschäftsleiter muss vielmehr eine vereinfachte Prüfung ermöglicht werden. Dafür ist es unerlässlich, dass die Konzernführung eine bis zu einem bestimmten Grad konkretisierte Strategie vorgibt, eine sog. Gruppenpolitik[580]. Ist der Geschäftsleiter mit dieser Strategie vertraut, ist es ihm eher möglich nachzuvollziehen, ob die angewiesene Maßnahme mit jener Gruppenpolitik vereinbar ist. Dabei sollten die Anforderungen an den Geschäftsleiter nicht überdehnt werden. Die Prüfung sollte auf eine Plausibilitätsprüfung beschränkt bleiben – bei aufkommenden Zweifeln ist jedoch eine vertiefte Prüfung zu verlangen.

### c) Die Modifizierung eines Rozenblum-Merkmals

Nach der mitunter schwierigen Prüfung des Interesses der Gruppe stellt sich für den Geschäftsleiter die Frage, ob auch die Voraussetzungen des Nachteilsausgleichs (Ziff. 15.16 Abs. 1(b) EMCA) und keine Existenzgefährdung (Ziff. 15.16 Abs. 1(c) EMCA), erfüllt sind.

Diese Prüfungsreihenfolge ist, wie bereits erwähnt, durch den französischen Fall Rozenblum inspiriert, bei dem es sich um Rechtsprechung

578 Zur Informationsversorgung im Konzern *Spindler*, WM 2008, 905, 915 f.; jüngst auch *Schauf*, BB 2017, 2883, 2887.

579 *Ann*, GRUR 2014, 12 sieht im Informationsmanagement zum Schutz der Betriebsgeheimnisse eine Kernaufgabe des Unternehmens.

580 Zu diesem Merkmal, welches auch im originalen Rozenblum Ansatz enthalten war siehe oben S. 108 sowie gleich S. 136.

zum Strafrecht handelt.[581] Ein Gericht hatte dieses Instrument entwickelt, um den Tatbestand des Missbrauchs von Unternehmensvermögen (*abus de biens sociaux*), welcher im Wesentlichen der Untreue (§ 266 StGB) entspricht, ausschließen zu können.[582]

### i. Prüfungsmerkmale der Rechtsprechung

Dem Rozenblum-Ansatz liegen stets Sachverhalte zugrunde, in denen die finanziellen Ressourcen einer Gesellschaft entgegen dem Unternehmensinteresse negativ eingesetzt wurden. Worauf sich diese Einflussnahme konkret bezieht, spielt grundsätzlich keine Rolle. Ebenso wenig wie die Frage, ob ein konkretes Weisungsrecht existiert, auf das die Einflussnahme rechtlich gestützt wurde. In jedem Fall zieht die Handlung strafrechtliche oder zivilrechtliche Folgen für die handelnden Personen nach sich, sofern nicht die Voraussetzungen[583] der Rechtfertigung gegeben sind. Diese sollen nachstehend noch einmal kurz in Erinnerung gerufen werden.

Die relevante Gesellschaft muss Teil einer Konzernstruktur sein. Darunter ist eine strukturierte Einheit verschiedener Gesellschaften, mit stark wechselseitigen Abhängigkeiten zu verstehen.[584] Die Gesellschaften müssen mit der notwendigen Intensität im Sinne einer „strukturierten Einheit" miteinander verbunden sein. Für jene Einheit muss es auch eine „kohärente" gemeinsame Konzernpolitik geben. Die Konzernpolitik muss in einem gemeinsamen Geschäftsplan festgehalten sein und das „Zufügen von Nachteilen" und die daraus resultierenden Schäden für bestimmte Gruppengesellschaften, muss bereits vor Durchführung der streitigen Maßnahme als Teil des Plans angelegt sein.[585] Die Nachteile, welche die Gesellschaft erleidet, müssen mit dem Konzerninteresse übereinstimmen. Eine konkrete Beschreibung des

581 EMCA, First Edition 2017, S. 386.

582 Zur Rozenblum-Rechtsprechung siehe S. 107 ff.

583 Für eine detailliertere Beschreibung siehe auch bereits S. 108 ff.

584 Überblick zu dem Merkmal und den verschiedenen Streitständen siehe *Forum Europeum,* Konzernrecht für Europa ZGR 1998, 672, 706; *Gräbener*, Schutz außenstehender Gesellschafter im deutschen und französischen Kapitalgesellschaftsrecht, S. 108 f; *Conac* in Hommelhoff/Lutter/Teichmann, Corporate Governance im grenzüberschreitenden Konzern, 89, 92 unter Verweis auf „Kapitalverflechtungen".

585 *Gräbener*, Schutz außenstehender Gesellschafter im deutschen und französischen Kapitalgesellschaftsrecht, S. 110f

Konzerninteresses liefert auch die französische Rechtsprechung nicht,[586] wobei vertreten wird, dass die Anforderungen an dieses Merkmal nicht zu hoch sein sollten.[587]

Der bei der Gesellschaft eingetretene Nachteil darf nicht kompensationslos bleiben.[588] Einigkeit besteht darüber, dass der mit der Maßnahme einhergehende Nachteil ein Äquivalent haben muss, welches dazu führt die Ausgewogenheit der gegenseitigen Verpflichtungen betroffener Gesellschaften wiederherzustellen. Das Äquivalent muss nicht innerhalb eines fixen Zeitraums bereitgestellt werden, darf also auch in (späterer) Zukunft geleistet werden und muss auch nicht zwingend finanzieller Natur sein.[589] Daneben sind jedoch viele Details umstritten.[590] Nicht eindeutig geklärt ist auch, ob die Vorteile der benachteiligten Gesellschaft unmittelbar zugutekommen müssen oder ob alle konzernangehörigen Gesellschaften (in einer Art konsolidierten Betrachtung) mit einbezogen werden dürfen.[591]

Letztlich darf die relevante Maßnahme die benachteiligte Gesellschaft finanziell nicht überforderen.[592] Die finanziellen Möglichkeiten der Gesellschaft sind überschritten, wenn die nachteilige Maßnahme einen

586 Zur Frage, ob eine Maßnahme lediglich im Interesse einer anderen bzw. der herrschenden Gesellschaft liegen muss und ob es ein darüberhinausgehendes Konzerninteresse überhaupt gibt, siehe oben S. 92 ff.; ausführlich insbesondere *Hoffmann-Becking*, FS Hommelhoff (2012), 433 ff.

587 Konzerninteresse könnte schon in gemeinsamen Entwicklungs- und Optimierungsmöglichkeiten zu sehen sein, vgl. *Gräbener*, Schutz außenstehender Gesellschafter im deutschen und französischen Kapitalgesellschaftsrecht, S. 113 f. m.w.N.

588 *Lutter* in FS Kellermann 1990, 257, 263 der darin ein *do ut des* von Nachteil und Ausgleich sieht.

589 *Conac* in Hommelhoff/Lutter/Teichmann, Corporate Governance im grenzüberschreitenden Konzern, 89, 93.

590 Vor allem die Frage, ob vollständige Ausgeglichenheit der Verpflichtungen wiederhergestellt werden muss oder ob ein Ausgleich im Wesentlichen ausreicht; siehe dazu oben S. 109 f.

591 *Forum Europeum,* Konzernrecht für Europa ZGR 1998, 672, 708; *Gräbener*, Schutz außenstehender Gesellschafter im deutschen und französischen Kapitalgesellschaftsrecht, S. 115; wenn dies möglich wäre, könnten Ressourcen auch dauerhaft umverteilt werden.

592 *Conac* in Hommelhoff/Lutter/Teichmann, Corporate Governance im grenzüberschreitenden Konzern, 89, 93; damit ist offenbar auch bezweckt, dass die Gesellschaften in der Zeit, bis der Nachteilsausgleich erfolgt, nicht in finanzielle Schwierigkeiten gerät.

nicht reparablen Schaden herbeiführt oder die Gesellschaft einem überproportionalen Risiko ausgesetzt wird.[593]

### ii. Anpassungen des EMCA

Der Rozenblum-Ansatz wird zum Teil als undurchsichtig angesehen und seine erfolgreiche Anwendung soll aufgrund der Vielzahl von Bedingungen kaum vorhersehbar sein.[594] Auch wird der strafrechtliche Ursprung kritisiert.[595] Aus diesem Grund wird die Doktrin teilweise als ungeeignet angesehen, um europaweit die Anerkennung des Konzerninteresses tatsächlich umzusetzen. Diese Kritik wurde von den Autoren des EMCA beherzigt. Denn sie haben sich für einen etwas einfacheren und flexibleren Ansatz entschieden. Dennoch beruht das Modell deutlich erkennbar auf dem Rozenblum Ansatz.

Der Hauptunterschied zu den ursprünglichen Voraussetzungen besteht darin, dass im EMCA auf die Voraussetzung, dass die Gruppe eine ausgewogene und fest verankerte Struktur haben muss, verzichtet wurde.[596] Der Grund hierfür ist offenbar die große Unbestimmtheit dieses Merkmals. Französische Gerichte verlangen, dass zwischen den einzelnen Gesellschaften stark wechselseitige Abhängigkeiten, insbesondere finanzieller Art, bestehen müssen. Dahinter steht der Gedanke, dass allein durch diese Abhängigkeit der Anreiz verringert sei, eine andere Gesellschaft innerhalb der Konzernstruktur zu schädigen. Denn der Schaden bei der anderen Gesellschaft würde sich zwangsläufig auch in der eigenen Gesellschaft negativ auswirken.[597] Auch wenn diese Idee einleuchtet, ist es schwierig einen akzeptablen Maßstab festzulegen, ab dem die Schicksale der einzelnen Gesellschaften ausreichend miteinander verknüpft sein sollen. Ob eine solche Verknüpfung der Gesellschaften überhaupt in jedem Fall sinnvoll wäre, ist nicht abschließend zu klären. Daher erscheint es gerechtfertigt, dass der EMCA auf dieses

593 *Gräbener*, Schutz außenstehender Gesellschafter im deutschen und französischen Kapitalgesellschaftsrecht, S. 117.

594 So EMCA, First Edition 2017, S. 386.

595 *Teichmann*, AG 2013, 184 (195); in diese Richtung *Lübking*, Einheitliches Konzernrecht für Europa, S. 294; einschränkend (hinsichtlich französischen Rechts) *Gränbener*, Schutz außenstehender Gesellschafter, S. 119.

596 EMCA, First Edition 2017, S. 386, dazu auch *J. Schmidt*, Der Konzern 2017, 1 ff.

597 *Forum Europaeum Konzernrecht*, ZGR 1998, 672 (706) spricht jedenfalls von einer „*solidarisch-ausgewogenen Vorteils- und Lastengemeinschaft*“.

Merkmal verzichtet hat. Jedenfalls würden dadurch die Geschäftsleiter bei der Prüfung entlastet werden.

### d) Gruppenpolitik

Das Vorhandensein des o.g. Merkmals des Interesses der Gruppe impliziert bereits, dass auf eine andere Voraussetzung des Rozenblum Tests nicht verzichtet wurde. Auch die Autoren des EMCA stellen klar, dass es eine langfristige und kohärente Gruppenpolitik geben muss.[598] Nur wenn es eine auf einen längeren Zeitraum angelegte, alle Gruppengesellschaften mit einbeziehende, strategische Ausrichtung gibt und der Geschäftsleiter auch Kenntnis von dieser Strategie hat, ist er in einer Position eine verlangte Maßnahme einzuschätzen. Die Gruppenpolitik stellt für ihn gewissermaßen den Prüfungsmaßstab dar, an welchem die konkrete Maßnahme zu messen ist.[599] Hier zeigt sich, dass die einzelnen Merkmale, auch in der vereinfachten Prüfung des EMCA, eng miteinander verbunden sind. Nur wenn der Geschäftsleiter vernünftigerweise annehmen durfte, dass die Maßnahme im Einklang mit der Gruppenpolitik liegt, kann aus seiner Perspektive die Voraussetzung „im Interesse der Gruppe“ bejaht werden.

### e) Nachteilsausgleich

Als Nächstes hat sich der Geschäftsleiter mit der Frage des Nachteilsausgleichs auseinander zu setzen. Auch dieses Merkmal wurde ursprünglich vom *cour de cassation* in Sachen Rozenblum verlangt. Nach Ziff. 15.16 Abs. 1 (b) EMCA muss der Geschäftsleiter „nach Treu und Glauben“ auf Grundlage der ihm vorliegenden Informationen bzw. derjenigen Informationen, die ihm bei pflichtgemäßem Handeln zur Verfügung gestanden hätten, vernünftigerweise davon ausgehen, dass der Verlust/Schaden/Nachteil innerhalb eines angemessenen Zeitraums durch einen Nutzen/Gewinn/Vorteil ausgeglichen wird.

An dieser Stelle sind viele Details zu klären. Die Autoren des EMCA verzichten auf weitere Konkretisierungen, stellen jedoch klar, dass der Ansatz flexibel sein soll und keinen automatischen Ausgleich von Nachteilen erfordert.[600] Aus der gewählten Formulierung wird deutlich, dass der Zeitpunkt, in dem ein Geschäftsleiter die Angemessenheit des

---

598 EMCA, First Edition 2017, S. 386.

599 Zur Notwendigkeit der Gruppenpolitik siehe bereits S. 131 f.

600 EMCA, First Edition 2017, S. 386.

Nachteilsausgleiches zu prüfen hat, vor der Durchführung der Maßnahme liegen muss. Sollte nachträglich die Entscheidung gerichtlich überprüft werden, muss daher die *ex-ante* Perspektive maßgeblich bleiben. Dies gilt auch dann, wenn dies im konkreten Einzelfall schwerfällt, da der *ex-post* sichtbare Schaden scheinbar alle anderen Aspekte überlagert.

### i. Anforderungen an die Informationsbeschaffung

Eine mögliche gerichtliche Überprüfung der Entscheidung hatten die Autoren offenbar im Blick, als es um die Anforderungen an die Informationsbeschaffung ging. Der Geschäftsleiter muss bei seiner Entscheidung nicht bloß die Informationen berücksichtigen, welche ihm tatsächlich vorlagen (Alternative 1). Vielmehr muss er es sich auch zurechnen lassen, wenn er sich Informationen nicht beschafft hatte, er dazu jedoch verpflichtet gewesen wäre (Alternative 2). Das sollen diejenigen Informationen sein, die ihm bei Erfüllung seiner treuhänderischen Pflichten zur Verfügung gestanden hätten (*if they complied with their fiduciary duties*).[601] Damit wäre im deutschen Recht wohl der Verhaltensmaßstab an einen ordnungsgemäßen und gewissenhaften Geschäftsleiter gemeint, worunter insbesondere auch die Einhaltung der Legalitätspflicht fällt.[602]

Ins Auge fällt, dass die Anforderungen an die Informationsgrundlage vor der Entscheidung offenbar eher hoch sein sollen. Demgegenüber darf die Einschätzung der Auswirkungen der Maßnahme, etwa der Schaden und sein Ausgleich (dazu sogleich), „vernünftigerweise" (*may reasonably assume*) getroffen werden. Es sind Parallelen zur *business judgement rule*[603] erkennbar, denn auch dort sind die Anforderungen an die Informationen, die ein Geschäftsleiter für seine Entscheidung einzuholen hat eher streng, während ihm vor allem bei der Auslegung der Informationen und damit auch bei der eigentlichen Entscheidung, ein Ermessensspielraum gewährt wird.[604] Es wäre denkbar, dass einem Geschäftsleiter bei Ziff. 15.16 EMCA hinsichtlich der Frage, ob die Vorteile ausreichen, um den zu erwartenden Schaden zu decken, ebenfalls ein Spielraum zuzugestehen ist. Denkt man diesen Gedanken zu Ende,

---

601 EMCA, First Edition 2017, S. 385.

602 Spindler/Stilz/*Fleischer*, 3. Aufl. 2015, § 93 Rn. 12; Hüffer/*Koch*, AktG, § 93 Rn. 6.

603 Näher dazu unter S. 183 ff.

604 K. Schmidt/Lutter/*Krieger*/*Sailer-Coceani*, AktG, 3. Aufl. 2015, § 93 Rn. 17.

müsste dies Auswirkungen auf eine spätere gerichtliche Kontrolle haben.

Da ein Ziel der Regelung war, einen *safe harbour* für Geschäftsleiter in abhängigen Gesellschaften zu schaffen, ist der Umfang der gerichtlichen Überprüfbarkeit von zentraler Bedeutung. Das tatsächliche Vorliegen eines Ermessensspielraums ist jedoch bloß eine mögliche Interpretation des Wortlauts der Regelung. Die Kommentare der EMCA Autoren erwähnen keine Ermessensspielräume und gehen auch nicht auf den Umfang der gerichtlichen Kontrolle ein. Sicher lässt sich lediglich festhalten, dass die Anforderungen an einen Geschäftsleiter hinsichtlich der Informationen, die er im Vorfeld einer Entscheidung zu beschaffen hat, eher streng sind.

#### ii. Bewertung der Vor- und Nachteile

Nachdem der Geschäftsleiter idealerweise eine vollständige Informationsgrundlage geschaffen hat, muss er (wie zuvor schon angedeutet) die Auswirkungen der fraglichen Entscheidung einschätzen. Die Entscheidung soll er nur treffen, wenn er vernünftigerweise davon ausgehen kann, dass der Nachteil (Verlust/Schaden) innerhalb eines angemessenen Zeitraums durch einen Vorteil (Nutzen/Gewinn) ausgeglichen wird.[605] Der Geschäftsleiter muss sowohl die Nachteile, als auch die Vorteile bewerten.

Da die Bemessung des Nachteils von zukünftigen Faktoren abhängig sein kann, ist der Geschäftsleiter gezwungen, eine Prognose anzustellen. Auch muss der Nachteil, um vergleichbar zu sein, beziffert werden. Dies kann sich schwierig gestalten, wenn etwa die mit der Entscheidung einhergehende Maßnahme eine Handlung ist, für welche kein Marktwert oder andere Bemessungshilfe existiert. Denkbar ist auch, dass aus *ex-ante* Perspektive noch nicht klar ist, ob oder wie sich ein Nachteil überhaupt auswirkt. Dies ist zum Beispiel der Fall, wenn die Maßnahme die Abgabe einer Bürgschaftserklärung ist und es aktuell eher unwahrscheinlich erscheint tatsächlich aus der Bürgschaft in Anspruch genommen zu werden. Folglich ist der Geschäftsleiter an dieser Stelle, ohne nähere Konkretisierungen, Unsicherheiten ausgesetzt.

Alle gennannten Probleme der Nachteilsberechnung können sich parallel auch bei der Bezifferung des der Gesellschaft zukünftig

[605] EMCA, First Edition 2017, S. 385.

zugutekommenden Vorteils ergeben. Während bei der Entscheidung meist bereits feststeht, in welcher Erscheinungsform die Maßnahme nachteilig sein wird, ist der Vorteil noch in größerem Maße unsicher. Daher stellt sich die Frage, welche Anforderungen an den Vorteil zu stellen sind. Aus der Formulierung geht zunächst lediglich hervor, dass es überhaupt einen Vorteil geben muss und das dadurch der Nachteil „ausgeglichen" werden muss.[606]

Es ergeben sich (jedenfalls) drei Aspekte welche näher konkretisiert werden müssen:

Erstens ist fraglich, in welcher Form der Vorteil erbracht werden darf. Einen Auslegungshinweis geben die Autoren des EMCA nicht. Denkbar ist ein Ausgleich in Geld, also in Form einer Zahlung. Dazu müsste der Vorteil jedenfalls konkret bezifferbar sein. Fraglich ist, ob auch andere Vorteile möglich sind, welchen nur schwer ein konkreter Wert beigemessen werden kann. Ein solcher schwer bezifferbare Vorteil könnte (ganz allgemein) die Zugehörigkeit zur Gruppe sein.[607] Aus Sicht der Gläubiger der abhängigen Gesellschaft erscheinen schwer bis gar nicht bezifferbare Vorteile problematisch.

Der zweite Aspekt ist die Frage des Zeitraums, innerhalb dessen der Ausgleich erfolgen muss. Durch den Wortlaut wird klargestellt, dass dieser „innerhalb eines angemessenen Zeitraums" erfolgen darf. Eine starre zeitliche Grenze, wie der Verlustausgleich nach § 311 AktG, der spätestens innerhalb eines (Geschäfts-)Jahres erfolgen muss[608], ist nicht gemeint. Zwar erscheint es auf den ersten Blick für einen Geschäftsleiter vorteilhaft, wenn er in der Position ist, flexibel einen Zeitraum zu bestimmen. Jedoch kommt auf diese Weise ein weiterer unbestimmter Rechtsbegriff hinzu, für dessen Ausgestaltung sich der Geschäftsleiter unter Umständen rechtfertigen muss.

---

606 EMCA, First Edition 2017, S. 385.

607 Nach *Conac*, ECFR 2013, 194 (219) reicht Gruppenzugehörigkeit (bei der Auslegung der Doktrin im französischen Recht) alleine nicht aus, jedoch muss der Ausgleich flexibel bleiben; ähnlich *Gränbener*, Schutz außenstehender Gesellschafter, S. 115, nach dem (nur) allgemeine Vorteile der Gruppenzugehörigkeit nicht ausreichend sein sollen.

608 Der Vorteil muss bis zum Bilanzstichtag in das Vermögen der Tochtergesellschaft eingehen, sodass der Nachteil neutralisiert ist vgl. Hüffer/*Koch*, AktG, § 311 Rn. 44.

Der dritte klärungsbedürftige Aspekt ist die Frage, ob der Nachteil wertmäßig vollständig ausgeglichen werden muss oder ob es ausreicht, wenn Vorteil und Nachteil sich wenigstens weitestgehend decken. Die gewählte Formulierung „ausgeglichen" (*be balanced*) spricht eher dafür, dass ein vollständiger Ausgleich zu erfolgen hat. Bedenkt man, dass der Ausgleich über einen längeren Zeitraum, mitunter sogar erst Jahre später erfolgen darf, drängt sich in dem Zusammenhang die Frage auf, ob der Nachteil in diesem Zeitraum zu verzinsen ist oder ob der Ausgleich jedenfalls inflationsbereinigt erfolgen muss. Die Ausgestaltung dieser drei (und anderer) Aspekte sollte jedoch immer von der Intention der Autoren des EMCA getragen sein, welche einen einfachen und flexibleren Ansatz schaffen wollten.[609]

### f) Merkmal Existenzgefährdung

Gemäß Ziff. 15.16 Abs. 1 (c) EMCA darf der Verlust/Schaden/Nachteil nicht den Fortbestand der Gesellschaft gefährden. Damit setzen die Autoren des EMCA auf ein Merkmal, dass im Wesentlichen genauso schon in Sachen Rozenblum verwendet wurde. Dabei durfte die Maßnahme die Gesellschaft „finanziell nicht überfordern".[610] Mit Blick auf das deutsche Recht dürfte sich das Merkmal mit der vom BGH aufgestellten Grenze der Existenzgefährdung decken.[611] Den Verfassern des EMCA ging es offensichtlich darum klarzustellen, dass bei einer Maßnahme, selbst wenn diese im Interesse der Gruppe liegt, nicht das Risiko einer Insolvenz der Tochtergesellschaft bestehen darf. Spätestens ab diesem Punkt findet eine Umkehr der berücksichtigungsfähigen Interessen statt. Besteht Gefahr, dass die Maßnahme zur Insolvenz führt, „darf" der Geschäftsleiter ausschließlich die Interessen der Tochtergesellschaft berücksichtigen.

Parallel zum deutschen Recht kann es für einen Geschäftsleiter schwierig sein zu beurteilen, ob eine Maßnahme „die Existenz" bzw. nach dem EMCA Wortlaut „den Fortbestand" gefährdet. Von den EMCA Autoren wird nicht konkretisiert, inwieweit der Geschäftsleiter bei dieser

---

609 EMCA, First Edition 2017, S. 386, die Flexibilität betonen auch *Baums/Teichmann*, AG 2018, 562 (571).

610 Ausführlich zu diesem Merkmal *Gränbener*, Schutz außenstehender Gesellschafter, S. 117 f.; siehe auch oben S. 110.

611 Grundlegend BGH v. 17.09.2001 – II ZR 178/99, NZG 2002, 38 - Bremer Vulkan; siehe zur Entwicklung der Existenzvernichtungshaftung bereits oben S. 73 ff.

Frage einen Spielraum hat. Es spricht somit viel dafür, dass diese Einschätzung letztendlich in der Risikosphäre des Geschäftsleiters der Tochtergesellschaft liegt. Die Abwägung der Interessen zwischen der herrschenden Gesellschaft und den Gläubigern wird somit auf dem Rücken des Geschäftsleiters ausgetragen. Auch an dieser Stelle wird wieder deutlich, dass es durch die Regelung nur bedingt möglich würde, einen *safe harbour* für Geschäftsleiter zu schaffen.[612]

Für die Gläubiger der Tochtergesellschaft würde durch die Ziffer c) ein Schutzniveau etabliert, welches jedenfalls nicht unbekannt ist. Dennoch werden die Interessen erst sehr spät, nämlich bei der Insolvenzgefährdung des Schuldners, berücksichtigt. Wie niedrig dieses Schutzniveau tatsächlich ist, zeigt ein Vergleich zu den nationalen Regelungen.[613] Beim faktischen GmbH-Konzern jedenfalls, bildet die Existenzgefährdung bereits *de lege lata* die relevante gläubigerschützende Grenze.

Nach dem EMCA-Ansatz ist es nicht erforderlich, dass die negative Einflussnahme in besonderer Weise dokumentiert oder aufgezeichnet wird. Die Autoren haben sich bewusst gegen eine solche, als zu formalistisch empfundene Dokumentationspflicht entschieden.[614] Im Gegensatz dazu hatte das *Forum Europaeum* verlangt, dass die Befolgung nachteiliger Weisungen fortlaufend aufgezeichnet wird und dass davon in der nächsten Hauptversammlung zu berichten sei.[615]

#### g) Kein Nachteilsausgleich bei hundertprozentigen Tochtergesellschaften

Nach Ziff. 15.16 Abs. 2 EMCA soll die o.g. Regel des Nachteilsausgleich nach Absatz 1 Nr. b) nicht zur Anwendung kommen, wenn sich die Tochtergesellschaft hundertprozentig im Besitz der Gesellschaft befindet, welche die Maßnahme angewiesen hat bzw. zu dessen Gunsten die Maßnahme durchgeführt wird.[616] Die finanzielle Selbstständigkeit der Tochtergesellschaft wird durch diese Regel eingeschränkt.

Liegt die Maßnahme im Interesse der Gruppe, verbleibt als letzte Grenze der Einflussnahme die Existenzgefährdung nach Ziff. 15.16

---

612 Siehe zu unternehmerischen Entscheidung unten S. 183.

613 Zum Vergleich des Schutzniveaus der verschiedenen Modelle siehe unten S. 160 ff.

614 EMCA, First Edition 2017, S. 386.

615 *Forum Europaeum* (Konzernrecht für Europa), ZGR 1998, 672, 712.

616 EMCA, First Edition 2017, S. 385.

Abs. 1 c) EMCA. Befindet sich die Tochtergesellschaft im Alleinbesitz, muss auf Interessen von Minderheitsgesellschaftern keine Rücksicht genommen werden. Dies scheint die Rechtfertigung der Einschränkung der finanziellen Selbstständigkeit zu sein.[617] Die Autoren des EMCA erklären, dass bei einer hundertprozentigen Tochter das Management der Muttergesellschaft mehr Freiheit bei der Führung der Tochtergesellschaft und der Übertragung von Werten haben sollte.[618]

Ohne Anwendung des Absatz 1 Nr. b) entfällt die Verpflichtung zum Nachteilsausgleich. Dadurch verschlechtert sich die Position der Gläubiger der Tochtergesellschaft. Zwar darf die Maßnahme nicht zur Existenzgefährdung führen, sodass die Gläubiger nicht befürchten müssen, dass Zahlungen ihres Vertragspartners direkt ausfallen. Dennoch erlaubt die Regelung, dass in großem Maße eigentlich den Gläubigern haftungsmäßig zugeordnetes Gesellschaftsvermögen verschoben wird. Dadurch kann sich die Anfälligkeit der Tochtergesellschaft für eine Insolvenz erhöhen, sodass mittelbar doch ein Zahlungsausfall zum Nachteil der Gläubiger der Tochter drohen kann.[619]

### h) Umgang mit Zweifelsfällen

Befindet sich die Tochtergesellschaft in einer guten wirtschaftlichen Lage und ist die angewiesene Maßnahme wenig einschneidend, dürfte es jedem Geschäftsleiter leicht fallen das Vorliegen der Voraussetzungen der Ziff. 15.16 EMCA zu bejahen. Da es jedoch gerade die schwierigeren, kritischen Fälle sind, für welche die Regelung Klarheit schaffen soll, stellt sich die Frage, wie mit Zweifelsfällen umzugehen ist.

Die Autoren des EMCA haben sich mit dieser Thematik auseinandergesetzt. In den Kommentaren zu Ziff. 15.16 EMCA wird die Frage aufgeworfen, ob die Geschäftsleiter der Tochtergesellschaften „gehorchen müssen" oder sich „weigern können".[620] Lässt man zu, dass die Geschäftsleiter in einer abhängigen Gesellschaft Konzerninteressen berücksichtigen dürfen, ergeben sich für die Ausgestaltung verschiedene Möglichkeiten.

---

617 So *Conac*, ECFR 2016, 301 (312).

618 EMCA, First Edition 2017, S. 388.

619 Gleichwohl soll kein Schutzbedürfnis bestehen („*no need to protection*"), solange die Existenz nicht gefährdet sei, vgl. *Conac*, ECFR 2016, 301 (312).

620 EMCA, First Edition 2017, S. 387.

Extrem in eine Richtung ginge es, wenn der Geschäftsleiter bedingungslos verpflichtet wäre alle Maßnahmen der herrschenden Gesellschaft umzusetzen. Demgegenüber wäre es auf den ersten Blick weniger einschneidend ein „berücksichtigen dürfen" zu wählen. Der Geschäftsleiter darf zwar andere Interessen berücksichtigen, eine rechtlich bindende Verpflichtung besteht jedoch nicht. Diese Überlegungen wirken sich aus, wenn die Geschäftsleitung der Tochtergesellschaft der Auffassung ist, dass die Voraussetzungen der Rozenblum-Rechtfertigung nicht vorliegen. Es stellt sich die Frage, ob die Weisung gleichwohl zu befolgen ist oder nicht.

#### i. Bedingungslose Folgepflicht

Bei einer bedingungslosen Folgepflicht wäre es ausschließlich der Muttergesellschaft belassen, das Vorliegen der einzelnen Punkte (z.B. Ziff. 15.16 Abs. 1 EMCA) zu prüfen und das Ergebnis vorzugeben. Die Geschäftsleiter in den Tochtergesellschaften wären bei kritischen Entscheidungen faktisch entmachtet. Jedoch wären sie unter Haftungsgesichtspunkten weitgehend geschützt[621]: Wenn die Geschäftsleitung der Tochtergesellschaft gehorchen „muss", ist es gar nicht erforderlich eine Entscheidung zu treffen, die möglicherweise eine Haftung auslöst. Damit wäre der avisierte „sichere Hafen" für Geschäftsleiter geschaffen. Aus Sicht einer herrschenden Gesellschaft würde spiegelbildlich eine effektive Gruppenleitung erleichtert werden, da Anweisungen immer Bindungswirkung hätten und damit verlässlich ausgeführt werden müssten.[622]

Andererseits erkennen auch die Verfasser des EMCA gravierende Nachteile einer derartigen Regelung. Eine solche Ausgestaltung würde ein niedriges Schutzniveau für Gläubiger und Minderheitsaktionäre bedeuten. Die Geschäftsleiter fungieren dann nicht länger als „Schutzschild" der Gläubiger und Minderheitsgesellschafter.[623] Sollte ein Geschäftsleiter der Meinung sein, dass die Anweisung die Interessen der Tochtergesellschaft (und damit im Ergebnis auch die Interessen deren Gläubiger) zu stark verletzen würde, wäre dies unbeachtlich.[624] Dem

---

621 EMCA, First Edition 2017, S. 387, da die Tochtergeschäftsleiter befreit wären, müssten sich klagende Minderheitsgesellschafter an die Konzernmutter halten.

622 EMCA, First Edition 2017, S. 387.

623 EMCA, First Edition 2017, S. 387.

624 EMCA, First Edition 2017, S. 387.

Geschäftsleiter des Tochterunternehmens würde die einzige Wahl gelassen, entweder die Weisung umzusetzen oder zurückzutreten.[625]

Tatsächlich dürfte ein Geschäftsleiter in einer kritischen Situation kaum zurücktreten. Es wäre ausschließlich an der herrschenden Gesellschaft zu beurteilen, ob eine Maßnahme im Konzerninteresse liegt und ob die Interessen der Tochtergesellschaft ausreichend gewahrt sind. Die Befolgung der Weisung durch den Geschäftsleiter wäre stets rechtmäßig, selbst wenn die Prüfung nicht korrekt ist. Ein Geschäftsleiter wäre ein reines Ausführungsorgan. Denkt man den Gedanken zu Ende, dürfte sich die Frage eines Rücktritts für einen Geschäftsleiter nicht stellen, da dieser keine persönliche Inanspruchnahme fürchten muss.

Bei einer bedingungslosen Folgepflicht liegt die Verantwortlichkeit für eine Maßnahme vollständig bei der herrschenden Gesellschaft. Wenn die Muttergesellschaft ihren Sitz in einem anderen Mitgliedsstaat (oder gar außerhalb der EU, sofern anwendbar) hat, dürfte es für die Minderheitsaktionäre oder Gläubiger faktisch kompliziert und kostspielig sein, die Muttergesellschaft in dem anderen Staat zu verklagen.[626] Mithin würde der Anreiz zu missbräuchlichem Verhalten bei den Entscheidungsträgern der herrschenden Gesellschaft besonders hoch sein.

### ii. Recht zu Widersprechen

Im Gegensatz zu einer bedingungslosen Folgepflicht könnte eine Ausgestaltung sein, dass Konzerninteressen von der Geschäftsleitung zwar berücksichtigt werden dürfen, jedoch keine rechtlich bindende Verpflichtung dazu besteht. Mit Blick auf die effektive Führung einer Gruppe hätte dieser Ansatz den Nachteil, dass die Geschäftsleiter, jedenfalls bei „Zweifelsfällen", den Anweisungen nicht Folge leisten müssten, was im Ergebnis einem Widerspruchsrecht entsprechen würde.[627] Die Interessen der Minderheitsaktionäre und Gläubiger würden durch dieses Recht, die Anwendung der Weisung verweigern zu können, besser geschützt.[628] Fürchtet ein Geschäftsleiter persönlich in Anspruch genommen zu werden, dürfte er in einer kritischen Situation gewissenhaft prüfen, ob den Interessen des Konzerns gegenüber den

625 EMCA, First Edition 2017, S. 387.
626 EMCA, First Edition 2017, S. 387.
627 EMCA, First Edition 2017, S. 387.
628 EMCA, First Edition 2017, S. 387.

Interessen der Tochtergesellschaft tatsächlich Vortritt gewährt werden sollte.

Noch weiter ginge es, mit dem Widerspruchsrecht sogar eine Widerspruchspflicht bei Nichtvorliegen der Voraussetzungen von Ziff. 15.16 EMCA einzuführen. Damit würde der Druck auf die Geschäftsleitung der abhängigen Gesellschaft bei der Prüfung einer Weisung weiter erhöht werden.

Die Verfasser scheinen eine gewissenhafte Prüfung für sinnvoll zu erachten, denn sie führen aus, dass ausnahmsweise auch Situationen, in denen sich die Tochtergesellschaft weigern würde eine (verbindliche) Weisung auszuführen, bestehen bleiben sollten.[629] Gleichwohl müssten nach Ansicht der EMCA-Autoren aber die Machtverhältnisse innerhalb einer Konzernstruktur beachtet werden. Gemeint sind offenbar Fälle, in denen sich die Geschäftsleiter weigern, die Weisung umzusetzen, jedoch nicht zurücktreten. Eine herrschende Gesellschaft hätte dann gesellschaftsrechtliche Befugnisse einen Geschäftsleiter abzuberufen, denn die herrschende Gesellschaft habe immer „das letzte Wort".[630]

Dennoch erkennen auch die Autoren des EMCA die Vorteile eines Widerspruchsrechts. Ein Widerspruch der Geschäftsleitung der Tochtergesellschaft könnte nämlich dazu führen, dass die Muttergesellschaft ihre Entscheidung nach einem Gespräch oder aufgrund von Beschwerden eines Minderheitsgesellschafters überdenkt.[631]

Aus diesen Gestaltungsmöglichkeiten wird deutlich, was im Allgemeinen lange bekannt ist: Der Schutz von Gläubigern bzw. Minderheitsaktionären und eine effektive Gruppenleitung beeinflussen sich gegenseitig.[632]

---

629 EMCA, First Edition 2017, S. 387.

630 EMCA, First Edition 2017, S. 387.

631 Zu diesem Idealbild vgl. EMCA, First Edition 2017, S. 387.

632 Dazu *Dominike*, Einheitliche Gruppenleitung, S. 45; *Hommelhoff*, GmbHR 2014, 1065 (1071) „regulatorische Einheit"; *ders.*, FS Stilz, S. 287 (291 ff.); *ders*, ZGR 2012, 535 (538); *Drygala/Staake/Szalai*, Kapitalgesellschaftsrecht, § 31 Rn. 9 „gleichrangig nebeneinander"; einschränkend *K. Schmidt*, FS Lutter, S. 1167 (1169); siehe dazu näher S. 159.

### iii. Lösungsansatz des EMCA

Die Verfasser des EMCA haben sich gegen eine vollständige Verschiebung der Verantwortlichkeit hin zur Muttergesellschaft entschieden. Jedoch ging ihnen offenbar auch eine Pflicht zu widersprechen zu weit. Sollte eine Weisung gegen Ziff. 15.16 Abs. 1 EMCA verstoßen, soll die Geschäftsführung der Tochtergesellschaft nicht verpflichtet sein diese einzuhalten.[633] Gemäß Ziff. 15.16 Abs. 3 EMCA soll es die Leitung der Tochtergesellschaft ablehnen können die Weisungen zu befolgen (*may refuse to comply*). Dabei stellen die Verfasser klar, sich auch am deutschen Recht orientiert zu haben.[634] Im Vertragskonzern (§ 302 AktG) darf die Geschäftsleitung sich im Falle einer offenkundigen Verletzung der Interessen der Muttergesellschaft (oder der mit ihr verbundenen Unternehmen) weigern, die entsprechende Weisung zu befolgen (§ 308 Abs. 2 AktG).[635] Demgegenüber berücksichtige der Ansatz des EMCA die Interessen von Gläubigern und Minderheitsgesellschaftern besser, wie die EMCA-Autoren ausführen. Denn dem Geschäftsleiter wird das Recht zur Ablehnung einer Weisung nicht lediglich dann eingeräumt, wenn die Weisung eine offenkundige Verletzung der Interessen der Muttergesellschaft (oder der mit ihr verbundenen Unternehmen) darstellt.[636] Diese Regel sei gerechtfertigt, da der EMCA-Ansatz flexibler sei und keinen automatischen Ausgleich von Nachteilen erfordere.[637]

Damit meinen die Verfasser offenbar, dass aus Gläubigerschutzgesichtspunkten beim Nachteilsausgleich des EMCA, im Vergleich zum deutschen Vertragskonzern, eine Schlechterstellung (der Gläubiger) geschaffen würde. Diese würde aber durch ein weitergehendes Widerspruchsrecht gegen Weisungen wieder ausgeglichen werden.

Tatsächlich würde einem Geschäftsleiter in einer abhängigen Gesellschaft durchaus ein beachtliches Widerspruchsrecht zustehen. Verstößt eine Weisung nicht gegen Ziff. 15.16 EMCA, muss der Geschäftsleiter diese ohnehin ausführen. Die Gefahr mittels gesellschaftsrechtlicher Machtbefugnisse durch einen anderen Geschäftsleiter ersetzt zu werden (sollte er sich weigern eine Weisung auszuführen), besteht in jedem

---

633 EMCA, First Edition 2017, S. 387.

634 EMCA, First Edition 2017, S. 387.

635 Siehe dazu bereits oben S. 50.

636 EMCA, First Edition 2017, S. 387.

637 EMCA, First Edition 2017, S. 387.

Fall. Das Widerspruchsrecht ist jedoch kein Selbstzweck. Für den Fall, dass der Geschäftsleiter beschließt, eine Weisung anzuwenden, die gegen Ziff. 15.16 EMCA verstößt, bleibt er haftbar, wie die Verfasser des EMCA explizit klarstellen.[638] Somit wird von den EMCA-Autoren zwar eine Pflicht zu widersprechen nicht ausdrücklich festgeschrieben, dennoch müssen sich Geschäftsleiter, allein schon um die persönliche Haftung auszuschließen, genau so verhalten, wie wenn sie zum Widerspruch verpflichtet wären.

Als Kritikpunkt der Anerkennung von Konzerninteressen wurde angeführt, dass der Geschäftsleiter in der abhängigen Gesellschaft als „Schutzschild" der Minderheitsgesellschafter und Gläubiger wegfallen würde.[639] Dies trifft zu, wenn der Geschäftsleiter als reines Ausführungsorgan eingesetzt würde. Für den gewählten Ansatz des EMCA trifft die Kritik nicht vollständig zu. Wie vorstehend aufgezeigt, werden die Geschäftsleiter in der Tochtergesellschaft, anders als es eine erste Lektüre der Ziff. 15.16 EMCA erscheinen lässt, nicht von der Entscheidung freigestellt, ob einer Weisung Folge geleistet wird.

### 3) Haftung der Muttergesellschaft

Mit Ziff. 15.17 EMCA (Haftung der Mutter)[640] schließt eine Haftungsnorm den Abschnitt zu Unternehmensgruppen ab. Diese Regel korrespondiert mit Ziff. 15.16 EMCA und regelt die Verantwortlichkeit der Muttergesellschaft, sollte es bei einer im Interesse des Konzerns geführten Tochtergesellschaft zu einer Krise kommen:

> (1) Hat ein Tochterunternehmen, welches nach Weisungen des Mutterunternehmens im Interesse des Konzerns geführt wird, keine vernünftige Aussicht aus eigener Kraft eine Liquidation zu vermeiden (Krisenzeitpunkt), so ist das Mutterunternehmen verpflichtet, unverzüglich eine grundlegende Restrukturierung des Tochterunternehmens vorzunehmen oder das Liquidationsverfahren einzuleiten.

---

[638] EMCA, First Edition 2017, S. 388.

[639] *Conac*, ECFR 2013, 194 (222) „*directors could not act as a shield*"; *Krapp*, StudZR 2017, 236 (264).

[640] EMCA, First Edition 2017, S. 388 – mangels bisher verfügbarer offizieller Übersetzung in die deutsche Sprache, ist die EMCA-Norm Ziff. 15.17 selbstständig übersetzt.

(2) Handelt das Mutterunternehmen entgegen Absatz 1, so haftet es für alle offenen Forderungen des Tochterunternehmens, die nach dem Krisenzeitpunkt entstanden sind.

(3) Hat das Mutterunternehmen das Tochterunternehmen zum Nachteil des Tochterunternehmens und unter Verstoß gegen die Interessen des Konzerns geführt, so haftet es für alle unbezahlten Schulden des Tochterunternehmens, die aus den schädlichen Weisungen resultieren.

(4) Das in den Absätzen 2 und 3 vorgesehene Recht auf Schadensersatz kann nur vom Liquidator/Sachwalter/Insolvenzverwalter des Tochterunternehmens geltend gemacht werden. Der entsprechende Verwalter ist zur Geltendmachung dieser Forderung verpflichtet, wenn Gläubiger, die 10 % der Verbindlichkeiten des Tochterunternehmens halten, dies verlangen. Das Insolvenzgericht kann die Eintreibung der Forderung selbst einleiten.

### a) Verantwortlichkeit für die Zeit ab Kriseneintritt

Nach Absatz 1 soll eine Muttergesellschaft verpflichtet sein, unverzüglich eine grundlegende Umstrukturierung bei der Tochtergesellschaft vorzunehmen oder das Insolvenzverfahren einzuleiten, sofern diese (nach Weisungen im Interesse des Konzerns geführte Tochtergesellschaft) keine vernünftige Aussicht hat, aus eigener Kraft die Krise zu überwinden.[641] Kommt die Muttergesellschaft dieser Verpflichtung nicht nach, so haftet sie gemäß Abs. 2 für alle offenen Forderungen des Tochterunternehmens, die nach dem Eintritt der Krise entstehen.[642] Diese ersten beiden Absätze regeln demnach die Handlungspflichten nach Eintritt der Krise bzw. die Haftung bezüglich Verbindlichkeiten, die nach dem Eintritt der Krise entstehen. In der Entwurfsfassung des EMCA sollte die Einstandspflicht zusätzlich auch Verbindlichkeiten erfassen, die vor Eintritt der Krise entstanden sind, jedoch wurde diese weite Haftung kritisiert und letztlich gestrichen.[643]

Schon der Bericht der Reflection Group aus dem Jahr 2011 hatte klargestellt, dass bei der Anerkennung des Konzerninteresses die Situation unterschiedlich zu bewerten sei, wenn die Tochtergesellschaft sich in Insolvenznähe befindet.[644] Darauf ist der EMCA an dieser Stelle

641 EMCA, First Edition 2017, S. 388.
642 EMCA, First Edition 2017, S. 388.
643 *Conac*, ECFR 2016, 301 (319 f.).
644 Report of the Reflection Group on the Future of EU Company Law, 2011, S. 64.

eingegangen. Erreicht eine Tochtergesellschaft einen „Krisenpunkt", soll die Muttergesellschaft eine unverzügliche Pflicht treffen, eine Umstrukturierung oder ein Insolvenzverfahren einzuleiten.[645] Demnach muss eine Umkehr der berücksichtigungsfähigen Interessen stattfinden. Der mögliche Vorrang von Konzerninteressen durch Ziff. 15.16 EMCA erreicht an dieser Stelle, durchaus spät, seine Grenzen. Folglich gehen ab dem Krisenzeitpunkt die Interessen der Gläubiger (der Tochtergesellschaft) und auch diejenigen anderer Beteiligter, etwa die der Arbeitnehmer, vor.

### i. Das wrongful-trading Konzept

Die Autoren des EMCA erklären, dass die Vorschrift von der im Vereinigten Königreich bekannten „*wrongful trading*" Haftung inspiriert ist. Jedoch mit dem Unterschied, dass die Pflichten nicht die Geschäftsleiter der Gesellschaft, sondern die Muttergesellschaft treffen sollen.[646] Damit sollen Situationen abgedeckt werden, in denen die Tochtergesellschaft durch Weisungen gesteuert wird, deren Interessen jedoch weder von den verantwortlichen Personen, noch von anderer Stelle ausreichend repräsentiert und gewürdigt werden.[647] Die Autoren hatten dabei verschiedene Situationen in den Fokus genommen. Zum einen könnten generell Konstellationen haftungsrechtlich abgedeckt werden, in denen der Geschäftsleiter der Tochtergesellschaft wegen der Privilegierung der Ziff. 15.16 EMCA als Haftungssubjekt weggefallen ist. Zum anderen könnten Doppelmandate von Geschäftsleitern in Mutter- sowie Tochtergesellschaft gemeint sein. Bei Interessenabwägungen in diesen Fällen dürfte den Interessen der Muttergesellschaft regelmäßig der Vorzug vor den (berechtigten) Interessen der Tochtergesellschaft eingeräumt werden.

Der Anspruch gegen die Muttergesellschaft soll ausdrücklich ein Schadensersatzanspruch sein („*right to claim compensation*") und gemäß

---

[645] EMCA, First Edition 2017, S. 388.

[646] EMCA, First Edition 2017, S. 388; *J. Schmidt*, ZHR 181 (2017), 43 (85) spricht von einer „speziellen konzerndimensionalen *wrongful-trading* Haftung"; siehe auch *Lutter/Bayer/J. Schmidt*, EuropUR, Rn. 12.36.

[647] EMCA, First Edition 2017, S. 388 spricht insoweit von Situationen, in denen die Tochtergesellschaft nicht im Geschäftsführungsorgan der Mutter vertreten ist.

Abs. 4 nur durch den Verwalter der Tochtergesellschaft geltend gemacht werden können.[648]

### ii. Kenntnis der Muttergesellschaft als Anspruchsvoraussetzung

Nach dem gewählten Wortlaut soll die Pflicht ab dem Krisenzeitpunkt unmittelbar bzw. unverzüglich bestehen. Entsprechend besteht nach Abs. 2 die Ersatzpflicht für alle nach dem Krisenzeitpunkt entstehenden Verbindlichkeiten. Augenscheinlich ist gewollt, dass die Ersatzpflicht stets in dem Fall bestehen soll, wenn es eine Krise bei der (im Konzerninteresse geführten) Tochtergesellschaft gibt und dennoch keine entsprechenden Maßnahmen ergriffen werden.

Daher überrascht[649] die Kommentierung der EMCA Autoren, nach der die Kenntnis (oder kennen-müssen) der Muttergesellschaft über die Krise nicht vermutet wird, da diese sich nicht immer über alle Umstände bei der Tochtergesellschaft im Klaren wäre, selbst wenn Weisungen erteilt wurden.[650] Nicht auszuschließen ist es, dass die Ablehnung der „vermuteten Kenntnis" sich ausschließlich auf die Haftung aus Ziff. 15.17 Abs. 3 EMCA bezieht.[651] Möglich erscheint aber auch ein redaktioneller Fehler. In der Entwurfsfassung des EMCA war in Ziff. 15.17 EMCA noch eine Klausel enthalten, nach der vermutet wurde, dass die Muttergesellschaft Kenntnis von der Krise bei der Tochter hatte oder zumindest Kenntnis haben müsste.[652] Dieser Passus wurde jedoch gestrichen, da diese Vermutung nicht immer gerechtfertigt sei.[653] Möglich ist, dass der hier fragliche Kommentar lediglich einen klarstellenden Hinweis diesbezüglich darstellt.

Trotzdem stellt sich die Frage, ob die Haftung erst eingreifen sollte, wenn die Muttergesellschaft positive Kenntnis von der Krise erlangt und sodann keine entsprechenden Maßnahmen einleitet. Dies hätte die Folge, dass eine Muttergesellschaft, die keine Informationen zur Tochtergesellschaft einholt, unter Umständen privilegiert würde. Mangels

---

648 EMCA, First Edition 2017, S. 388.

649 Generell kritisch hinsichtlich der konkreten Form der Ausformulierung *J. Schmidt*, ZHR 181 (2017), 43 (86).

650 EMCA, First Edition 2017, S. 388.

651 Zum Haftungstatbestand nach Ziff 15.17 Abs. 3 EMCA siehe sogleich unten.

652 *Conac*, ECFR 2016, 301 (320).

653 *Conac*, ECFR 2016, 301 (320).

Kenntnis bestünde nach dieser Lesart noch keine Ersatzpflicht nach Absatz 2. Dies dürfte kaum gewollt sein.

Soll ab dem Krisenzeitpunkt tatsächlich eine Umkehr der berücksichtigungsfähigen Interessen stattfinden, sollte diese Umkehr nicht von der Kenntniserlangung bei der Muttergesellschaft abhängig sein. Aus Sicht eines Gläubigers wäre es willkürlich, ob seine kurz nach dem Krisenzeitpunkt entstehende Forderung durch einen Anspruch gegen die Muttergesellschaft „gerettet" werden kann oder nicht. Die Interessen der Gläubiger würden nach der fraglichen Lesart an dieser Stelle weiter strapaziert.

Der Umstand, dass eine Muttergesellschaft nicht über alle Umstände in der Tochtergesellschaft im Detail informiert ist, erscheint nicht ungewöhnlich. Denkbar ist auch, dass eine Muttergesellschaft erst aus Werten der Buchhaltung erkennt, dass die Tochtergesellschaft bereits vor einigen Tagen den - in bestimmter Weise zu definierenden - Krisenpunkt erreicht hat. Dies darf der Muttergesellschaft jedoch nicht zum Vorteil gereichen und stünde auch im Widerspruch zur Wertung der Ziff. 15.16 EMCA. Im Rahmen der dort vorzunehmenden Prüfung sollen die Leitungsorgane von Tochter- und Muttergesellschaft mit Hilfe einer Prognose gerade abschätzen, ob eine angestrebte für die Tochter mit Nachteilen verbundene Maßnahme mit der finanziellen Situation der Tochter verträglich ist. Nicht zu verlangen, dass die tatsächlichen Auswirkungen der Maßnahme auf die finanzielle Verfassung der Tochter im Auge zu behalten sind, wäre widersprüchlich. Dazu bestünde jedoch kein Anreiz, würde Nichtkenntnis die Haftung nach Ziff. 15.17 Abs. 2 EMCA tatsächlich hemmen.

Letztlich sollte nicht vergessen werden, dass den herrschenden Gesellschaften durch die Anerkennung des Konzerninteresses ein großer Gestaltungsspielraum bei der Steuerung einer Tochter zugestanden wird. Sollte es dann zu einer Krise bei der Tochtergesellschaft kommen, betrifft die hier diskutierte Haftung nur die Verbindlichkeiten, die ab dem Krisenzeitpunkt neu entstehen und auch nur solange, bis die entsprechenden Maßnahmen nach Ziff. 15.17 Abs. 1 EMCA eingeleitet werden. Demnach dürfte es die Interessen einer Muttergesellschaft auch nicht überstrapazieren, wenn ab Kriseneintritt auch ohne entsprechende Kenntnis gehaftet würde. Somit sollte es, jedenfalls an dieser Stelle, auf Kenntnis der Muttergesellschaft nicht ankommen.

### b) Verantwortlichkeit für die Zeit vor der Krise

Der Absatz 3 der Ziff. 15.17 EMCA regelt die Haftung der Muttergesellschaft (auch) für Verbindlichkeiten, die vor dem Eintritt der Krise entstanden sind. Hat die Muttergesellschaft die Tochtergesellschaft zu deren Nachteil und unter Verstoß gegen die Interessen des Konzerns geführt, so soll sie für alle unbezahlten Schulden des Tochterunternehmens haften, die aus den schädlichen Anweisungen resultieren.[654] Hat die Muttergesellschaft die Tochter im Konzerninteresse geführt, so trägt sie nach dieser Vorschrift eine gewisse Verantwortlichkeit für die negativen finanziellen Folgen. Dies geht jedoch nicht so weit, dass sie eine generelle Pflicht trifft, jeden Verlust auszugleichen. Eine solch strikte Einstandspflicht besteht allerdings im deutschen Vertragskonzern nach den §§ 291 ff. AktG.[655] Eine derartige Regelung wurde von den EMCA-Autoren jedoch als zu starr empfunden, da diese den Gläubigern in der Tochtergesellschaft einen „ungerechtfertigten Schutz" gewähren würde.[656]

Die Haftung soll stattdessen nur dann eingreifen, wenn die Weisung im Interesse des Konzerns kausal für den Eintritt der Krise ist. Durch den hergestellten Zusammenhang zwischen den offenen Verbindlichkeiten gegen die Tochtergesellschaft und den Weisungen der Muttergesellschaft, sei dieser verschuldensabhängige Schadensersatzanspruch vergleichbar mit dem französischen Schadenersatzanspruch wegen unzureichender Vermögenswerte („*action en responsabilité pour insuffisance d'actif*").[657]

Grundsätzlich erscheint es sinnvoll und gerechtfertigt, dass die Haftung nicht automatisch eintreten soll, sondern nur dann, wenn die übermäßige negative Einflussnahme auch für die finanziellen Schwierigkeiten der Tochtergesellschaft verantwortlich ist. Die Autoren des EMCA bezweckten eine Verbindung zwischen Macht und Haftung der herrschenden Gesellschaft herzustellen.[658] Um dies zu gewährleisten, soll die Muttergesellschaft zum einen nur haften, wenn sie die Tochtergesellschaft unter Verletzung des Konzerninteresses geführt hat.[659] Zum

---

654 EMCA, First Edition 2017, S. 388.
655 Siehe ausführlich dazu oben ab S. 51.
656 EMCA, First Edition 2017, S. 389.
657 EMCA, First Edition 2017, S. 388.
658 EMCA, First Edition 2017, S. 389.
659 „*in violation of the interest of the group*" vgl. EMCA, First Edition 2017, S. 388.

anderen müssen die offenen Verbindlichkeiten der Tochtergesellschaft eine Folge der schädlichen Weisungen der Mutter sein.[660] An anderer Stelle wird ausgeführt, dass nur gehaftet werden soll, wenn die verletzende Weisung nicht dem Konzerninteresse genügt und der Ausgleich auf solche Schäden begrenzt ist, die durch die verletzende Weisung hervorgerufen wurden.[661] Der Wortlaut lässt an dieser Stelle dennoch Fragen offen. Klar dürfte sein, dass die Weisung in irgendeiner Weise gegen das Merkmal Konzerninteresse verstoßen haben muss. Möglich sind jedoch unterschiedliche Interpretationen, welche sich auf die Reichweite der Einstandspflicht auswirken.

#### i. Enge Auslegung

Möglich wäre etwa, dass nur gehaftet wird, wenn die Maßnahme von Anfang an nicht den Voraussetzungen der Ziff. 15.16 EMCA genügt hatte. Auch der Geschäftsleiter in der Tochter hätte erkennen müssen, dass es mit hoher Wahrscheinlichkeit zu einer Existenzgefährdung kommen wird. Die Weisung wurde dennoch erteilt und von der Tochtergesellschaft umgesetzt. Die Maßnahme hat dann entweder unmittelbar zu einer existenziellen Krise bei der Tochtergesellschaft geführt oder es kam zeitlich verzögert zu der Krise, da der versprochene Nachteilsausgleich - wie von Anfang an absehbar - ausblieb.

In dem Fall erscheint es gerechtfertigt, dass die Muttergesellschaft neben einer (möglichen) Inanspruchnahme des Geschäftsleiters der Tochtergesellschaft, in der Pflicht steht. Anders gewendet lässt sich sagen, dass nach dieser (engen) Auslegung eine Haftung nur dann in Betracht kommt, wenn die Geschäftsleitungen der Mutter und/oder der Tochtergesellschaft die Maßnahme nicht im Schutzbereich der Ziff. 15.16 EMCA ausgeführt haben.

#### ii. Weite Auslegung

Nach dem Wortlaut erscheint allerdings auch eine andere Interpretation möglich. Diese wäre, dass die Muttergesellschaft auch in der Konstellation haftet, in der die Verluste tatsächlich nicht ausgeglichen wurden, jedoch *ex-ante* davon ausgegangen wurde, dass es zum Nachteilsausgleich kommt. Der ausbleibende Ausgleich versursacht sodann die

660 „*which are the consequences of the harmful instructions*“ vgl. EMCA, First Edition 2017, S. 388.

661 *Conac*, ECFR 2016, 301 (320) „*to the extend of those instructions*“.

Insolvenz der Tochtergesellschaft. In dem Fall hatte sich die Prognose als nichtzutreffend herausgestellt. Jeder Verstoß gegen die Vorgaben der Ziff. 15.16 EMCA, also auch eine fehlerhafte Prognose hinsichtlich des Nachteilsausgleichs, würde die Haftung begründen. Der Muttergesellschaft käme eine sehr weitreichende Einstandspflicht zu. Nach dieser Lesart würde die Muttergesellschaft immer haften, sofern die negative Einflussnahme zu einer Krise geführt hat.

Dass die Haftung von einem Verschulden abhängig sein soll, spricht eher für die engere Auslegung. Jedoch muss dies nicht zwingend sein. Der Wortlaut der Ziff. 15.17 Abs. 3 EMCA macht die Haftung nicht ausdrücklich von der *ex-ante* Betrachtung abhängig. Daher kann nicht ausgeschlossen werden, dass die Autoren diese weite Auslegung im Sinn hatten.

Die Autoren nennen auch bestimmte Beispiele, in denen die Haftung nicht eingreifen soll, da dies ungerechtfertigt wäre. Etwa bei Naturkatastrophen, Streiks, einer Finanzkrise, der Insolvenz bedeutender (anderer) Tochtergesellschaften oder einer plötzlichen Veränderung des Marktumfelds.[662] Auch dies spricht eher für eine Maßgeblichkeit der *ex ante* Betrachtung und mithin eher für die enge Auslegung. Jedoch ist dies ebenfalls nicht zwingend. Durch die Nennung dieser Beispiele kann lediglich sicher gesagt werden, dass besondere, nicht beherrschbare Härtefälle, von der Haftung ausgeschlossen sein sollen.

Ohne weitere Konkretisierung zu diesem Punkt erscheinen beide Lesarten möglich.

#### iii. Stellungnahme

Wenn man sich mit der Frage auseinandersetzt, ob eine Haftung sogar nach der weiten Auslegung gerechtfertigt ist, muss differenziert werden. Grundsätzlich ist zu unterscheiden zwischen der Organhaftung und der Haftung der Muttergesellschaft. Verhält sich ein Geschäftsleiter (gleichgültig ob in Mutter- oder Tochtergesellschaft) nach den Regeln der Ziff. 15.16 EMCA, scheidet eine persönliche Inanspruchnahme aus. Dies liegt an der maßgeblichen *ex-ante* Betrachtung. Diese ist jedenfalls in Ansätzen bereits von den Autoren des EMCA im Rahmen der

---

662 EMCA, First Edition 2017, S. 389.

Ziff. 15.16 EMCA (etwa „vernünftigerweise davon ausgehen“) angelegt.

Davon im Grundsatz zu trennen ist die Haftung der Muttergesellschaft. Es stellt sich die Frage, ob an dieser Stelle eine weitreichendere Haftung nach der (zweitgenannten) Auslegung gerechtfertigt ist. Letztlich kommt es darauf an, ob die für die Organhaftung maßgebliche *ex-ante* Betrachtung bei der Haftung nach Ziff. 15.17 Abs. 3 EMCA ebenfalls maßgeblich sein sollte. Wäre dies der Fall, würde die *ex-ante* Betrachtung gewissermaßen „durchschlagen“.

Zur Beantwortung dieser Frage, sind die Mechanismen nach deutschem Recht als Vergleichsmaßstab kaum zu gebrauchen. Im Vergleich zu § 317 AktG bestehen in Bezug auf das Verschulden systematische Unterschiede zur EMCA Regelung.[663] Zwar haften im Rahmen des § 317 AktG die herrschende Gesellschaft und ihre gesetzlichen Vertreter gesamtschuldnerisch und die Ersatzpflicht soll nicht bestehen, sofern ein gewissenhafter Geschäftsleiter das Geschäft ebenso vorgenommen hätte.[664] Jedoch geht es dabei nicht um einen Gleichlauf von Haftung der Mutter und Organhaftung bei der abhängigen Gesellschaft. Die Adressaten sind vielmehr die Leitungsorgane der Muttergesellschaft. Auch der Ausschluss für die Geschäfte innerhalb des Sorgfaltsmaßstabs gemäß § 317 Abs. 2 AktG, darf nicht als ein Abstellen auf die *ex-ante* Betrachtung interpretiert werden. Dadurch soll lediglich klargestellt werden, dass nur Geschäfte haftungsbegründend sein können, welche auch nachteilig im Sinne des § 311 AktG sind.[665] Bei der Haftung der Muttergesellschaft im Vertragskonzern sind die systematischen Unterschiede zur EMCA-Regelung noch größer.[666] Daher ist es wenig aussagekräftig, wenn es im Rahmen des § 302 AktG ausschließlich auf einen eingetretenen Verlust (*ex-post* Betrachtung) ankommt, da die Muttergesellschaft nicht nur einen Ausgleich eines Schadens- bzw. Nachteils schuldet, sondern sogar eine Einstandspflicht für alle Verluste besteht.[667]

---

663 Siehe dazu näher S. 172.

664 Siehe dazu bereits ausführlich S. 65.

665 Hüffer/*Koch*, AktG, § 317 Rn. 11; siehe zum Nachteil als Abhängigkeitsfolge bereits oben S. 60 ff.

666 Siehe dazu näher oben S. 51 ff. sowie S. 166.

667 Siehe näher dazu bereits S. 52 f.

Da die deutschen Regelungen keine taugliche Hilfestellung sind, empfiehlt es sich diese Auslegungsfrage mit Hilfe des Sinns und Zwecks der Regelung der Ziff. 15.17 Abs. 3 EMCA zu beantworten. Das Ziel der Anerkennung von Konzerninteressen ist insbesondere der Schutz der in einem Spannungsfeld tätigen Geschäftsleiter. Den herrschenden Gesellschaften soll jedoch auch mehr Rechtssicherheit bei der Einflussnahme auf abhängige Gesellschaften gewährt werden. Der Schutz des Vermögens der Muttergesellschaft ist grundsätzlich nicht bezweckt. Entscheidend ist jedoch, dass auch eine Aufhebung der Haftungssegmentierung der beschränkten Haftung bei Kapitalgesellschaften von keiner Stelle avisiert wurde.

Sollte aus der *ex-ante* Perspektive eine Maßnahme die Voraussetzungen von Ziff. 15.16 EMCA erfüllt haben und trifft die Vertretungsorgane der herrschenden Gesellschaft bei der Anweisung kein Verschulden, dann hat sich bei einer gleichwohl eintretenden Krise letztlich das wirtschaftliche Risiko der Maßnahme verwirklicht. Sollte dann trotzdem eine Einstandspflicht der Muttergesellschaft bestehen, käme dies der (nicht gewollten) Aufgabe der beschränkten Haftung sehr nahe. Von der Reichweite wäre dies im Übrigen mit der Verlustausgleichspflicht des § 302 AktG vergleichbar. Denn auch bei Vertragskonzernen spielt es keine Rolle, ob die herrschende Gesellschaft für den eingetretenen Verlust tatsächlich verantwortlich war. Letztlich geht es um eine Wertungsentscheidung, welche mittelbar zu Lasten der Gläubiger der Tochtergesellschaft getroffen wird. Dennoch erscheint es in Zusammenschau mit der Anerkennung des Konzerninteresses und der Ablehnung einer generellen Verlustausgleichspflicht konsequent, wenn in der genannten (weiten) Konstellation die Muttergesellschaft nicht einzustehen hat. Die weite Auslegung ist daher abzulehnen.

Jedoch muss differenziert werden, sodass die Muttergesellschaft durch die Einschränkung ihrer Haftung nicht übermäßig bevorteilt würde. Die Einschränkung darf keine Fälle betreffen, in denen die Maßnahme zwar (nachweislich) *ex-ante* die Voraussetzungen der Ziff. 15.16 EMCA erfüllt, jedoch später durch das Management der Muttergesellschaft der Nachteilsausgleich aktiv verhindert wird. In dem Fall sollte den Gläubigern der Tochter nicht bloß die (dann wohl mögliche) Inanspruchnahme des Managements der Muttergesellschaft möglich sein, sondern haftungsmäßig auch das Vermögen der Muttergesellschaft zur Verfügung stehen.

In diesem Zusammenhang wird noch ein anderer Aspekt relevant. Zwar ist die *ex-ante* Betrachtung nach der o.g. engen Auslegung maßgeblich, es sei denn, das Management verhindert aktiv den Ausgleich des Nachteils. Jedoch sollte die Muttergesellschaft auch im Nachgang einer negativen Einflussnahme die Entwicklung in der Tochtergesellschaft beobachten. Schäden in der Tochtergesellschaft könnten in vielen Konstellationen verringert werden, sofern die sich anbahnende Entwicklung rechtzeitig erkannt und unter Umständen eingegriffen würde. Bedenkt man, dass nach dem EMCA Ansatz der Muttergesellschaft weitgehende Leitungsbefugnisse zustehen und im Rahmen der *ex-post* Einstandspflicht negative Geschäftsentwicklungen nicht zu Lasten der Mutter gehen sollen (enge Auslegung), so dürfte es die Rechtsposition der Muttergesellschaft nicht überstrapazieren, wenn jedenfalls die Pflicht besteht, die Geschäftsentwicklung der Tochter regelmäßig zu überwachen. Eine Blaupause für eine entsprechende Überwachungspflicht der Muttergesellschaft, könnte die Pflicht des Vorstands einer AG zur systematischen Überwachung gem. § 91 Abs. 2 AktG sein.

## § 7 Bewertung der Modelle

Die zuvor analysierten Modelle der Einflussnahme auf eine abhängige Gesellschaft werden in diesem Abschnitt miteinander verglichen und bewertet. Dabei wird gezeigt, welches Schutzniveau den Gläubigern einer abhängigen Gesellschaft gewährt wird. Zum einen wird auf die Unterschiede zwischen den Regelungsvorschlägen eingegangen. Zum anderen wird die Frage beantwortet, ob die Gläubiger nach deutscher Rechtslage *de lege lata* besser oder schlechter geschützt sind, als sie es *de lege ferenda* nach einer Umsetzung der Regelungsvorschläge wären.

### I. Verhältnis von Möglichkeit der Einflussnahme und Gläubigerschutz

Aus der Analyse der Regelungsvorschläge ist deutlich geworden, was bereits aus dem deutschen Recht hinlänglich bekannt ist. Jede Stärkung der Möglichkeiten auf eine abhängige Gesellschaft Einfluss zu nehmen, findet auf Kosten des lokalen Gläubigerschutzes statt. Die Einflussnahme und der Gläubigerschutz bedingen sich gegenseitig. Nichts anderes ist gemeint, wenn *Hommelhoff* argumentiert, Konzernrecht müsse „*Gewährleistungs- und Schutzrecht zugleich sein*".[668]

Niemand dürfte bezweifeln, dass eine Unternehmung nur durch eine funktionierende Kooperation mit den Gläubigern erfolgreich sein kann. Die Vorschriften zum Schutz der Gläubiger gewährleisten jene Kooperation. Daher ist es folgerichtig, dass weder der Schutz zugunsten der Leitung geopfert werden sollte, noch umgekehrt.[669]

Letztendlich geht es um die Frage, ob ein Regelungsmodell einen angemessenen Kompromiss zwischen Einfluss und Schutz finden kann. Im deutschen Gesellschaftsrecht ist ein gewisses Niveau an Gläubigerschutz etabliert. Wenn die Regelungsvorschläge das Verhältnis von

---

[668] *Hommelhoff*, ZGR 2012, 535 (538); ebenso *Teichmann*, ZGR 2014, 45 (68), nach dem Haftung und Leitung eine Einheit bilden; ebenso *Dominike*, Einheitliche Gruppenleitung, S. 44, mit Bezugnahme auf die leidenschaftlich diskutierte Formulierung *Hommelhoffs*, beide Aspekte seien „*zwei Seiten derselben Medaille*"; siehe dazu auch *Schön*, ZGR 2019, 343, 371 f.; zur entsprechenden Diskussion im Rahmen des faktischen AG-Konzerns mit der Frage, ob es eine Privilegierung der „Leitung" vor dem „Schutz" gibt, siehe KK/*Koppensteiner*, AktG, Vorb. § 311 Rn. 8 ff. mwN.

[669] *Dominike*, Einheitliche Gruppenleitung, S. 44; *Beck*, Der Konzern 2012, 301 (303) „*das Pendel in keine Richtung maximal ausschlagen darf*".

Einfluss und Gläubigerschutz verändern möchten, würde in Frage stehen, ob jene Veränderung noch mit den Wertungen des deutschen Rechts vereinbar wäre.

## II. Vergleich des Schutzniveaus der Regelungsmodelle im Hinblick auf Gläubigerschutz in der abhängigen Gesellschaft

Um das den einzelnen Modellen innewohnende Schutzniveau vergleichen zu können, müssen die gläubigerschützenden Regelungen zunächst funktional eingeordnet werden. Nur auf diese Weise lässt sich erkennen, ob zwei verschiedene Regelungen überhaupt sinnvoll miteinander verglichen werden können. Die Einordnung zeigt gewissermaßen die „Stellschrauben" von Einfluss und Schutz. Auch eine Aussage darüber, ob sich einer der Vorschläge leicht in ein bestehendes Regime integrieren lässt oder ob die systematischen Unterschiede insoweit eine erhebliche Hürde wären, wird erleichtert. Zur Einordnung kann die auf S. 20 f. dargestellte Klassifizierung von Strategien[670] erneut herangezogen werden.

### 1) Übersicht über die Regelungsmodelle

Zunächst werden die verschiedenen Ansätze der Regelungsvorschläge, sowie die Mechanismen des deutschen Konzernrechts, übersichtsartig dargestellt. Dadurch lassen sich bereits systematische Gemeinsamkeiten und Unterschiede erkennen.

#### a) Regelungsvorschläge zur Anerkennung des Konzerninteresses

Bei einer funktionalen Einordnung der drei untersuchten Regelungsvorschläge ergibt sich folgende Übersicht:

670 Lösungsstrategien im Konflikt zwischen Gesellschafter und dem Gläubiger.

| Grenzen der Einflussnahme nach den Regelungsvorschlägen | | | |
|---|---|---|---|
| | **FECG (2015)** | **ICLEG (2016)** | **EMCA (2017)** |
| **Recht zur Einflussnahme** | Verbindliches Weisungsrecht | Kein Weisungsrecht | Verbindliches Weisungsrecht |
| **Ex-ante** | **Reguläre Tochtergesellschaft:**<br>Rozenblum Test:<br>- Einbindung in Konzertätigkeit<br>- Aussicht auf Nachteilsausgleich<br>- Grenze der Existenzgefährdung<br><br>**Servicegesellschaft:**<br>- Solvenztest bzw. Garantie<br>- Existenzgefährdung | **Option 2:**<br>Bilanztest nach Anwendung Art. 17 2012/30/EU<br>= Mindestkapital zzgl. nicht ausschüttungsfähige Rücklagen<br><br>**Option 3:**<br>- Bilanztest für AG<br>- Solvenztest für GmbH (Verbindlichkeiten der nächsten sechs Monate) | **Variante MinderheitsG vorhanden:**<br><br>mod. Rozenblum-Test:<br>- Interesse des Konzerns<br>- Aussicht auf Nachteilsausgleich innerhalb angemessenem Zeitraum<br>- Grenze der Existenzgefährdung<br><br>**Variante 100% Tochter:**<br>Grenze der Existenzgefährdung |
| **Ex-post** | nationale Regelungen verbleiben unverändert | nationale Regelungen verbleiben unverändert | - Haftung für Verletzung der Verpflichtung zur Einleitung einer Restrukturierung (Ziff. 15.17 Abs. 1, 2 EMCA)<br>- Haftung für alle offenen Forderungen, die aufgrund von schädlichen Weisungen entstehen (Ziff. 15.17 Abs. 3 EMCA - verschuldensabhängig; kein Direktanspruch der Gläubiger) |

Bei der Ausübung des Einflusses gewährt das Forum Europeum ebenso wie der EMCA einer herrschenden Gesellschaft ein verbindliches Weisungsrecht gegenüber dem Leitungsorgan der abhängigen Gesellschaft.[671] Demgegenüber wird von der ICLEG die Möglichkeit der Einflussnahme als „berücksichtigen-dürfen" ausgedrückt, womit es ausschließlich auf die Perspektive der Geschäftsleitung der abhängigen Gesellschaft ankommt.[672]

Das Forum Europeum sowie der EMCA machen das anzuwendende Schutzniveau davon abhängig, ob in der Tochtergesellschaft Minderheitsgesellschafter vorhanden sind. Ist dies der Fall, wird die Einflussnahme nach dem Vorschlag des Forum Europeum durch die Rozenblum-Formel begrenzt. Nach dieser müssen eine Reihe von Merkmalen erfüllt sein und insbesondere müssen zukünftig die verursachten

671 Zum Forum Europeum-Weisungsrecht *Forum Europeum on Company Groups*, ZGR 2015, 507, 511, sowie oben S. 117; zum EMCA-Weisungsrecht nach Ziff. 15.09 siehe EMCA, First Edition 2017, S. 379 sowie oben S. 128.

672 ICLEG Report aaO (Fn. 11), S. 41; siehe dazu oben S. 122.

Nachteile wieder ausgeglichen werden.[673] Der EMCA beschränkt die Einflussnahme ebenfalls durch die Rozenblum-Formel, wobei diese modifiziert zur Anwendung kommen soll.[674]

Handelt es sich bei der Tochter um eine „Servicegesellschaft“, soll nach dem Forum Europeum Vorschlag das Weisungsrecht lediglich durch einen Solvenztest (bzw. die Stellung einer Garantie) sowie die Grenze der Existenzgefährdung begrenzt sein.[675] Auch nach dem EMCA soll es bei hundertprozentigen Tochtergesellschaften auf den Rozenblum-Test und einen Nachteilsausgleich nicht ankommen. Das Weisungsrecht der Ziff. 15.09 EMCA wird lediglich durch die Grenze der Existenzgefährdung begrenzt.[676]

Nach dem ICLEG-Vorschlag soll die Einflussnahme stets begrenzt bleiben auf Fälle, in denen keine Minderheitsgesellschafter vorhanden sind.[677] Der Vorschlag der ICLEG kennt keine Vorschriften, nach denen Nachteile wieder ausgeglichen werden müssen. Stattdessen sollen fremde Interessen ausnahmsweise nicht berücksichtigt werden dürfen, sofern (je nach Option) ein Bilanz- bzw. ein Solvenztest negativ ausfällt.[678]

Das Forum Europeum und die ICLEG verhalten sich nicht zu Einflussgrenzen, welche *ex-post* wirken. Es ist davon auszugehen, dass die nationalen Regelungen Anwendung finden sollen. Demgegenüber soll nach Ziff. 15.17 EMCA die Muttergesellschaft haften, sofern sie in einer Krise der Muttergesellschaft nicht unverzüglich Maßnahmen ergreift.[679] Unter Umständen soll sie daneben auch für Schäden haften, welche durch eine schädliche Weisung verursacht wurden.[680]

---

673 Forum Europeum on Company Groups ZGR 2015, 507, 513, siehe auch oben S. 117 zum Forum Europeum Ansatz sowie zum Nachteilsausgleich des Rozenblum-Ansatzes S. 109.

674 EMCA, First Edition 2017, S. 386; zur Modifizierung im Einzelnen siehe oben S. 135.

675 Forum Europeum on Company Groups ZGR 2015, 507, 512; zur Servicegesellschaft siehe bereits S. 119.

676 EMCA, First Edition 2017, S. 385; siehe auch oben S. 142.

677 ICLEG Report aaO (Fn. 11), S. 41; sowie oben S. 122.

678 ICLEG Report aaO (Fn. 11), S. 42 f.; siehe auch oben ab S. 123.

679 EMCA, First Edition 2017, S. 388; siehe dazu ab S. 149.

680 EMCA, First Edition 2017, S. 388; siehe dazu ab. S. 153.

## b) Die Möglichkeiten der Einflussnahme nach deutschem Recht

Bei einer entsprechenden Einordnung der verschiedenen Gestaltungsoptionen des deutschen Konzernrechts, ergibt sich folgende Übersicht:

| Grenzen der Einflussnahme nach deutschem Konzernrecht | | | |
|---|---|---|---|
| | **Vertragskonzern** (AG; GmbH analog) | **Faktischer AG-Konzern** | **Faktischer GmbH-Konzern** (ohne Minderheitsgesellschafter) |
| **Recht zur Einflussnahme** | Verbindliches Weisungsrecht (§ 308 AktG) | - Kein Weisungsrecht<br>- Begriff der Veranlassung | Verbindliches Weisungsrecht |
| **Ex-ante** | - Grundsätzlich keine Beschränkung bei Ausübung des Weisungsrechts<br>- Nachträgliche Verlustausgleichspflicht (§ 302 Abs. 1 AktG) am Ende des Geschäftsjahres | - Trotz allg. Schädigungsverbot Privilegierung der Einflussnahme<br>- Darf Bestand und Rentabilität nicht gefährden<br>- Einfluss muss Einzelausgleich zugänglich sein<br>- Nachteilsausgleich spätestens Ende des Geschäftsjahres | - Grenze des Stammkapitals der Gesellschaft (Bilanztest des § 30 GmbHG)<br>- Existenzgefährdung (bzw. Existenzvernichtungshaftung) |
| **Ex-post** | - Verpflichtung zur Leistung von Sicherheit nach § 303 AktG<br>- Kein weiterer Konzernausgangsschutz | Schadensersatzanspruch § 317 AktG wenn Nachteilsausgleich unterbleibt (verschuldensunabhängig) | - Rückerstattungsanspruch § 31 Abs. 1 GmbHG (kein direkter Anspruch der Gläubiger)<br>- Ersatz (nur) des Gläubigerausfallschadens (kein direkter Anspruch; nur Innenhaftung ggü. der GmbH) |

Das Weisungsrecht der herrschenden Gesellschaft ergibt sich beim faktischen GmbH-Konzern allgemeinen aus den Regeln des GmbHG[681], während es beim Vertragskonzern ausdrücklich in § 308 AktG festgeschrieben ist[682]. Gegenüber einer abhängigen AG besteht im Übrigen kein Weisungsrecht, sofern die Regeln der §§ 291 ff. AktG nicht anwendbar sind. Die Möglichkeiten der Einflussnahme finden in dem Fall in § 311 AktG ihren Ausdruck. Dabei wird stets eine Situation

681 Siehe dazu oben ab S. 71; zum allgemeinen Weisungsrecht gegenüber dem Geschäftsführer einer GmbH siehe *Schneider/Schneider* in Scholz, GmbHG, § 37 Rn. 58ff.

682 Näher zu Inhalt und Grenzen siehe oben S. 49.

vorausgesetzt, in der ein Rechtsgeschäft oder eine Maßnahme „veranlasst“ wurde.[683]

Die Grenzen der Einflussnahme unterscheiden sich im deutschen Recht, abhängig von der Art der Konzernierung, deutlich. In einem faktischen GmbH-Konzern, in dem keine Minderheitsgesellschafter vorhanden sind, ist ein Ausgleich von zugefügten Nachteilen nicht erforderlich. Bei Verstoß gegen die Kapitalerhaltungsregeln des § 30 GmbHG[684] oder bei einer Existenzgefährdung der Gesellschaft[685], wird die Einflussnahme der herrschenden Gesellschaft allerdings beschränkt. Im Gegensatz dazu findet das Schädigungsverbot gegenüber einer faktisch abhängigen AG ausdrücklich keine Anwendung, wenn die Nachteile gem. § 311 Abs. 2 AktG ausgeglichen werden.[686] Der Ausgleich kann entweder tatsächlich oder durch die Gewährung eines Rechtsanspruchs erfolgen, muss sich jedoch spätestens am Ende des Geschäftsjahres bilanziell bei der (abhängigen) Gesellschaft ausgewirkt haben.[687] Bei Bestehen eines Beherrschungs- und Gewinnabführungsvertrags wird das Weisungsrecht der herrschenden Gesellschaft grundsätzlich (im Hinblick auf Vermögensinteressen der Tochter) nicht beschränkt. Dafür gibt es nach der Systematik der §§ 291 ff. AktG auch keinen Grund. Denn gem. § 302 AktG ist die herrschende Gesellschaft nicht nur verpflichtet etwaig zugefügte Nachteile auszugleichen, wie es im faktischen AG-Konzern der Fall ist. Stattdessen ist sogar jeder bei der abhängigen Gesellschaft während der Vertragslaufzeit entstehende Verlust auszugleichen.[688]

Die grundlegenden Unterschiede zeigen sich entsprechend auch bei den *ex-post* wirkenden Schutzmechanismen. Beim faktischen GmbH-Konzern ist die Erstattungspflicht nach § 31 GmbHG sowie die Existenzvernichtungshaftung relevant.[689] Beim faktischen AG-Konzern haftet

---

683 Siehe dazu bereits oben S. 57; zu den möglichen Formen der Veranlassung siehe Hüffer/*Koch*, AktG, § 311 Rn. 13; *Habersack* in Emmerich/Habersack, Aktien – und GmbH-Konzernrecht, § 311 Rn. 23.

684 Zu den Regeln der §§ 30, 31 GmbHG siehe oben ausführlich ab S. 31.

685 Siehe dazu oben ausführlich ab S. 73.

686 Zu den Details siehe oben ab S. 59.

687 *Hüffer/Koch, AktG, §* 311 Rn. 44; siehe zur Art und Weise des Ausgleichs auch oben S. 64.

688 Siehe dazu näher oben ab S. 52.

689 Zu § 31 GmbHG näher oben S. 34; zur mittlerweile auf § 826 BGB gestützten Haftung, ausgestaltet durch die Grundsätze der Trihotel-Entscheidung siehe BGH, Urt. v. 16.07.2007 - II ZR 3/04, NJW 2007, 2689; sowie oben S. 79 ff.

die herrschende Gesellschaft gesamtschuldnerisch mit ihren gesetzlichen Vertretern gem. § 317 AktG, sofern durch einen ausgebliebenen Nachteilsausgleich Schäden entstehen.[690] Bei Vertragskonzernen sind vergleichbare *ex-post* Schutzmechanismen, wegen der umfassenden Verlustausgleichpflicht der Muttergesellschaft, nicht vorhanden. Jedoch muss den Gläubigern der beherrschten Gesellschaft bei Beendigung des Beherrschungsvertrages, unter Umständen, gem. § 303 AktG Sicherheit geleistet werden.[691]

### c) Unterscheidung zwischen dauerhafter und bloß zeitlicher Entnahme von Ressourcen

Betrachtet man die verschiedenen Modelle der Regelungsvorschläge, sowie die verschiedenen Arten der Konzernierung nach deutschem Recht, erscheint es zunächst schwierig diese miteinander zu vergleichen. Bei näherer Betrachtung fällt jedoch auf, dass bei den *ex-ante* wirkenden Beschränkungen der Einflussnahme zwei unterschiedliche Kategorien gebildet werden können.

Ein Teil der Modelle verlangt, dass die durch Einflussnahme entstehenden Schäden wieder ausgeglichen werden müssen. Ein solcher Nachteilsausgleich ist etwa beim faktischen AG-Konzern erforderlich.[692] Daneben verlangen auch das Forum Europeum für „reguläre Tochtergesellschaften“[693] und der EMCA (sofern Minderheitsgesellschafter vorhanden sind[694]), jeweils inspiriert durch den Rozenblum-Ansatz, dass zukünftig die Nachteile wieder durch Vorteile ausgeglichen werden.

Kein Nachteilsausgleich wird dagegen verlangt beim faktischen GmbH-Konzern (ohne Minderheitsgesellschafter)[695], nach allen Optionen der ICLEG[696], bei Servicegesellschaften nach dem Forum

---

690 Dazu näher bereits oben S. 65 ff.

691 Ausführlich dazu oben S. 54 ff.

692 Siehe dazu ausführlich ab S. 59.

693 *Forum Europeum on Company Groups*, ZGR 2015, 507, 513; siehe zum Nachteilsausgleich nach dem originären Rozenblum-Ansatz oben S. 109.

694 Vgl. Ziff. 15.16 Abs. 1 b) EMCA, EMCA, First Edition 2017, S. 385; speziell zum Verlustausgleich siehe oben S. 137.

695 Näher zu den Grenzen der Einflussnahme beim faktischen GmbH-Konzern siehe oben ab S. 71.

696 ICLEG Report aaO (Fn. 11), S. 41 ff.

Europeum[697] sowie bei im Alleinbesitz stehenden Tochtergesellschaften im Rahmen des EMCA[698]. Innerhalb dieser Modelle ist demnach durch negative Einflussnahme einer herrschenden Gesellschaft, eine dauerhafte Entnahme von Vermögengegenständen der abhängigen Gesellschaft möglich, sofern die jeweils anwendbaren Einflussgrenzen gewahrt bleiben.

Folglich zeichnet die erste Kategorie von Modellen eine Verpflichtung zum Nachteilsausgleich aus, wobei dieser Ausgleich zeitlich gestreckt erfolgt. Charakteristika der zweiten Kategorie ist die Tatsache, dass oberhalb von bestimmten Schutzgrenzen eine dauerhafte Entnahme von Ressourcen möglich ist. Innerhalb der jeweiligen Kategorie werden die Modelle vergleichbar. Auf diese Weise können mithin die Unterschiede des (den Gläubigern zugutekommenden) Schutzniveaus identifiziert werden.

### d) Einordnung von Vertragskonzernen

Während die übrigen Regelungsmodelle sich in eine der beiden Kategorien einordnen lassen, will dies für Vertragskonzerne nach den §§ 291 ff. AktG nicht gelingen. Dem Anschein nach lässt sich dieses Modell ebenfalls in die erste Kategorie einordnen.

Ein Wesensmerkmal der Modelle der ersten Kategorie ist die Möglichkeit, finanzielle Ressourcen jedenfalls zeitweise zu entziehen. Die Risiken, welche sich aus dem Entzug von Mitteln für eine gewisse Zeit ergeben, verbleiben bei der abhängigen Gesellschaft. Zwar steht einer abhängigen Gesellschaft ein Ausgleichsanspruch zu, jedoch trägt sie bis zum tatsächlichen Ausgleich das Insolvenzrisiko der herrschenden Gesellschaft. Anders ausgedrückt, wird, trotz des Konzernverhältnisses, in den Modellen der ersten Kategorie die Haftungssegmentierung nicht in Frage gestellt.

Beim Vertragskonzern erfolgt kein zeitlich gestreckter Nachteilsausgleich. Die herrschende Gesellschaft eines Vertragskonzerns trifft die Verpflichtung nicht nur zugefügte Nachteile auszugleichen, sondern die gesamten Verluste bei der beherrschten Gesellschaft zu tragen.[699] Dies

---

697 *Forum Europeum on Company Groups*, ZGR 2015, 507, 513.

698 Vgl. Ziff. 15.16 Abs. 2 EMCA, EMCA, First Edition 2017, S. 385; ausführlich dazu oben S. 142.

699 Ausführlich dazu oben ab S. 51.

gilt selbst dann, wenn die Verluste in keinerlei Zusammenhang mit einer negativen Einflussnahme stehen. Die Parteien des Beherrschungsvertrags bilden eine Einheit, die sich grundlegend von den Modellen der ersten Kategorie unterscheidet.

Die Fragen nach der Sinnhaftigkeit und den Vor- und Nachteilen der §§ 291 ff. AktG gegenüber anderen Modellen, sollen hier ausdrücklich offenbleiben. Jedoch wird deutlich, dass die systematischen Unterschiede im Vergleich zu den anderen Modellen der ersten Kategorie derart groß sind, dass ein sinnvoller Vergleich nicht möglich ist.

Die *Reflection Group* deutete in ihrem Bericht aus dem Jahr 2011 an, dass sie für eine europaweit realisierbare Umsetzung, den Rozenblum-Ansatz nach französischem Vorbild präferieren würde.[700] Dabei wurde ebenfalls angedeutet, dass bei einem solchen Vorgehen die systematischen Unterschiede zum deutschen Konzernrecht des AktG, problematisch sein könnten. Denn das deutsche Recht und insbesondere das Recht der Vertragskonzerne mit den Regelungen zum Verlustausgleich, wären von der Anerkennung des Konzerninteresses „*in größerem Maße beeinträchtigt*“.[701]

Die gerade gezeigten Unterschiede zu den sonstigen Modellen der ersten Kategorie, bestätigen die Aussagen der *Reflection Group*. Sollte einer der vorgestellten Regelungsvorschläge umgesetzt werden, würde dieser sich fundamental vom System der §§ 291 ff. AktG unterscheiden.

### 2) Modelle mit zeitlich gestreckter Entnahme

Zunächst wird das Schutzniveau der Modelle der ersten Kategorie verglichen. Diese erlauben einen (bloß) zeitlich begrenzten Entzug von Mitteln der abhängigen Gesellschaft.

#### a) Unterschiedlicher Anwendungsbereich von Forum Europeum und EMCA

Auf den ersten Blick scheinen sich bei den drei Modellen bloß die Modelle, welche sich im Wesentlichen auf den Rozenblum-Ansatz berufen

---

700 Report of the Reflection Group on the Future of EU Company Law, 2011, S. 62 f.

701 Report of the Reflection Group on the Future of EU Company Law, 2011, S. 63 aE „*could be more affected*“.

und das Modell der §§ 311 ff. AktG gegenüber zu stehen. Jedoch unterscheiden sich EMCA und der Vorschlag des Forum Europeum nicht nur bei den Merkmalen des Rozenblum-Ansatzes.[702] Tatsächlich unterscheiden sich die Modelle auch im Anwendungsbereich. Nach dem EMCA-Ansatz darf bei hundertprozentigen Tochtergesellschaften gem. Ziff. 15.16 Abs. 2 EMCA stets auf die Prüfung der (modifizierten) Rozenblum-Formel verzichtet werden. Anders ist dies nach dem Forum Europeum-Vorschlag. Nur Tochtergesellschaften, welche die Voraussetzungen einer Servicegesellschaft erfüllen, werden von der Prüfung befreit.[703] Liegen die Voraussetzungen nicht vor, etwa weil die Tochtergesellschaft eine gewisse Größe erreicht hat oder nicht nur „Hilfstätigkeiten" ausführt, muss die Rozenblum-Formel angewandt werden.[704] Damit können auch Tochtergesellschaft im Alleinbesitz der herrschenden Gesellschaft unter das „strengere" Rozenblum-Regime fallen. Nach dem EMCA ist dies nicht möglich. Der Forum Europeum-Vorschlag ist daher an dieser Stelle etwas strenger als der EMCA.

#### b) Unterschiedliches Schutzniveau von Rozenblum-Ansatz und dem Nachteilsausgleich des § 311 AktG

Möchte man die Modelle im Hinblick auf ihr Schutzniveau vergleichen, ist besondere Vorsicht geboten. Das liegt schlicht daran, dass sich die Merkmale zum Teil deutlich unterscheiden. Dennoch finden sich mehrere Parallelen, die einem Vergleich zugänglich sind.

##### i. Anwendungsbereich der Einflussnahmemöglichkeit

Die Vorschrift des § 311 AktG findet zwingend Anwendung, wenn eine abhängige AG keinen Beherrschungsvertrag (als abhängige Gesellschaft) abgeschlossen hat. Demgegenüber ist der Anwendungsbereich der Rozenblum-Formel enger. Wenn etwa eine gemeinsame Gruppenpolitik fehlt oder im Geschäftsplan die nachteilige Maßnahme nicht bereits im Vorfeld angelegt war, scheidet eine Einflussnahme der herrschenden Gesellschaft von vorneherein aus.[705] Wenn der Anwendungsbereich enger ist, kommt es vermutlich zu weniger Fällen der negativen

---

702 Zur Modifikation des Rozenblum-Ansatzes im EMCA siehe EMCA, First Edition 2017, S. 386; sowie oben ab S. 133.

703 Näher dazu oben S. 119.

704 *Forum Europeum on Company Groups*, ZGR 2015, 507, 512 f.

705 Siehe zu den anwendbaren Merkmalen der Rozenblum-Formel nach dem EMCA ausführlich oben ab S. 130.

Einflussnahme auf die abhängige Gesellschaft. Dies dürfte im Interesse von deren Gläubigern sein. Ein gemeinsamer, ausgewogener Geschäftsplan der Gruppe, dürfte im Allgemeinen ebenso im Interesse der Gläubiger der abhängigen Gesellschaft liegen. Vom Anwendungsbereich betrachtet, ist das Schutzniveau der Rozenblum-Modelle daher eher höher, als beim faktischen AG-Konzern.

### ii. Anforderungen an den Nachteilsausgleich

Betrachtet man die Verpflichtung zum Nachteilsausgleich, dürfte das Ergebnis umgekehrt ausfallen. Das Regime des § 311 AktG verlangt, dass die nachteilige Veranlassung dem Einzelausgleich zugänglich ist.[706] Daneben ist der zeitliche Rahmen des Nachteilsausgleichs strikt vorgegeben. Anders ist dies beim Rozenblum-Ansatz und insbesondere in der Ausgestaltung durch den EMCA. Auch wenn viele Details streitig sind, ist ein zeitlich flexibler Ausgleich möglich.[707]

Bei § 311 AktG erfolgt der Ausgleich im Grundsatz durch tatsächlichen Ausgleich (etwa in Form einer Zahlung) bzw. durch Gewährung eines durchsetzbaren Rechtsanspruchs[708]. Der Rozenblum-Ansatz dagegen ist auch bei Form der Ausgleichsgewährung flexibler[709], auch wenn viele Details umstritten und daher von der konkreten Auslegung abhängig sind.

Wenn schwer bezifferbare Vorteile tatsächlich als Ausgleich gestattet sind, werden die Gläubiger der Tochter folglich vom strengeren § 311 AktG besser geschützt. Der Unterschied des Schutzniveaus würde sogar noch verstärkt, wenn der Nachteilsausgleich nach dem Rozenblum-Ansatz nicht zwangsläufig der beeinträchtigten Gesellschaft zugutekommen muss.[710]

---

706 Zu den Problemen diesbezüglich ausführlich oben ab S. 60.

707 Dazu im Rahmen des EMCA siehe S. 137; zum Nachteilsausgleich nach der französischen Rechtsprechung siehe auch S. 109.

708 Siehe dazu Hüffer/*Koch*, AktG, § 311 Rn. 46 f.

709 Siehe zu den Vorteilen bereits ab S. 138 im Rahmen des EMCA; siehe zum ursprünglichen Ansatz auch ab S. 109.

710 Zu einer möglichen „konsolidierenden Betrachtung" siehe *Forum Europeum*, Konzernrecht für Europa ZGR 1998, 672, 708; *Gräbener*, Schutz außenstehender Gesellschafter im deutschen und französischen Kapitalgesellschaftsrecht, S. 115; sowie oben ab S. 109 und ab S. 138.

### c) Rechtsfolgen bei Verstoß gegen den Nachteilsausgleich

Das Forum Europeum möchte bei Verstößen keine Modifikation der nationalen Modelle vornehmen. Ob die Autoren damit etwa die Anwendung des § 317 AktG im Blick hatten, kann nicht geklärt werden. Jener § 317 AktG regelt bei faktischen AG-Konzernen, dass Schäden zu ersetzen sind, die dadurch entstanden waren, dass die herrschende Gesellschaft ihrer Pflicht zum Nachteilsausgleich nicht nachgekommen ist. Dabei handelt es sich um eine verschuldensunabhängige Haftung[711]. Der EMCA schlägt mit Ziff. 15.17 EMCA ein anderes Modell vor.

#### i. Schäden nach Eintritt des „Krisenzeitpunktes"

Nach den Absätzen 1 und 2 der Ziff. 15.17 EMCA soll eine Pflicht bestehen, in der Krise unverzüglich eine Umstrukturierung bei der Tochtergesellschaft vorzunehmen oder das Insolvenzverfahren einzuleiten.[712] Wird dem nicht nachgekommen, haftet die Muttergesellschaft (und nicht die Geschäftsleiter der abhängigen Gesellschaft) für alle offenen Forderungen, die nach dem Eintritt der Krise entstehen.[713]

Die Pflicht der Ziff. 15.17 Abs. 1 EMCA umgehend Maßnahmen zu ergreifen oder Insolvenzantrag zu stellen, dürfte sich im deutschen Recht im Wesentlichen decken mit den Insolvenzantragspflichten der InsO. Jedoch mit dem bedeutsamen Unterschied, dass diese Pflicht nach deutschem Recht nicht die Muttergesellschaft, sondern die Vertretungsorgane der (abhängigen) Gesellschaft trifft.[714] Die Vorstände einer faktisch abhängigen AG haften auch für Schäden, die nach Eintritt der materiellen Insolvenz entstehen.[715] Im Übrigen findet die Haftung wegen verbotener Zahlungen auch im faktischen AG-Konzern Anwendung. Denn nach allgemeiner Ansicht soll § 311 AktG die Vorschrift des § 92 Abs. 2 AktG nicht verdrängen.[716] Vom zeitlichen Anwendungsbereich (gewisser „Krisenzeitpunkt") dürften § 92 AktG und Ziff. 15.17 Abs. 2 EMCA meist übereinstimmen.

---

[711] Hüffer/*Koch*, AktG, § 317 Rn. 5; zu § 317 AktG siehe bereits auch oben S. 65.

[712] EMCA, First Edition 2017, S. 388.

[713] EMCA, First Edition 2017, S. 388; siehe näher dazu oben ab S. 149.

[714] Siehe dazu bereits oben ab S. 42.

[715] Zur Insolvenzverschleppungshaftung und der Haftung wegen verbotener Zahlungen in der unabhängigen Gesellschaft siehe näher oben ab S. 44.

[716] K. Schmidt/Lutter/*J. Vetter*, AktG, 3. Aufl. 2015, § 311 Rn. 125.

Jedoch sind Unterschiede vorhanden. Etwa ist nicht ersichtlich, dass es im Rahmen der Ziff. 15.17 Abs. 2 EMCA eine Ausnahme für „sorgfaltsgemäße Geschäfte“ gem. § 92 Abs. 2 S. 2 AktG[717] geben soll. Offensichtlich sind die Unterschiede beim Haftungsadressaten. Bei § 92 AktG haftet der Vorstand der abhängigen AG persönlich, während bei Ziff. 15.17 Abs. 2 EMCA die Muttergesellschaft adressiert ist. Fraglich ist, ob und wie sich dieser Umstand auf das Schutzniveau auswirkt. Im Hinblick auf die zur Verfügung stehende Haftungsmasse dürfte die Inanspruchnahme der Mutter (anstatt dem Organ) regelmäßig im Interesse der Gläubiger der abhängigen Gesellschaft liegen.

Die Frage ist, ob dies auch in der Krise der abhängigen Gesellschaft gilt. Ein Geschäftsleiter, der eine persönliche Inanspruchnahme fürchtet, dürfte sich am ehesten verpflichtet sehen, rechtzeitig entsprechende Maßnahmen, wie die Stellung eines Insolvenzantrags, einzuleiten. Da die EMCA-Erläuterungen dazu keine Stellung beziehen, kann nicht geklärt werden, ob das Organ einer im Konzerninteresse geführten (abhängigen) Gesellschaft im Rahmen des Modellgesetzes auch die Verpflichtung treffen soll, den Insolvenzantrag zu stellen. Die Verpflichtung der Mutter gemäß Ziff. 15.17 Abs. 1 EMCA (entsprechend Antrag zu stellen), könnte darauf hindeuten, dass eine solche Verpflichtung beim Organ nicht bestehen soll. Besteht die Verpflichtung nicht, könnte es zu folgendem Problem kommen. Hat eine herrschende Gesellschaft in der Krise „nichts mehr zu verlieren“, könnte sie versucht sein, durch übermäßig riskante Geschäfte in ihren Töchtern eine wirtschaftliche Wende einzuleiten. Dabei könnte sie das Risiko zukünftig aus Ziff. 15.17 Abs. 2 EMCA in Anspruch genommen zu werden, möglicherweise in Kauf nehmen. Ein solches Vorgehen würde in der Risikosphäre und auf Kosten der Gläubiger stattfinden.[718]

Für das Schutzniveau ergibt sich daher folgendes Bild. Da gemäß Ziff. 15.17 Abs. 2 EMCA die Muttergesellschaft selbst einzustehen hat, dürfte, wegen der regelmäßig größeren Haftungsmasse, das Schutzniveau der Gläubiger höher sein als bei § 92 Abs. 2 AktG. Sollte die EMCA-Regel jedoch dazu führen, dass die Organe der im

717 Zur objektiven Verbotsausnahme näher Hüffer/*Koch*, AktG, § 92 Rn. 34.

718 Ein solches, besonders riskantes Verhalten auf Kosten der Gläubiger wird auch als „*gambling for resurrection*“ beschrieben, welchem auch mit einem Anreiz zur früheren Insolvenzantragsstellung begegnet werden soll; siehe dazu näher *Kuhner*, ZGR 2005, 753 (768); *Eidenmüller*, ZHR 175 (2011), 11 (17); *Seibt/Bulgrin*, ZIP 2017, 353 (355).

Konzerninteresse geführten Tochter von ihren Pflichten befreit werden, bestünde die Gefahr, dass dies zulasten der Gläubiger der Tochter für riskante Geschäftsvorhaben ausgenutzt würde. In dem Fall gewährt die aktienrechtliche Regelung den besseren Schutz.

#### ii. Vor der Krise entstandene Schäden

Die Haftung gemäß § 317 AktG ersetzt Schäden, die durch Verletzung der Nachteilsausgleichspflicht entstanden sind und zwar unabhängig von einem Verschulden.[719] Die Adressaten der Haftung sind die Muttergesellschaft und deren Organe.[720]

Demgegenüber soll nach dem EMCA und der Ziff. 15.17 Abs. 3 die Muttergesellschaft eine Haftung für unbezahlte Schulden treffen, sofern diese aus einer schädlichen Weisung resultierten und jene Weisung auch zu dem Eintritt einer Krise der Tochter geführt hat.[721] Die Haftung soll vom Verschulden abhängig sein.[722]

Die Unterschiede sind hier demnach groß. Während das Erfordernis des Verschuldens stets die Möglichkeit schafft, dass der Anspruch mangels (nachweisbarem) Sorgfaltsverstoß nicht geltend gemacht werden kann, greift die Haftung des § 317 AktG unabhängig davon. Im Übrigen fordert entgegen der herrschenden Meinung[723] insbesondere *Altmeppen* auch bei § 317 AktG ein Verschulden, da nach seiner Ansicht die Vorschrift eine Haftung wegen organähnlicher faktischer Verantwortung darstelle.[724] Selbst wenn dies bei § 317 AktG nicht zutreffend wäre, was hier ausdrücklich offen bleiben soll, erklärt die Argumentation, warum es im Rahmen der Ziff. 15.17 EMCA auf ein Verschulden ankommen sollte, da diese Regel eher als eine Organhaftung (aber eben für die Mutter) konzipiert ist. Damit sind die Gläubiger der Tochter im Hinblick auf den weiteren Anwendungsbereich der Norm von § 317 AktG besser geschützt.

Allerdings soll Ziff. 15.17 Abs. 3 EMCA sämtliche Schulden erfassen, die durch die Weisung verursacht wurden. Demgegenüber setzt

---

719 Hüffer/*Koch*, AktG, § 317 Rn. 5; zu § 317 AktG siehe bereits auch oben S. 65.

720 Zur Mithaftung der veranlassenden Organe siehe auch oben ab S. 65.

721 EMCA, First Edition 2017, S. 388; siehe dazu ausführlich oben ab S. 153.

722 Vorbild sei insoweit der Anspruch „*action en responsabilité pour insuffisance d'actif*“ siehe EMCA, First Edition 2017, S. 388.

723 Siehe statt aller Hüffer/*Koch*, § 317 Rn. 1, 5 mwN.

724 MüKo/*Altmeppen*, AktG, § 317 Rn. 8 ff.

§ 317 AktG nicht an der Einflussnahme an, sondern erst beim Nachteilsausgleich. Nur die Schäden, die durch die ausgebliebene oder verspätete Nachteilsausgleichung entstehen, müssen ersetzt werden. Führt die Nichterfüllung der Ausgleichspflicht (und nur diese) zur Insolvenz, dürfte sich der Anspruch des § 317 AktG mit Ziff. 15.17 Abs. 3 EMCA decken. In allen anderen Fällen können bei Ziff. 15.17 Abs. 3 EMCA aber weitaus mehr Schäden erfasst sein, als bei § 317 AktG. Daher hat die Haftung der Ziff. 15.17 Abs. 3 EMCA zwar einen engeren Anwendungsbereich als § 317 AktG, sie gewährt den Gläubigern jedoch im Ergebnis ein höheres Schutzniveau.

### 3) Modelle mit dauerhafter Entnahme

Nun wird das Schutzniveau der Modelle verglichen, die eine dauerhafte Entnahme von finanziellen Ressourcen ermöglichen.

#### a) Beschränkung auf Tochtergesellschaften im Alleinbesitz

Wie bereits festgestellt, soll bei einem Teil der Modelle eine negative Einflussnahme möglich sein, wenn die jeweils anwendbaren Schutzvorschriften eingehalten sind. Zu einem (zukünftigen) Ausgleich der mit der Einflussnahme einhergehenden Nachteile, muss es nicht kommen.

Für einen Verzicht auf den Ausgleich ist zentrale Voraussetzung, dass keine Minderheitsgesellschafter in der abhängigen Gesellschaft vorhanden sind. Alle von der ICLEG genannten Optionen verzichten auf den Nachteilsausgleich, jedoch sollen diese nur bei hundertprozentigen Tochtergesellschaften Anwendung finden.[725] Dies gilt auch für Servicegesellschaften nach dem Forum Europeum.[726] Ebenso ist die Ausnahme der Ziff. 15.16 Abs. 2 EMCA auf im Alleinbesitz stehende Tochtergesellschaften beschränkt.[727] Im deutschen Konzernrecht wird ein Nachteilsausgleich (oder sogar Verlustausgleich) nur im faktischen GmbH-Konzern nicht verlangt, jedoch auch nur, sofern keine Minderheitsgesellschafter vorhanden sind.[728]

---

725 ICLEG Report aaO (Fn. 11), S. 41 ff.

726 *Forum Europeum on Company Groups*, ZGR 2015, 507, 513.

727 Vgl. Ziff. 15.16 Abs. 2 EMCA, EMCA, First Edition 2017, S. 385; ausführlich dazu oben S. 142.

728 Näher zu den Grenzen der Einflussnahme beim faktischen GmbH-Konzern siehe oben ab S. 71.

So wird auch aus der dargestellten Übersicht[729] deutlich, dass es kein Modell gibt, nachdem auch bei vorhandenen Minderheitsgesellschaftern auf den Ausgleich verzichtet werden darf.

### b) Dauerhafte Entnahme auch bei abhängiger AG

Im Hinblick auf die Regelungsvorschläge wird deutlich, dass der Verzicht auf den Nachteilsausgleich sich nicht auf die GmbH oder ihre europäischen Pendants beschränkt. Sowohl nach Forum Europeum, EMCA und ICLEG kann es sich bei der abhängigen Gesellschaft, bei der dauerhafte Entnahmen gestattet sind, auch um eine AG handeln. Dauerhafte Entnahmen aus dem Vermögen einer AG sind im deutschen Recht wegen der Regelung des § 311 AktG nicht zulässig.[730] Demnach hätte eine Umsetzung ins deutsche Recht an dieser Stelle große Auswirkungen.

Die Regelungsvorschläge machen die Grenzen der Einflussnahme also nicht nur von der Rechtsform abhängig. Die ICLEG unterscheidet in ihrer Option 3 durchaus AG und GmbH. Es soll dann zwar ein unterschiedliches Schutzniveau gelten, jedoch soll auch bei der abhängigen AG kein Nachteilsausgleich erforderlich werden.[731] Das Forum Europeum bewertet etwa die wirtschaftliche Größe und die Art der Tätigkeit für die Frage, welches Schutzregime Anwendung finden soll.[732]

### c) Kleine Unterschiede zwischen den Reglungsvorschlägen und dem faktischen GmbH-Konzern

Die Modelle stimmen weitestgehend in dem Punkt überein, dass es zu keiner Existenzgefährdung der Tochtergesellschaft kommen darf. Im faktischen GmbH Konzern wird die Einflussnahme etwa begrenzt, wenn die Schwelle der Existenzgefährdung überschritten wird, also sofern eine Maßnahme die finanziellen Möglichkeiten der abhängigen GmbH übersteigen würde.[733] Auch für Servicegesellschaften nach dem Vorschlag des Forum Europeum wird diese Grenze herangezogen[734],

[729] Siehe oben ab S. 160.
[730] Im Übrigen auch nicht bei den hier ausgeklammerten Vertragskonzernen.
[731] ICLEG Report aaO (Fn. 11), S. 43.
[732] *Forum Europeum on Company Groups*, ZGR 2015, 507, 512.
[733] Siehe zur Existenzgefährdung oben ausführlich ab S. 73
[734] *Forum Europeum on Company Groups*, ZGR 2015, 507, 512, „*dürfen die Tochtergeschäftsführer unter keinen Umständen folgen, falls die Tochter in ihrer Existenz gefährdet würde*“.

ebenso wie für abhängige Gesellschaften ohne Minderheitsgesellschafter nach dem EMCA[735]. Ob bei den Optionen der ICLEG, neben den dort genannten Schutzgrenzen, die Einflussnahme bei einer Existenzgefährdung ausgeschlossen sein soll, ist unklar. Explizit geht der Vorschlag darauf nicht ein.

Daneben wird im faktischen GmbH Konzern die Einflussnahme begrenzt, wenn eine stichtagsbezogene Bewertung der Bilanz (Bilanztest) zu dem Ergebnis führt, dass durch die Einflussnahme das Stammkapital der Gesellschaft beeinträchtigt wäre.[736] Im Gegensatz dazu soll nach dem Forum Europeum eine Einflussnahme die finanziellen Möglichkeiten einer abhängigen Servicegesellschaft übersteigen, wenn ein mit Prognoseelementen versehener Solvenztest aufzeigt, dass die Verbindlichkeiten der Gesellschaft nicht ausreichend bedient werden können.[737] Möglich ist auch, dass hinsichtlich der Verbindlichkeiten eine Garantie abgegeben wird; angesetzt wird dabei jeweils ein Zeitraum von 12 Monaten.[738] Nach der ICLEG soll, abgesehen von Option 1 (die überhaupt keine Schutzgrenzen kennt), ebenfalls ein Bilanztest (im Sinne des Art. 17 Abs. 1 – 3 VO 2012/30/EU) eingreifen.[739] Nur bei der Option 3 soll, statt des Bilanztests, für Tochtergesellschaften in der Rechtsform der GmbH ein Solvenztest eingreifen, bei einem Zeithorizont von sechs Monaten.[740] Im Rahmen des EMCA ist nicht ersichtlich, ob es bei im Konzerninteresse geführten Tochtergesellschaften ohne Minderheitsgesellschafter auf die Kapitalerhaltungsregeln ankommen soll. Der Abschnitt 15 des EMCA gibt darüber jedenfalls keine Auskunft.[741] Mit Sicherheit kann daher nur festgestellt werden, dass die Einflussnahme bei Existenzgefährdung ausgeschlossen ist.

---

735 Siehe dazu oben S. 141.

736 Siehe zu den Kapitalerhaltungsregeln bei der GmbH bereits ausführlich ab S. 31.

737 *Forum Europeum on Company Groups*, ZGR 2015, 507, 512.

738 *Forum Europeum on Company Groups*, ZGR 2015, 507, 512; siehe dazu auch oben ab S. 119.

739 Siehe dazu bereits oben S. 123.

740 ICLEG Report aaO (Fn. 11), S. 43.

741 Der EMCA kennt im Übrigen für kleine Kapitalgesellschaften keine festgeschriebene Höhe des Mindestkapitals (Ziff. 2.07 EMCA), siehe EMCA, First Edition 2017, S. 48; auf Ausschüttungssperren wird dennoch nicht verzichtet. Dabei wird offenbar sogar ein Bilanztest (Ziff. 7.02 Abs. 2 EMCA) mit einem Solvenztest (Ziff. 7.02 Abs. 3 EMCA) kombiniert, siehe EMCA, First Edition 2017, S. 135.

Wenn man argumentiert, dass ein Solvenztest eher auf die Belange der Gläubiger eingeht, da sich der Test an der Zahlungsfähigkeit der Gesellschaft orientiert, ergibt sich im Hinblick auf das Schutzniveau folgendes Ergebnis. Die Regelungsvorschläge mit Solvenztest schützen die Interessen der Gläubiger besser, als dies bei einer faktisch abhängigen GmbH der Fall ist. Da das Forum Europeum dabei sogar einen Zeitrahmen von 12 Monaten vorschlägt, ist das Schutzniveau der Gläubiger dort höher als beim ICLEG Vorschlag, nach dem sechs Monate ausreichen.

In jedem Fall sind die Unterschiede zum deutschen Recht an dieser Stelle gering. Insoweit könnte eine Beschränkung des Regelungsprojekts auf die kleine Kapitalgesellschaft die Umsetzbarkeit erhöhen. Dies wäre in Betracht zu ziehen, falls ein umfassender Ansatz scheitern sollte.

### 4) Ergebnisse des Vergleichs

Greift ein Gesetzgeber in den gesetzlichen Rahmen zwischen Mutter- und Tochtergesellschaft ein, findet eine Stärkung der Einflussnahmemöglichkeit der Mutter stets zu Lasten des Gläubigerschutzes in der Tochter statt. Einflussnahme und der Gläubigerschutz beeinflussen sich gegenseitig. Da eine erfolgreiche Kooperation mit den Gläubigern für jede Unternehmung notwendig ist, sollte der Schutz zugunsten der Einflussnahme nicht vollständig geopfert werden und auch nicht umgekehrt.

Die verschiedenen Modelle[742] zur Regelung der Einflussnahme, lassen sich in zwei Kategorien unterscheiden. Die Modelle der ersten Kategorie verlangen, dass die durch Einflussnahme entstehenden Schäden wieder ausgeglichen werden müssen. Demgegenüber verlangen die Modelle der zweiten Kategorie zwar die Beachtung von bestimmten Schutzmechanismen, jedoch gerade keinen Nachteilsausgleich. Im Gegensatz zu den Modellen der ersten Kategorie, ist ein dauerhafter und nicht bloß zeitlicher Entzug von Ressourcen der abhängigen Gesellschaft gestattet. Innerhalb ihrer Kategorie werden die Modelle im Hinblick auf das Schutzniveau vergleichbar.

742 Darunter sind die untersuchten Regelungsvorschläge zur „Anerkennung des Konzerninteresses" sowie die unterschiedlichen Möglichkeiten der Konzernierung nach deutschem Recht zu verstehen.

Das Modell der Vertragskonzerne nach den §§ 291 ff. AktG lässt sich in keine der beiden Kategorie einordnen. Nach diesem Modell erfolgt kein zeitlich gestreckter Nachteilsausgleich, sondern eine herrschende Gesellschaft verantwortet auch Verluste in der beherrschten Gesellschaft, selbst wenn diese in keinem Zusammenhang mit der negativen Einflussnahme stehen. Wegen dieses systematischen Unterschieds ist ein sinnvoller Vergleich mit den anderen Modellen nicht möglich. Bei einer Umsetzung der Regelungsvorschläge könnten die fundamentalen Unterschiede zu den §§ 291 ff. AktG einer minimalinvasiven Einbettung ins deutsche Recht entgegenstehen.

Zur ersten Kategorie, in der ein (bloß) zeitlicher Entzug von Ressourcen der Tochter gestattet wird, gehören das Modell des faktischen AG-Konzerns, der Vorschlag des Forum Europeum für „reguläre Tochtergesellschaften" sowie die Regel des EMCA, sofern Minderheitsgesellschafter vorhanden sind. Vom Anwendungsbereich betrachtet, ist das Schutzniveau der Rozenblum-Modelle (FECG und EMCA), die eine Einflussnahme überhaupt nur bei *ex-ante* gegebenen Merkmalen (wie das Vorliegen eines gemeinsamen Gruppengeschäftsplans) gestatten, eher höher, als beim faktischen AG-Konzern. Demgegenüber sind die Vorgaben zum Nachteilsausgleich des § 311 AktG deutlich strenger, als sie es bei den flexibleren Rozenblum-Modellen sind. Daher ist das Schutzniveau der Gläubiger im faktischen Konzern höher, als nach den entsprechenden Regelungsvorschlägen und eine Umsetzung würde, im Hinblick auf faktisch abhängige AGs, eine Herabsetzung des Schutzniveaus für Gläubiger bedeuten.

Der EMCA-Vorschlag unterscheidet sich im Hinblick auf *ex-post* wirkende Einflussschranken vom deutschen Recht. Dennoch dürften im Hinblick auf Schäden, die nach Überschreitung eines „Krisenpunktes" eintreten, die systematischen Unterschiede nicht übermäßig groß sein. Da nach der Ziff. 15.17 Abs. 2 EMCA die Muttergesellschaft und nicht die Organe der abhängigen Gesellschaft Haftungsadressat ist, müsste die zur Verfügung stehende Haftungsmasse regelmäßig größer als bei § 92 Abs. 2 AktG sein und damit den Gläubigern nach dem EMCA ein höheres Schutzniveau geboten werden. Sollte die EMCA-Regel jedoch die Organe der im Konzerninteresse geführten Tochter von bestimmten Pflichten in der Krise befreien, besteht die Gefahr, dass dies zulasten der Gläubiger der Tochter für riskante Geschäftsvorhaben ausgenutzt wird. Hinsichtlich bereits vor dem Krisenpunkt entstandenen Schäden, sind die systematischen Unterschiede zwischen EMCA und dem faktischen AG-Konzern größer. Der Anwendungsbereich des verschuldensunabhängigen § 317 AktG ist weiter als der von Ziff. 15.17 Abs. 3 EMCA. Jedoch dürfte die EMCA-Regel inhaltlich weitaus mehr Schäden abdecken als § 317 AktG und daher den Gläubigern im Ergebnis ein höheres Schutzniveau bieten.

Die Regelungsmodelle der zweiten Kategorie, die eine dauerhafte Entnahme von Ressourcen gestatten, sind die ICLEG-Optionen, der Vorschlag zu Servicegesellschaften des Forum Europeum, die Ziff. 15.16 Abs. 2 des EMCA sowie die für faktische GmbH-Konzerne anwendbaren Regeln. Diese Modelle haben gemein, dass sie die dauerhafte Entnahme ohne Nachteilsausgleich nur gestatten, wenn keine Minderheitsgesellschafter in der Tochter vorhanden sind. Im Hinblick auf das deutsche Recht ist bedeutsam, dass die Regelungsvorschläge auch bei einer in Alleinbesitz stehenden Tochter in der Rechtsform einer AG eine dauerhafte Entnahme ohne Nachteilsausgleich gestatten. Dies würde bei einer Umsetzung zu einem Widerspruch mit den §§ 311 ff. AktG führen.

Innerhalb der zweiten Kategorie von Modellen dürften die auf einem Schutzsystem mit Solvenztest beruhenden Modelle (FECG, zum Teil ICLEG, unklar bei EMCA) eher die Belange der Gläubiger schützen, als die Modelle, denen eine bilanzielle Betrachtung zugrunde liegt. Folglich dürfte deren Schutzniveau über dasjenige des faktischen GmbH-Konzerns hinausgehen. Entscheidend ist, dass die systematischen Unterschiede zwischen den Modellen der zweiten Kategorie gering sind. Im Hinblick auf eine Umsetzung der Regelungsvorschläge ins deutsche Recht, würden jene Modelle der zweiten Kategorie keine größeren Einschnitte in das Recht zur faktisch abhängigen GmbH bedeuten. Eine Beschränkung des Gesetzgebungsprojekts auf die kleine Kapitalgesellschaft könnte daher die Chancen der tatsächlichen Umsetzung erhöhen.

# § 8 Eigener Lösungsansatz zum Schutz der Geschäftsleiter in der abhängigen Gesellschaft: Anwendung der Regeln zur unternehmerischen Entscheidung innerhalb des EMCA Ansatzes

Der angestellte Vergleich der verschiedenen Modelle hat gezeigt, dass eine Umsetzung der Regelungsvorschläge ins deutsche Recht zum Teil eine Herabsetzung des Schutzniveaus der Gläubiger bedeuten würde. Dies gilt auch im Hinblick auf den Vorschlag des EMCA. Dennoch würde das konzernrechtliche Kapitel des EMCA und insbesondere das Modell zum Konzerninteresse, bei einer Umsetzung in geltendes Recht gewichtige Vorzüge bei der Konzernsteuerung mit sich bringen.

Im Einzelfall kann es für die Vertretungsorgane allerdings schwierig sein zu beurteilen, ob die Voraussetzungen der Rechtfertigung vorliegen, wofür insbesondere die (teilweise) äußerst unbestimmten Merkmale des EMCA-Ansatzes verantwortlich sind. Daher rücken neben dem zuvor analysierten Schutz der Gläubiger, auch die Interessen der Geschäftsleiter in den Fokus. Im Zweifelsfall müssten nämlich in den Geschäftsleitungen, insbesondere in den abhängigen Gesellschaften, möglicherweise haftungsbegründende Abwägungsentscheidungen getroffen werden. Dabei war es gerade eines der erklärten Ziele des Regelungsprojekts, die Geschäftsleiter im Sinne eines *safe harbour* zu schützen.

Um diese Probleme zu bewältigen, wird vorgeschlagen den Rozenblum-Ansatz in der Ausgestaltung des EMCA mit den anerkannten Rechtsregeln für unternehmerische Entscheidungen zu verschränken.

## I. Unsicherheiten für Geschäftsleiter nach dem EMCA Modell

Der vom EMCA gewählte Ansatz einer modifizierten Prüfung der Rozenblum Formel ist durchaus gelungen. Die Autoren haben sich offensichtlich intensiv mit den einzelnen Merkmalen auseinandergesetzt und deren Tauglichkeit für moderne, internationale Konzerne untersucht. Durch ein derartiges Modell, insbesondere mit dem verbindlichen Weisungsrecht, könnten Konzerne über die Binnengrenzen Europas hinweg in einer nie dagewesenen Art und Weise geleitet werden.[743] Die damit verbundenen Kostensenkungen bei der Konzernsteuerung dürften enorm sein, wobei sich eine genaue Schätzung schwierig gestaltet.

Bei der vorgenommenen genaueren Betrachtung der einzelnen Merkmale ist allerdings deutlich geworden, dass die Geschäftsleiter bei der Prüfung Unsicherheiten ausgesetzt sind. Dies liegt an der großen Unschärfe der einzelnen Kriterien. Für die Geschäftsleiter könnte sich die Frage stellen, wo nun konkret der Vorteil des „neuen“ Tests gegenüber der bisherigen Rechtslage zu sehen ist. Würde damit nur eine schwierige Prüfung durch eine (europäisch einheitliche) andere schwierige Prüfung ausgetauscht werden? Das dies nicht der Fall sein muss, soll nachstehend aufgezeigt werden.

Durch die vielen auslegungsbedürftigen Begriffe und dem Ermessen, welches dem Geschäftsleiter (unter Umständen) auch im Rahmen der Ziff. 15.16 EMCA zusteht, wird deutlich, dass das Organ weiterhin eine unternehmerische Entscheidung zu treffen hat. Nach den Gesetzesmaterialien zum UMAG ist eine unternehmerische Entscheidung infolge ihrer Zukunftsbezogenheit durch Prognosen und nicht justiziable Einschätzungen geprägt und von Pflichten ohne tatbestandlichen Beurteilungsspielraum abzugrenzen.[744]

Für die Beantwortung der Frage, ob eine Maßnahme „im Interesse der gesamten Gruppe liegt“ oder ob der Nachteil innerhalb „eines angemessenen Zeitraums durch Nutzen/Gewinn/Vorteile“ ausgeglichen werden wird, muss eine Auslegung und Interpretation durch den Geschäftsleiter erfolgen. Also muss im weitesten Sinne ein vorgelagerter Abwägungsprozess stattfinden. Dies entspricht im Wesentlichen den Anforderungen, welche an eine unternehmerische Entscheidung gestellt werden.

Vor dem Hintergrund, dass es ein Ziel der Anerkennung des Konzerninteresses ist, einen *safe harbour* für Geschäftsleiter zu schaffen[745], wird

743 Siehe dazu auch den Ausblick unten S. 201.

744 Begründung RegE UMAG, BT-Drucks. 15/5092, S. 11.

745 Als wesentlicher Vorteil der Anerkennung des Konzerninteresses schon Report of the Reflection Group on the Future of EU Company Law, 2011, S. 60; ähnlich jedoch einschränkend *Soltysinski*, FS Baums (2017), S. 1193 (1198).

durch die genannten Unsicherheiten deutlich, dass durch die Regelung nur bedingt Rechtssicherheit geschaffen wird[746].

Daher drängt sich die Frage auf, ob der gewählte Ansatz einer modifizierten Rozenblum Doktrin in der Ausgestaltung der Ziff. 15.16 EMCA tatsächlich den idealen Weg darstellt. Zwar ist es den Geschäftsleitern nun explizit gestattet fremde Interessen, wie die Interessen der Muttergesellschaft oder anderer Konzerngesellschaften, einzubeziehen, die korrekte Auslegung der Merkmale[747] der Ziff. 15.16 Abs. 1 EMCA, verbleibt aber in ihrer Risikosphäre. Wie kritisch dies für einen Geschäftsleiter wäre, hängt von der Frage ab, inwieweit die unternehmerische Entscheidung des Geschäftsleiters einer gerichtlichen Überprüfung zugänglich gemacht werden kann.[748]

## II. Die Business Judgement Rule für unternehmerische Entscheidungen

Im Bereich der Geschäftsleiterhaftung existiert für die Frage der Überprüfbarkeit unternehmerischer Entscheidungen das Institut der *business judgement rule*, welches in Deutschland in § 93 Abs. 1 S. 2 AktG gesetzlich verankert wurde. Danach handelt ein Vorstand nicht pflichtwidrig, wenn er bei einer unternehmerischen Entscheidung vernünftigerweise annehmen durfte, auf der Grundlage angemessener Information zum Wohle der Gesellschaft zu handeln. Auch der EMCA enthält an anderer Stelle die *business judgement rule*. Nach Ziff. 10.01 Abs. 3 EMCA (Haftung des Geschäftsleiters) handelt ein Geschäftsleiter pflichtgemäß, wenn er bei einer unternehmerischen Entscheidung („*business judgement*“) in gutem Glauben ist, kein persönliches Interesse an der Entscheidung hat, angemessen über die Entscheidung informiert ist und vernünftigerweise der Ansicht („*rationally believes*“) war, dass die Entscheidung im Wohle der Gesellschaft liegt.[749]

Die *business judgement rule* ist im Übrigen in den meisten Rechtsordnungen etabliert. Weiterhin ähneln die Voraussetzungen des § 93 Abs.1 S. 2 AktG denen des EMCA.

---

746 *Teichmann*, GmbHR 2018, 713 (721) bezeichnet das EMCA System als „relativ komplex“.

747 Siehe hierzu sogleich unten S. 190 f.

748 Siehe hierzu sogleich unter S. 188.

749 EMCA, First Edition 2017, S. 223.

Um nach deutschem Recht in den Genuss der *business judgement rule* zu kommen, müssen die nachfolgend genannten fünf positiven Tatbestandsvoraussetzungen kumulativ vorliegen und die Entscheidung auch legal sein[750]: Unternehmerische Entscheidung, Handeln zum Wohle der Gesellschaft, Handeln auf Grundlage angemessener Information, Gutgläubigkeit (vernünftigerweise Annehmen-Dürfen) und keine Interessenkonflikte oder sachfremde Einflüsse.

Bei der zu überprüfenden Maßnahme muss es sich also stets um eine unternehmerische Entscheidung handeln. Wie bereits zuvor erläutert, ist eine unternehmerische Entscheidung infolge ihrer Zukunftsbezogenheit durch Prognosen und nicht justiziable Einschätzungen geprägt und abzugrenzen von Pflichten ohne tatbestandlichem Beurteilungsspielraum.[751]

### 1) Wohl der Gesellschaft

Die Entscheidung muss daneben auch zum Wohle der Gesellschaft erfolgen. Der Gesetzgeber verstand darunter die langfristige Stärkung der Ertrags- und der Wettbewerbsfähigkeit.[752] Nach überwiegender Ansicht ist das Wohl der Gesellschaft grundsätzlich mit dem Unternehmensinteresse[753] gleichzusetzen.[754] Auch wird angeführt, dass der Formulierung in den Gesetzesmaterialien, nach der unter Wohl der Gesellschaft auch der Gesamtkonzern zu fassen sei[755], nicht zu viel Gewicht beizumessen werden sollte.[756] Dagegen wird an anderer Stelle zu Recht vertreten, dass bei grundsätzlicher Fixierung auf die Gesellschaft im Einzelfall auch mittelbar Konzerninteressen berücksichtigt werden können.[757] Handelt es sich bei den zu prüfenden Kriterien um unbestimmte Rechtsbegriffe, ist einem Vorstand bei der Konkretisierung ebenfalls

---

750 Zu dieser Unterscheidung siehe *Hopt/Roth*, Großkomm AktG, § 93 Rn. 69 ff.

751 Begründung RegE UMAG, BT-Drucks. 15/5092, S. 11; K. Schmidt/Lutter/*Krieger/Sailer-Coceani*, AktG, 3. Aufl. 2015, § 93 Rn. 15; differenzierend *Hopt/Roth*, Großkomm AktG, § 93 Rn. 84 wonach ein Prognose- bzw. ein Risikoelement regelmäßig gegeben sein wird, jedoch nicht zwingend erforderlich ist.

752 Begründung RegE UMAG, BT-Drucks. 15/5092, S. 11.

753 Zum Unternehmensinteresse des Gesellschafters in Abgrenzung zum Konzerninteresse siehe bereits S. 92 ff.

754 *Hopt/Roth*, Großkomm AktG, § 93 Rn 101 m.w.N.

755 Begründung RegE UMAG, BT-Drucks. 15/5092, S. 11.

756 MüKo AktG/*Spindler*, § 93 Rn. 46 die Formulierung begründe keinen Abschied vom Unternehmensinteresse.

757 *Hopt/Roth*, Großkomm AktG, § 93 Rn 100.

ein Ermessensspielraum zuzustehen.[758] Durch die gewählte Formulierung im Gesetzeswortlaut des AktG wird jedoch deutlich, dass der Geschäftsleiter bei der Entscheidung nicht bloß subjektiv davon überzeugt sein muss (zum Wohle der Gesellschaft zu handeln), sondern die Maßnahme muss aus der *ex-ante* Perspektive auch objektiv plausibel erscheinen.[759]

### 2) Informationsgrundlage

Weiterhin muss für die unternehmerische Entscheidung eine angemessene Informationsgrundlage bestehen. Bei der Frage des richtigen Umfangs der Informationsbeschaffung, besteht gewisse Unsicherheit. Der Bundesgerichtshof hatte zum Teil verlangt, dass alle verfügbaren Informationsquellen auszuschöpfen sind.[760] Dies ist problematisch, da der unbestimmte Rechtsbegriff „angemessene Informationsgrundlage" des § 93 Abs. 1 S. 2 AktG dann grundsätzlich gerichtlich voll überprüfbar wäre.[761] Für jede Entscheidung alle verfügbaren Informationen zu beschaffen, dürfte die Anforderungen an den Geschäftsleiter dennoch überstrapazieren. Der Umfang sollte vielmehr vom konkreten Einzelfall abhängig sein, sodass es einen gewissen Spielraum hinsichtlich der Anforderungen an die Informationsbeschaffung geben darf.[762] Somit wird klar, dass dieses Merkmal, entgegen der in Deutschland früher traditionell vertretenen Meinung kein Objektives ist, sondern dass es sich um einen gemischt objektiv/subjektiven Maßstab handelt, bei dem die gerichtliche Kontrolle begrenzt ist.[763]

### 3) Unverantwortlichkeit

Weiterhin darf die Entscheidung auch nicht unverantwortlich sein. Das Gesetz schreibt in § 93 Abs. 1 S. 2 AktG vor, dass der Vorstand nur innerhalb des Schutzbereichs der *business judgement rule* handelt, wenn er „vernünftigerweise annehmen durfte" auf angemessener Informationsgrundlage und zum Wohle der Gesellschaft zu handeln. Durch die gewählte Formulierung setzt die Norm die Unverantwortlichkeit als

758 MüKo AktG/*Spindler*, § 93 Rn. 47; *Hopt/Roth*, Großkomm AktG, § 93 Rn 101.
759 KK/*Mertens/Cahn*, 3. Aufl. 2010, § 93 Rn. 23.
760 BGH NJW 2008, 3361, (3362, Rn. 11).
761 MüKo AktG/*Spindler*, § 93 Rn. 48.
762 so *Fleischer*, ZIP 2009, 1397 (1404 f.); Spindler/Stilz/*ders.*, 3. Aufl. 2015, § 93 Rn. 75; MüKo AktG/*Spindler*, § 93 Rn. 48 ff.; *Redeke*, ZIP 2011, 59 (60).
763 *Hopt/Roth*, Großkomm AktG, § 93 Rn 102 m.w.N.

allgemeine Grenze des unternehmerischen Ermessens.[764] Zum Teil wird argumentiert, dass dieser Maßstab nicht gleichermaßen (deckungsgleich) sowohl für die Informationsbeschaffung als auch für die eigentliche Inhaltskontrolle gelten soll.[765] Richtigerweise ist es geboten, dass jener restriktiverer, die Entscheidungsträger schützender Kontrollmaßstab sowohl für die Informationsbeschaffung, als auch für die eigentliche Entscheidung gilt.[766]

Der Gesetzgeber hat klargestellt, dass die unternehmerische Entscheidung nicht verrechtlicht oder objektiviert werden soll, sondern, dass auch Instinkt und Erfahrung mit einbezogen werden können.[767] Dem Geschäftsleiter wird damit an dieser Stelle auch für die inhaltliche Entscheidung ein großer Spielraum gelassen. Erst wenn aus Sicht eines Dritten in der *ex-ante* Perspektive das Verhalten absolut unverantwortlich ist, kommt ein Geschäftsleiter nicht mehr in den Genuss der *business judgement rule*.[768] Der Spielraum des Entscheidungsträgers, darf nicht schon außerhalb der normalen „Vertretbarkeit" überschritten sein. Vielmehr ist dies erst bei Unverantwortlichkeit der Fall, wofür eine *deutliche* Überschreitung erforderlich ist.[769] Auch wenn die Tendenz einer „langen Leine" erkennbar ist, verbleibt wegen der Unbestimmtheit des Merkmals eine Unsicherheit.

### 4) Interessenkonflikte

Bei einer Entscheidung darf der Geschäftsleiter sich nicht von sachfremden Interessen leiten lassen. Dabei soll schon sachliche Befangenheit vorliegen, wenn eine nahstehende Person einen Interessenkonflikt hat, wobei dieses Merkmal wegen der großen Anzahl möglicher Konflikte auf „relevante" Fälle beschränkt sein sollte.[770] Der Geschäftsleiter unterliegt jedenfalls dann keinem Interessenkonflikt, wenn seine persönlichen Interessen mit den Interessen der Gesellschaft gleichgerichtet

---

764 *Hopt/Roth*, Großkomm AktG, § 93 Rn. 113, 124.

765 Hüffer/*Koch*, AktG, § 93 Rn. 21.

766 *Hopt/Roth*, Großkomm AktG, § 93 Rn. 103; *Roth*, Unternehmerisches Ermessen, S. 82 f., 98.

767 Begründung RegE UMAG, BT-Drucks. 15/5092, S. 11.

768 *Roth*, Unternehmerisches Ermessen, S. 98; in diese Richtung für die Grenze der inhaltlichen Entscheidung Hüffer/*Koch*, AktG, § 93 Rn. 23.

769 *Roth*, Unternehmerisches Ermessen, S. 96 ff.

770 Hüffer/*Koch*, AktG, § 93 Rn. 25.

sind.[771] Problematisch ist demnach, wenn der Geschäftsleiter auch ein eigenes, persönliches Interesse an der Entscheidung hat, etwa wenn er (oder eine nahestehende Person) nicht unerheblich an einem Unternehmen beteiligt ist (sind), mit welchem ein Rechtsgeschäft geschlossen werden soll.[772] Daneben kann sich ein Interessenkonflikt ergeben, wenn ein Rechtsgeschäft mit einer anderen Konzerngesellschaft geschlossen wird und der Geschäftsleiter auch in dieser Gesellschaft eine Organstellung innehat.[773] In diesem Fall ergibt sich der Interessenkonflikt nicht zwischen dem persönlichen Interesse des Geschäftsleiters und dem Gesellschaftsinteresse, sondern es besteht ein Konflikt zwischen den sich entgegenstehenden Interessen der beiden Konzerngesellschaften.[774] Ist ein Geschäftsleiter auf diese Weise befangen, bleibt ihm auch ohne (eigenes) persönliches Interesse der Genuss der *business judgement rule* verwehrt.[775]

### 5) Legalitätspflicht

Ein ungeschriebenes Merkmal der *business judgement rule* ist die Legalitätspflicht. Selbst wenn alle sonstigen Voraussetzungen vorliegen, darf die Entscheidung des Organs nicht gegen Gesetz, Satzungsbestimmung oder einen Hauptversammlungsbeschluss verstoßen.[776] Die Folgen dieser Regel sind weitreichend. Steht etwa einer Maßnahme ein klares gesetzliches Verbot entgegen, ist es völlig unbeachtlich wenn alle sonstigen Voraussetzungen gegeben sind, selbst wenn die Maßnahme im Wohle der Gesellschaft liegt. Diese Beschränkung, etwa bei Bestimmungen eines Strafgesetzbuches, ist einleuchtend und selbstverständlich gerechtfertigt. Gleichwohl ist ein beunruhigender Trend zur Schaffung von neuen öffentlich-rechtlichen Bestimmungen zu erkennen, welche für Geschäftsleiter immer schwieriger zu erkennen und zu überblicken sind.[777]

---

771 *Hopt/Roth*, Großkomm AktG, § 93 Rn. 92; KK/*Mertens/Cahn*, 3. Aufl. 2010, § 93 Rn. 26.

772 KK/*Mertens/Cahn*, 3. Aufl. 2010, § 93 Rn. 25.

773 KK/*Mertens/Cahn*, 3. Aufl. 2010, § 93 Rn. 28.

774 Siehe zur Bedeutung dieser Differenzierung auch unten S. 194.

775 KK/*Mertens/Cahn*, 3. Aufl. 2010, § 93 Rn. 28.

776 Hüffer/*Koch*, AktG, § 93 Rn. 16; KK/*Mertens/Cahn*, 3. Aufl. 2010, § 93 Rn. 21.

777 Scholz/*Schneider*, GmbHG, Bd. 2, 2014, § 43 Rn. 13 mwN.

### 6) Dogmatische Einordnung

Über den Normzweck der *business judgement rule* besteht allgemein Einigkeit, jedoch ist die dogmatische Einordnung streitig. Zum Teil wird für eine unwiderlegbare Rechtsvermutung für rechtskonformes Verhalten[778], zum Teil auch für einen Tatbestandsausschlussgrund[779] argumentiert. Nach überzeugender Ansicht handelt es sich bei der *business judgement rule* um eine gesetzliche Konkretisierung des Sorgfaltsmaßstabs bei rechtlich nicht bindenden Entscheidungen.[780]

## III. Anerkennung von Konzerninteressen über die business judgement rule

Es stellt sich die Frage, ob die Anerkennung des Konzerninteresses über die *business judgement rule* erreicht werden könnte. *Teichmann* schlägt vor, dass die Anerkennung von Konzerninteressen alternativ zum Rozenblum Ansatz über eine konzerndimensionale *business judgement rule* erfolgen sollte.[781]

Problematisch am Rozenblum Ansatz sei, dass sich die haftungsfreistellenden Voraussetzungen auf abstrakt-genereller Ebene nur mit großer Unschärfe definieren lassen.[782] Demgegenüber sei die *business judgement rule* vorzugswürdig, nicht nur wegen ihres gesellschaftsrechtlichen Ursprungs, sondern weil bereits alle Rechtsordnungen in den Grundzügen mit der Regelung für unternehmerische Entscheidungen vertraut seien.[783] Die Formel nach der ein Geschäftsleiter keine Pflichtverletzung begeht, solange er die relevanten Voraussetzungen erfüllt, sei zu öffnen, indem das Wohl der Gesellschaft auch unter Einbeziehung ihrer Konzernverbundenheit definiert werden darf.[784] Es sei dann in der Hand des Geschäftsleiters eine angemessene Informationsgrundlage zu schaffen, wobei es erforderlich sein könne, dass Informationen über die wirtschaftliche Lage anderer Konzerngesellschaften

---

778 *Lutter*, FS Canaris Bd. II (2007), S. 245 (249 f.); Hüffer/*Koch*, AktG, § 93 Rn. 14; *ders.*, ZGR 2006, 769 (784).

779 Spindler/Stilz/*Fleischer*, 3. Aufl. 2015, § 93 Rn. 65; *Fleischer* in Fleischer VorstandsR-HdB § 7 Rn. 50 f.; *ders.*, ZIP 2004, 685 (689).

780 *Hopt/Roth*, Großkomm AktG, § 93 Rn 67; MüKo AktG/*Spindler*, § 93 Rn. 39.

781 *Teichmann*, AG 2013, 184 (196 f).

782 *Teichmann*, AG 2013, 184 (196).

783 *Teichmann*, AG 2013, 184 (196).

784 *Teichmann*, AG 2013, 184 (196).

herangezogen werden.[785] Der Vorteil dieser Gestaltung sei, dass die Vorgaben für die Entscheidung prozessualer[786] und nicht inhaltlicher Natur seien; weiterhin würde die Abschirmung der unternehmerischen Entscheidung von der gerichtlichen Kontrolle dem Bedürfnis von im Binnenmarkt tätigen Konzernen entsprechen.[787]

Der Vorschlag ist auch auf Kritik gestoßen. Gegen eine konzerndimensionale *business judgement rule* wird angeführt, dass ein Geschäftsführer einer Regel stets entnehmen können muss, ob die Voraussetzungen vorliegen, nach denen er das Gruppeninteresse berücksichtigen darf; es müsse jedenfalls ein Handlungsrahmen erkennbar sein.[788] Dies soll bei einer angepassten Generalklausel über einen Sorgfaltsmaßstab nicht der Fall sein. Auch soll eine Generalklausel wie die *business judgement rule* eine effektive Gruppenleitung durch eine Konzernmuttergesellschaft erschweren, da den Geschäftsleitern in den abhängigen Gesellschaften zusätzliches Ermessen eingeräumt würde.[789] Weiterhin wird argumentiert, dass eine Anerkennung des Konzerninteresses über einen konzerndimensionalen Sorgfaltsmaßstab den Außenseiterschutz nicht angemessen berücksichtigen würde. Eine Generalklausel enthalte keine entsprechenden Schutzmechanismen und genüge somit nicht den Anforderungen an ein europäisches Konzernrecht, welches jedenfalls auch Schutzrecht zu sein habe.[790]

Trotz dieser Kritik sind die Vorteile des Vorschlags gewichtig. Durch die Schaffung einer Informationsgrundlage und deren Auswertung, hat ein Geschäftsleiter selbst die Möglichkeit, sich bei einer Anweisung aus dem Konzernverhältnis eine Grundlage zu verschaffen, sollte er sich später für die entsprechende Durchführung rechtfertigen müssen. Im Hinblick auf eine europaweite Umsetzung spricht für den Vorschlag, dass die *business judgement rule* weitestgehend bekannt und anerkannt ist. Dies dürfte jedoch für weite Teile des europäischen Auslands auch für den Rozenblum Ansatz gelten. Daneben erkennt der Vorschlag

785 *Teichmann*, AG 2013, 184 (196).

786 Zur tatsächlich nicht erfolgten prozessualen Einbettung der *busniness judgement rule* vgl. *Hopt/Roth*, Großkomm AktG, § 93 Rn. 66.

787 *Teichmann*, AG 2013, 184 (196).

788 *Dominike*, Einheitliche Gruppenleitung, S. 95.

789 *Hommelhoff*, GmbHR 2014, 1065 (1071); *Dominike*, Einheitliche Gruppenleitung, S. 95.

790 *Dominike*, Einheitliche Gruppenleitung, S. 95.

zutreffend, dass ein Geschäftsleiter für die Frage, ob er einer negativen Maßnahme zustimmen kann, ein gewisses Ermessen benötigt.

## IV. Verschränkung des Rozenblum Ansatzes mit der Business Judgement Rule

Ein Geschäftsleiter hat jedoch nicht nur das Problem, dass sein Ermessensspielraum voll überprüfbar ist. Dieser Aspekt wäre nach dem Ansatz *Teichmanns* gelöst. Problematisch ist vielmehr schon die große Zahl der verschiedenen Haftungstatbestände. Möchte ein Geschäftsführer *de lege lata* gesellschaftsfremde Interessen berücksichtigen, sind die Risikoquellen nicht bloß im Gesellschaftsrecht zu verorten, sondern ergeben sich auch aus anderen Bereichen des Rechts, wie dem Insolvenzrecht.[791] Ist der Konzern grenzüberschreitend tätig, wird die Situation noch unübersichtlicher, da sich die Haftungstatbestände im Ausland (im Hinblick auf das einzuhaltende Schutzniveau) unterscheiden können. Aus Sicht der Geschäftsleiter einer abhängigen Gesellschaft wäre der größte Vorteil des Rozenblum Ansatzes, dass für die Berücksichtigung fremder Interessen die Risikoquellen aus verschiedenen Tatbeständen „gebündelt" würden. Dies liegt daran, dass der Rozenblum-Ansatz, entsprechend seinem Ursprung, als Rechtfertigungsgrund konzipiert ist. Der Geschäftsleiter kann sich an diesem Rechtfertigungsgrund orientieren. Erfüllt er die Voraussetzungen des Rozenblum Tests, scheidet eine Pflichtverletzung aus, womit es jedenfalls (innerhalb dieser Grenzen) in Ordnung wäre im Interesse des Konzerns zu handeln.[792] Innerhalb dieser Prüfung ergeben sich jedoch Ermessensspielräume und unbestimmte Rechtsbegriffe. Dies wird spätestens dann problematisch, wenn eine volle gerichtliche Überprüfung *ex post* zulässig sein sollte.[793]

Des Weiteren ist nicht ersichtlich, wie eine konzerndimensionale *business judgement rule* für die Gläubiger der abhängigen Gesellschaft ein (europäisch) einheitliches Schutzniveau gewährleisten könnte, wie dies beim Rozenblum-Ansatz der Fall wäre.

Daher sollte die Frage nicht lauten, ob zur Anerkennung des Konzerninteresses entweder der Rozenblum-Ansatz oder eine

[791] Vergleiche hierzu bereits oben S. 42 ff.

[792] Zur Funktionsweise des Rozenblum-Ansatzes als Rechtfertigungsgrund siehe bereits S. 107.

[793] Siehe hierzu unter S. 181 f.

konzerndimensionale *business judgement rule* verfolgt werden sollte. Stattdessen müssten die Vorzüge beider Institute fruchtbar gemacht werden. Richtigerweise bietet sich eine Kombination bzw. eine Verschränkung des Rozenblum Ansatzes mit der *business judgement rule* an.[794]

### 1) Funktionsweise der Verschränkung

Der Geschäftsleiter darf Konzerninteressen berücksichtigen, wenn die Voraussetzungen des modifizierten Rozenblum-Tests erfüllt sind. Der konkrete Sorgfaltsmaßstab für das Vorgehen und insbesondere die Prüfung der Merkmale erfolgt nach den Wertungen der *business judgement rule*. Möglich wäre es in der Norm, welche die Rozenblum-Voraussetzungen gesetzlich fixiert, den Satz aufzunehmen, dass die *business judgement rule* „entsprechend Anwendung findet". Die grundsätzliche, bekannte Prüfung der *business judgement rule* bliebe erhalten, müsste jedoch im Einzelnen modifiziert werden, da einige Merkmale des Rozenblum Ansatzes z.T. selbst Ermessen regeln oder z.T. den Anwendungsbereich der *business judgement rule* von vorneherein sperren würden:

Der Anwendungsbereich der *business judgement rule* ist im Allgemeinen nur eröffnet, sofern es sich bei der konkreten Geschäftsführungsmaßnahme um eine unternehmerische Entscheidung und nicht um eine gebundene Entscheidung handelt.[795] Die Umsetzung der konkreten Maßnahme, welche ein Geschäftsleiter an den Rozenblum-Voraussetzungen misst, muss demnach eine unternehmerische Entscheidung sein. Der Ansatzpunkt der Prüfung bleibt die fragliche Maßnahme, etwa die Bestellung einer Sicherheit zugunsten einer anderen Gruppengesellschaft.

Diese Maßnahme darf der Geschäftsleiter in der angewiesenen Gesellschaft nur ausführen, wenn die Voraussetzungen des Rozenblum Ansatzes vorliegen, wobei ihm bei der Prüfung der Merkmale Ermessen nach den Grundzügen der *business judgement rule* zusteht. Das Heranziehen der *business judgement rule* soll einen Geschäftsleiter nicht dazu berechtigen kritische Merkmale des Rozenblum Tests vorschnell und ohne mögliche Konsequenzen zu bejahen. Stattdessen wird lediglich

---

[794] Ebenso die Anwendung beider Institute vorschlagend *Wernert*, Das Gruppeninteresse, S. 215 ff.

[795] Siehe hierzu und zu den sonstigen Merkmalen oben S. 183 ff.

der Sorgfaltsmaßstab, den ein Geschäftsleiter bei Prüfung des Rozenblum Tests zu beachten hat, konkretisiert.

### 2) Modifikation der Merkmale

Auch das Merkmal „Wohl der Gesellschaft" kann nicht uneingeschränkt gelten. Für die Frage, ob die Maßnahme im Wohl der Gesellschaft liegt, kommt es darauf an, dass keine fremden Interessen berücksichtigt werden, sondern ausschließlich das Unternehmensinteresse. Da es gerade Zweck des Rozenblum Ansatzes ist, Konzerninteressen zu verfolgen, welche mit dem isolierten Unternehmensinteresse der Tochter im Widerspruch stehen, kann es auf das Merkmal des Wohls der Gesellschaft nicht mehr ankommen. Vielmehr muss der Geschäftsleiter prüfen, inwieweit die Maßnahme nach den o.g. Kriterien im Interesse des Konzerns liegt. Das Merkmal „Wohl der Gesellschaft" ist also, weg vom Unternehmensinteresse, zu öffnen.

Die Geschäftsleiter kommen grundsätzlich nur in den Genuss der *business judgement rule*, wenn sie sich hinsichtlich der Entscheidung angemessen informiert haben, sodass sie mögliche Risiken besser einschätzen können.[796] Zum Erfüllen des Sorgfaltsmaßstabes ist die Schaffung einer angemessenen Informationsgrundlage ein entscheidender Aspekt. Dies gilt für Entscheidungen in Konzernsachverhalten ebenso. Es ist nicht ersichtlich, wieso Geschäftsleiter bei Maßnahmen, welche im Sinne des Konzerns durchgeführt werden, privilegiert werden sollten. Es muss die Verpflichtung bestehen sich über die Maßnahme angemessen zu informieren. An dieser Stelle sind die Geschäftsleiter in der Handlungspflicht, wenn sie in den Genuss der Haftungsprivilegierung kommen möchten.

Wie bereits aufgezeigt, müssen die Geschäftsleiter wegen der in Konzernsachverhalten regelmäßig erhöhten Komplexität, aber auch auf die Informationen, die von einer herrschenden Gesellschaft vorgelegt werden, vertrauen dürfen.[797] Jedoch gilt dies nicht unbeschränkt. Die Geschäftsleiter müssen die Informationen auf Plausibilität überprüfen und sofern sich Unregelmäßigkeiten zeigen, auch Nachforschungen anstellen und weitere Informationen einholen. Das Merkmal der Informationsgrundlage muss demnach vollständig Anwendung finden und die

---

796 Siehe hierzu bereits S. 185.

797 Siehe hierzu unter S. 131 f.

Anforderungen an die Informationsbeschaffung sollten vom konkreten Einzelfall abhängig sein.

Weiterhin verlangt die *business judgement rule*, dass die Entscheidung des Vorstands in gewissen Grenzen inhaltlich angemessen, also jedenfalls nicht unverantwortlich war, wobei auch in dem Fall die *ex-ante* Betrachtung maßgeblich bleibt.[798] Bei diesem Merkmal gibt es Überschneidungen mit der Rozenblum Prüfung nach dem EMCA. Auch nach Ziff. 15.16 Abs. 1(b) EMCA kommt es darauf an, dass der Geschäftsleiter vernünftigerweise annehmen durfte, dass die Nachteile innerhalb angemessener Zeit durch Vorteile ausgeglichen werden. Die an dieser Stelle verortete Plausibilitätsprüfung entspricht im Wesentlichen dem Merkmal der *business judgement rule*.

Nicht unverantwortlich darf darüber hinaus auch die Auslegungen der sonstigen unbestimmten Rechtsbegriffe sein. Kritisch kann dies sein, wenn es um die Frage geht, ob ein Geschäftsleiter nicht unverantwortlich davon ausgegangen ist, dass eine Maßnahme die Existenz der Gesellschaft nicht gefährdet. Nach Ziff. 15.16 Abs. 1(c) EMCA hat der Geschäftsleiter genau diese Frage zu beantworten. Es könnte argumentiert werden, dass es zu weit ginge dem Organ der abhängigen Gesellschaft auch hinsichtlich dieser Frage einen Ermessensspielraum zuzugestehen. Zum Teil wird vertreten, dass es für die Frage der Existenzgefährdung generell kein Ermessen nach der *business judgement rule* geben kann.[799] Jedoch sprechen gute Argument dafür, dass es auch in diesem Fall ein Ermessen geben muss.[800] Es sind Konstellationen denkbar, in denen es aus betriebswirtschaftlicher Sicht für das Überleben einer Unternehmung geboten ist, eine Maßnahme durchzuführen, welche existenzgefährdend sein kann, wie etwa ein längst überfälliger Technologiewechsel. Dennoch darf das Ermessen wegen der immensen

798 Siehe hierzu oben S. 186.

799 ThürOLG Jena, NZG 2001, 86, 87 f. wobei es jedoch auf die Umstände des Einzelfalls ankommen soll; OLG Düsseldorf, CCZ 2010, 117 (119) selbst wenn Rating Agenturen das Geschäft als nicht besonders risikoreich einordnen; MüKo AktG/*Spindler*, § 93 Rn. 54 der klarstellt, dass die Maßnahme nicht von vorneherein pflichtwidrig, aber sehr wohl gerichtlich überprüfbar sei; KK/*Mertens/Cahn*, 3. Aufl. 2010, § 93 Rn. 22 jedoch mit Ermessen auf Grundlage des allg. Pflichtenmaßstabs; *Lutter* ZIP 2007, 841 (845) kein Ermessen bei sog. *Hazard*-Entscheidungen; *ders.*, ZIP 2009, 197 (199).

800 *Roth*, Unternehmerisches Ermessen, S. 111; *Hopt/Roth*, Großkomm AktG, § 93 Rn. 88 sowie Rn. 195; K. Schmidt/Lutter/*Krieger/Sailer-Coceani*, AktG, 3. Aufl. 2015, § 93 Rn. 18; Spindler/Stilz/*Fleischer*, 3. Aufl. 2015, § 93 Rn. 81.

Bedeutung des Merkmals in entsprechenden Fällen nicht unbegrenzt sein und es muss für die Prüfung ein strengerer Maßstab gelten.[801] Diese Überlegungen sind in Konzernsachverhalten genauso richtig. Somit muss das Merkmal der Unverantwortlichkeit ebenfalls Anwendung finden.

Auf die *business judgement rule* kann sich ein Geschäftsleiter nicht berufen, wenn er sich bei seiner Entscheidung von sachfremden Interessen leiten lässt.[802] Das Merkmal ist zentral, um Missbrauch durch das Organ beizukommen. Wegen den in Konzernsachverhalten stets vorliegenden verschiedenen Interessen, besteht jedoch Anpassungsbedarf. Die Berücksichtigung von anderen Interessen, als dem isoliert betrachteten Unternehmensinteresse, darf jedenfalls dann keinen verbotenen Interessenkonflikt darstellen, wenn stattdessen „Konzerninteressen" einbezogen werden. Sinn und Zweck des Rozenblum Ansatzes ist es gerade, dass die Berücksichtigung verschiedener Interessen ausnahmsweise keine Pflichtverletzung sein soll. Anders ist es allerdings, wenn der Geschäftsleiter sich von persönlichen Interessen und nicht vom Unternehmensinteresse bzw. dem Konzerninteresse leiten lässt. Auch in Konzernsachverhalten muss dem Geschäftsleiter in derartigen Fällen der Genuss der *business judgement rule* verwehrt bleiben. Es bietet sich daher an, das Verbot von Interessenkonflikten nicht vollständig auszusparen, sondern es auf die Fallgruppe zu beschränken, in der ein Geschäftsleiter durch eigennütziges Verhalten persönliche Interessen verfolgt.[803]

Ein Berufen auf die *business judgement rule* ist in jedem Fall ausgeschlossen, wenn die Maßnahme gegen Gesetz oder die Satzung der Gesellschaft verstößt.[804] Die Legalitätspflicht gilt allgemein und muss auch in Konzernsachverhalten Anwendung finden. Fraglich ist wie es sich auswirkt, dass der Rozenblum Ansatz ursprünglich als strafrechtlicher Rechtfertigungsgrund geschaffen wurde. Es könnte argumentiert werden, dass bei Vorliegen der Voraussetzungen des Rozenblum Ansatzes auch Verstöße gegen Gesetz, etwa den Tatbestand der Untreue, gerechtfertigt wären. Betrachtet man den Rozenblum Ansatz isoliert, ist durchaus denkbar, dass eine Maßnahme, die mit einer Straftat

801 *Hopt/Roth*, Großkomm AktG, § 93 Rn. 195.
802 Siehe hierzu bereits S. 187.
803 Siehe zu dieser Differenzierung oben S. 187 f.
804 Siehe hierzu bereits S. 187.

verbunden ist (z.B. ein lukrativer Geschäftsabschluss durch eine Bestechung), die einzelnen Merkmale des Rozenblum Tests erfüllt.

An dieser Stelle spiegelt sich eine Problematik, die im Bereich des unternehmerischen Ermessens auch im Allgemeinen bekannt ist. Konkret geht es um die Frage, ob einem Geschäftsleiter auch bei einer besonderen gesetzlichen Pflicht noch geschütztes Ermessen zustehen kann.[805] Grundsätzlich gilt, dass für besondere gesetzliche Pflichten keine Handlungsalternativen des Geschäftsleiters mehr bestehen, also die Entscheidung gebunden ist.[806] Dies soll jedoch nicht unbeschränkt gelten. Es wird argumentiert, dass je nach Inhalt und Zweck der Norm entweder ausdrücklich oder durch die Aufnahme unbestimmter Rechtsbegriffe ein Ermessensspielraum bestehen kann.[807] Dies erscheint richtig, da Geschäftsleiter, sofern es auf eine Risikoeinschätzung ankommt, stets Unsicherheiten ausgesetzt sind. Dies gilt für gebundene Entscheidungen genauso wie für unternehmerische Entscheidungen.[808] Daher ist es folgerichtig, dass für dieses Ermessen auch der Verhaltensstandard der *business judgement rule* gelten darf.[809] Dies bedeutet, dass im Einzelfall eine nach den o.g. Grundsätzen erfolgte Entscheidung einen tatbestandlich verwirklichten Verstoß gegen eine besondere gesetzliche Vorschrift rechtfertigen kann. Dies ist die logische Konsequenz der Ausgestaltung der Rozenblum Formel als Rechtfertigungsgrund. Somit kommt es auf die fraglichen Umstände im Einzelfall an. Ist etwa eine Bestechung zum Durchführen der Maßnahme erforderlich, darf dem Geschäftsleiter selbstverständlich keine Handlungsalternative oder Spielraum mehr verbleiben.

Sollte dem Geschäftsleiter, wie im gerade genannten Beispiel, kein Ermessensspielraum zugesprochen werden können (da dies entgegen der Legalitätspflicht wäre), so kann ein entsprechendes Handeln, also insbesondere, wenn die Handlung auf angemessener Information und

---

805 Ausführlich zu der Problematik *Hopt/Roth*, Großkomm AktG, § 93 Rn 74 ff.

806 K. Schmidt/Lutter/*Krieger/Sailer-Coceani*, AktG, 3. Aufl. 2015, § 93 Rn. 15 mit Aufzählung von Normen, die sog. Pflichtaufgaben enthalten; kritisch bei zusätzlichen Pflichtaufgaben (im Bankensektor) *Hopt*, ZIP 2013, 1793 (1799); Scholz/*Schneider*, GmbHG, Bd. 2, 2014, § 43 Rn. 13 mwN, spricht von einer Überlast an öffentlich-rechtlichen Pflichten.

807 MüKo AktG/*Spindler*, § 93 Rn. 75; *Hopt/Roth*, Großkomm AktG, § 93 Rn 75; anders Hüffer/*Koch*, AktG, § 93 Rn. 11, Spielraum nur sofern innerhalb der konkreten Norm der Pflichtaufgabe eröffnet.

808 MüKo AktG/*Spindler*, § 93 Rn. 75.

809 *Hopt/Roth*, Großkomm AktG, § 93 Rn 75.

gutgläubig erfolgt ist, jedoch für das Verschulden des Geschäftsleiters eine entscheidende Rolle spielen. Diesen Gedanken hatte offenbar auch der UMAG-Gesetzgeber, wenn es für illegales Verhalten zwar keinen sicheren Hafen im Sinne einer haftungsrechtlichen Freistellung geben kann, jedoch unter Umständen das Verschulden fehlen kann.[810]

Abschließend sollte noch die Reichweite der *business judgement rule* klargestellt werden. Liegt eines der Merkmale der *business judgement rule* nicht vor, muss das nicht immer bedeuten, dass die Voraussetzungen des Rozenblum-Tests im konkreten Fall nicht gegeben sind. Auch bedeutet dies nicht, dass dem Geschäftsleiter bei der Anwendung des Rozenblum-Tests in dem Fall gar kein Ermessen zustehen kann. Jedoch ist die Auslegung von unbestimmten Rechtsbegriffen, wie etwa das Merkmal des Gruppeninteresses, in dem Fall der gerichtlichen Überprüfung voll zugänglich.

## V. Auswirkungen auf beteiligte Interessenträger

Soll die vorgeschlagene Verschränkung bewertet werden, sind die Auswirkungen auf die Gläubiger (und Minderheitsgesellschafter) der abhängigen Gesellschaft, die Auswirkungen auf die herrschende Gesellschaft sowie der Einfluss auf die Geschäftsleiter in der abhängigen Gesellschaft zu untersuchen.

### 1) Gläubiger der abhängigen Gesellschaft

Die Position der Gläubiger wird durch den Rozenblum Ansatz (auch in der Ausgestaltung des EMCA) regelmäßig verschlechtert.[811] Durch die Verschränkung des Rozenblum-Ansatzes mit der *business judgement rule* ist es denkbar, dass der Geschäftsleiter unter Beachtung des Sorgfaltsmaßstabs eine nach dem Rozenblum Test gerechtfertigte Maßnahme ausführt, diese sich jedoch später als ungeeignet herausstellt. Dadurch erleidet die abhängige Gesellschaft einen finanziellen Verlust, der sich auch auf die Befriedigungsaussichten der Gläubiger auswirkt. Eine haftungsrechtliche Inanspruchnahme scheitert nach hier vertretener Auffassung, wenn sich der Geschäftsleiter innerhalb des vom Ermessen geschützten Bereichs befand.

---

810 Begründung RegE UMAG, BT-Drucks. 15/5092, S. 11.

811 Siehe hierzu die Ergebnisse des Vergleichs oben S. 177.

Eine mögliche Folgerung wäre, dass die Verschränkung eine weitere Benachteiligung der Gläubiger darstellen würde, da ihnen der Geschäftsleiter nicht mehr als „Puffer“ zu Verfügung stehen würde. Damit ist gemeint, dass es Gläubigern schwerer fallen könnte nach einem wirtschaftlichen Schaden im Schuldnerunternehmen sich über die Inanspruchnahme des Geschäftsleiters bzw. dessen Versicherung wegen einer Pflichtverletzung, schadlos zu halten. Eine solche Aussage ginge jedoch zu fehl. Durch die Verschränkung wird das Schutzniveau nicht insgesamt herabgesetzt. Es liegt im Interesse der Gläubiger, dass die Schuldnergesellschaft durch gutes Management wirtschaftlich erfolgreich ist. Für eine erfolgreiche Geschäftsführung ist unbestritten das Eingehen von wirtschaftlichen Risiken unter stetiger angemessener Prüfung des Risikos unerlässlich. Für diese Risiken benötigt ein Geschäftsführer einen entsprechenden, nur eingeschränkt überprüfbaren, Ermessensspielraum. Es ist nur konsequent diese Wertungen bei Entscheidungen, die das Konzernverhältnis betreffen, ebenfalls anzuwenden. Unbillig wäre es daher, wenn die Gläubiger auf der einen Seite eine entsprechende erfolgsversprechende Geschäftsführung verlangen, sich jedoch *ex-post* ausschließlich auf den Standpunkt stellen, dass der Geschäftsführer ihre Interessen nicht angemessen berücksichtigt habe und sie daher zu entschädigen seien. Dies soll nicht bedeuten, dass in allen Fällen eine Ersatzpflicht stets ausgeschlossen sein sollte. Das konkrete Austarieren zwischen dem Schutzbedürfnis der Gläubiger auf der einen Seite und dem notwendigen Handlungsspielraum der Geschäftsleiter auf der anderen Seite sollte jedoch über die *business judgement rule* erfolgen, welche sich, so scheint es, durchweg etabliert hat.[812] Daher ist es von den Gläubigern zu akzeptieren, dass ihnen eine übermäßige Inanspruchnahme nicht zusteht.

Auch sollte nicht vergessen werden, dass mit dem Rozenblum Ansatz durchaus Bestimmungen zum Schutz der Gläubiger einhergehen, welche auch nach der vorgeschlagenen Verschränkung Anwendung finden.

---

812 *Merkt*, ZGR 2017, 129 (133f.), bisher haben wenige Nationen die Regel kodifiziert, jedoch sind die Grundzüge oder jedenfalls in gewissen Grenzen ein Entscheidungsermessen durch Richterrecht sehr weitgehend akzeptiert; *Teichmann*, AG 2013, 184 (197).

### 2) Herrschende Gesellschaft

Entsprechend ist die Auswirkung der Verschränkung auf die herrschende Gesellschaft einzuordnen. Die Anerkennung des Konzerninteresses durch den Rozenblum-Ansatz soll die Möglichkeiten einer effektiven Gruppenleitung, insbesondere auch durch das Weisungsrecht, verbessern. Durch die Verschränkung des EMCA Vorschlags für einen Rozenblum Test mit den Wertungen der *business judgement rule* ändert sich daran grundsätzlich nichts.

Sollte argumentiert werden, dass durch die Gewährung des Ermessensspielraums die Position der herrschenden Gesellschaft verbessert würde, da Geschäftsleiter in der abhängigen Gesellschaft nun unter Umständen noch ein Stück weiter instrumentalisiert werden könnten, so greift dies zu kurz. Der hier gewählte Ansatz erfasst weiterhin die Pflicht zu widersprechen, sollte die Maßnahme nicht die Voraussetzungen des Rozenblum Tests erfüllen. Die Ermessensspielräume dürfen nicht einseitig zugunsten der herrschenden Gesellschaft ausgenutzt werden.

Auf der anderen Seite wäre es kurzsichtig zu behaupten, eine effektive Gruppenleitung sei durch die Verschränkung erschwert, da die Geschäftsleitung in der abhängigen Gesellschaft zusätzliches Ermessen bei der Befolgung von Weisungen hätte. Ein konkreter Sorgfaltsmaßstab, welcher legitimes Verhalten in der abhängigen Gesellschaft erleichtert, sollte über eine konkrete (einzelne) Maßnahme hinaus, langfristig auch im Interesse der herrschenden Gesellschaft liegen.

### 3) Geschäftsleiter der abhängigen Gesellschaft

Durch die Verschränkung mit der *business judgement rule* wird die Position der Geschäftsleiter gestärkt. Ein ursprüngliches Ziel der Anerkennung des Konzerninteresses war es, einen *safe harbour* für Geschäftsleiter zu schaffen.[813] Daher stellt sich die Frage, welche Qualität der sichere Hafen nach dem hier gewählten Ansatz für die Geschäftsleiter hätte. Von der Prüfung der konkreten Maßnahme werden die Geschäftsleiter nicht frei.[814] Dadurch würden die Interessen der Gläubiger der abhängigen Gesellschaft zu stark beeinträchtigt. Folglich bleiben

---

813 Report of the Reflection Group on the Future of EU Company Law, 2011, S. 60 f.

814 Zu diesem Ansatz, jedenfalls für Geschäftsleiter in einer abhängigen Gesellschaft siehe oben S. 146 f.

die Geschäftsleiter, insbesondere in einer abhängigen Gesellschaft, weiterhin in einem Spannungsfeld zwischen den Interessen der eigenen Gesellschaft (und deren Gläubigern) und den Verpflichtungen gegenüber einer herrschenden Gesellschaft. Mit dem Rozenblum Test wird ihnen jedoch ein konkretes Instrument an die Hand gegeben, mit welchem klar erkennbar ist, inwieweit den Forderungen einer herrschenden Gesellschaft nachgegeben werden kann.[815] Durch die Verschränkung des Rozenblum Tests mit der *business judgement rule* erhalten die Geschäftsleiter dazu einen konkreteren Sorgfaltsmaßstab als Orientierungshilfe. Auf diese Weise kann das oben beschriebene Spannungsverhältnis erheblich entschärft werden.

## VI. Zusammenfassung des Lösungsansatzes

Der Schutz von Geschäftsleitern in den abhängigen Gesellschaften ist nach dem EMCA-Ansatz nicht ausreichend gewährleistet. Die Prüfung der unbestimmten Merkmale des Rozenblum-Tests findet in der Risikosphäre der Geschäftsleiter statt und soll offenbar einer nachträglichen gerichtlichen Überprüfung offenstehen.

Eine Verwirklichung der Anerkennung des Konzerninteresses allein über eine konzerndimensionale *business judgement rule* würde, im Hinblick auf die nachträgliche gerichtliche Kontrolle, gewichtige Vorteile für die Geschäftsleiter mit sich bringen. Der Reiz des Rozenblum-Ansatzes liegt demgegenüber auch darin, dass ein einheitliches Schutzniveau der Gläubiger der abhängigen Gesellschaft etabliert werden könnte. Auch die Geschäftsleiter (in der abhängigen Gesellschaft) profitieren grundsätzlich von einem Rozenblum-Test, da wegen der Konzeption als Rechtfertigungsgrund, verschiedene Haftungsfelder innerhalb einer Prüfung „gebüdelt" würden.

Die Vorteile beider Instrumente sollten fruchtbar gemacht werden, indem der Rozenblum-Ansatz mit der *business judgement rule* verschränkt wird. Der Ansatzpunkt der Prüfung des Geschäftsleiters bleibt die von der herrschenden Gesellschaft verlangte Maßnahme. Diese darf nur umgesetzt werden, sofern die Voraussetzungen des Rozenblum-Tests gegeben sind, wobei dem Geschäftsleiter bei der Prüfung der Merkmale ein Ermessenspielraum nach den Grundzügen der *business judgement rule* zusteht.

---

[815] Siehe hierzu ausführlich S. 129 ff.

Eine nachträgliche gerichtliche Sanktionierung der Geschäftsleitungen scheidet aus, sofern diese sich bei ihrer Prüfung in den Grenzen des ihnen zuzustehenden unternehmerischen Ermessens bewegt haben. Da der Rozenblum-Ansatz einzelne Merkmale der *business judgement rule* sperren würde sowie (zum Teil) selbst Ermessenselemente enthält, muss die *business judgement rule* entsprechend angepasst angewendet werden.

Die Gläubiger der abhängigen Gesellschaft werden durch diese Anwendung der *business judgement rule* im Vergleich zur isolierten Anwendung des Rozenblum-Ansatzes nicht wesentlich schlechter gestellt. In einer Gesamtschau dürfte eine gesicherte Handlungsbasis der Geschäftsleitungen, auch im Rahmen eines Konzernverhältnisses, mittelbar im Interesse der Gläubiger liegen.

# § 9 Ausblick: Vorteile einer europaweiten Anerkennung des Konzerninteresses

Wie diese Untersuchung gezeigt hat, würde eine Umsetzung der Vorschläge ins deutsche Recht (zum Teil) mit einer Verringerung des Schutzniveaus für die Gläubiger abhängiger Gesellschaften einhergehen.[816] Von den Befürwortern des Regelungsprojekts werden jedoch vor allem die Vorteile einer europaweiten Anerkennung des Konzerninteresses hervorgehoben.

Diese sind die Verbesserung der Gestaltungsmöglichkeiten sowie mehr Rechtssicherheit bei der Steuerung einer Unternehmung über Landesgrenzen hinweg.[817] Im Einzelnen würden auch die Transaktions- bzw. Rechtskosten des grenzüberschreitenden Handelns gesenkt werden.[818] All dies soll dabei nicht nur zweckdienlich, sondern sogar gesetzlich notwendig sein. Denn zum Teil wird argumentiert, dass die derzeit geltenden unterschiedlichen nationalen Bestimmungen mit der in den europäischen Verträgen garantierten Niederlassungsfreiheit (Art. 49 AEUV) nicht vereinbar seien.[819] Weiterhin darf nicht unterschlagen werden, dass einer europäischen Regelung zum Konzernrecht auch eine gewisse Ausstrahlungswirkung zukommen kann. Würde das Konzernphänomen rechtlich erfasst werden, würde der europäische Gesetzgeber explizit zum Ausdruck bringen, dass die Unternehmensgruppe nicht bloß eine geduldete Realität ist, sondern eine akzeptierte, legale und ökonomisch sinnvolle Gestaltungsform darstellt.[820]

---

816 Siehe die Ergebnisse des Vergleichs oben S. 177.

817 Report of the Reflection Group on the Future of EU Company Law, 2011, S. 61; *Forum Europeum on Company Groups*, ZGR 2015, 507 (508 f.) auch die rechtlichen Unsicherheiten betonend; *Soltysinski*, FS Baums (2017), Bd. 2, 1193 (1198); *Conac*, ECFR 2016, 301 (320 f.); *Mülbert*, ZHR 179 (2015), 645 (658 f.); offenbar auch *Drygala*, AG 2013, 198 (2013);

818 ICLEG Report aaO (Fn. 11), S.29 ff.; *Chiappetta/Tombari*, ECFR 2012, 261 (265) am praktischen Beispiel der Transaktionskosten von Pirelli; *Soltysinski*, FS Baums (2017), Bd. 2, 1193 (1198); *Teichmann*, AG 2013, 184 (185).

819 *Teichmann*, AG 2013, 184 (185); *ders.*, ECFR 2015, 202 (214 ff.); *Dominke*, Einheitliche Gruppenleitung, S. 32, folgert diese Aussage insbesondere daraus, dass andere Möglichkeiten der grenzüberschreitenden Tätigkeit, wie eine Zweigniederlassung nicht gleich wirksam sei; *Krapp*, StudZR 2017, 236 (246).

820 Diesen Aspekt des Regelungsprojekts zutreffend betonend *Dominke*, Einheitliche Gruppenleitung, S. 28.

Auch im Hinblick auf den Gläubigerschutz sollte in der unionsrechtlichen Perspektive eine differenzierte Bewertung geboten sein. Denn selbst wenn das Schutzniveau für einige Gläubiger herabgesetzt werden würde, etwa für Gläubiger von deutschen Aktiengesellschaften[821], müsse das nicht für alle gelten. Eine Regelung könne im Gegenzug nämlich auch dazu führen, dass Schutzlücken geschlossen werden, etwa wenn das Schutzniveau in einzelnen Rechtsordnungen bisher hinter dem vorgeschlagenen Niveau zurückbleibt.[822]

Die genannten Vorteile sind allesamt verständlich und sollten von jedem Gesetzgeber ernst genommen werden. Aus einer deutschen Perspektive läuft es dennoch auf eine Abwägung zwischen den Vorteilen eines freieren Binnenmarktes und dem Erhalt des bestehenden Niveaus an Gläubigerschutz hinaus. Dabei könnte zu einer Entscheidungsfindung beitragen, dass bereits *de lege lata* das Schutzniveau einer im Alleinbesitz stehenden, faktisch abhängigen GmbH sich nicht fundamental vom vorgeschlagenen Schutzniveau unterscheidet.[823]

---

821 Wie gezeigt wurde, ist die Niveauherabsetzung besonders hoch, wenn in der AG keine Minderheitsaktionäre vorhanden sind, siehe oben S. 174.

822 *Dominke*, Einheitliche Gruppenleitung, S. 32 f.

823 Siehe dazu oben S. 175 ff.

# § 10 Zusammenfassung in Thesenform

1. Die funktionale Rechtsanalyse mithilfe des Prinzipal-Agenten Modells kann für die Analyse von Gläubigerschutzmechanismen erkenntnisfördernd eingesetzt werden. Dies gilt speziell für den Konflikt zwischen Gesellschafter und Gläubiger und den juristischen Konfliktlösungsstrategien einer Rechtsordnung. In Konzernsachverhalten findet sich dieser Konflikt auch wieder, jedoch sind die Informations- und Interessenasymmetrien und damit der Anreiz für opportunistisches Verhalten sogar besonders hoch. Daher ist das Prinzipal-Agenten Modell auch in Konzernsachverhalten hervorragend geeignet um Asymmetrien aufzuzeigen und um bestehende Strategien mit neuen Regelungsvorschlägen zu vergleichen.

2. Die Einflussnahmemöglichkeit des Gesellschafters einer unabhängigen Kapitalgesellschaft wird vor allem durch die Regeln der Kapitalerhaltung begrenzt. Insbesondere bei der AG sind strenge Regeln zu beachten, wenn der Gesellschaft Vermögen entzogen werden soll. Wird gegen die entsprechende Kapitalerhaltungsregel verstoßen, steht der Gesellschaft (bei AG und GmbH) ein Erstattungsanspruch gegen den Gesellschafter zu. Sofern die Gesellschaft insolvent geworden ist, kommen unter Umständen Haftungsansprüche wegen Existenzvernichtung, Insolvenzverschleppung oder verbotener Zahlungen nach Eintritt der materiellen Insolvenz, in Betracht. Diese Instrumente bezwecken ebenfalls den Schutz der Gesellschaftsgläubiger und begrenzen die Einflussnahmemöglichkeit des Gesellschafters jedenfalls mittelbar.

3. Bei Bestehen eines Beherrschungs- und Gewinnabführungsvertrages wird die Einflussnahme (Weisungsrecht gem. § 308 AktG) der herrschenden Gesellschaft kaum beschränkt. Dafür gibt es nach der Systematik der §§ 291 ff. AktG auch keinen Grund. Denn gemäß § 302 AktG ist die herrschende Gesellschaft verpflichtet alle während der Vertragslaufzeit entstehenden Verluste auszugleichen. Direkte Abflüsse von finanziellen Mitteln zur herrschenden Gesellschaft müssen jedoch auf Gewinne beschränkt bleiben. Den Gläubigern der beherrschten Gesellschaft ist bei Beendigung des Beherrschungsvertrages, unter Umständen, gem. § 303 AktG Sicherheit zu leisten.
4. Gegenüber faktisch abhängigen Aktiengesellschaften besteht kein Weisungsrecht, jedoch geht das Gesetz insoweit davon aus, dass eine herrschende Gesellschaft durch „Veranlassungen" Einfluss ausüben kann. Negative Einflussnahme soll ausnahmsweise zulässig sein, sofern die Nachteile unter Einhaltung der Vorgaben des § 311 Abs. 2 AktG ausgeglichen werden. Der Ausgleich kann entweder tatsächlich oder durch die Gewährung eines Rechtsanspruchs erfolgen, in jedem Fall spätestens am Ende des Geschäftsjahres. Den Interessen der Gläubiger soll, neben dem Nachteilsausgleich, durch die Regel des § 317 AktG Rechnung getragen werden.

Nach dieser haftet die herrschende Gesellschaft gesamtschuldnerisch mit ihren gesetzlichen Vertretern, sofern durch einen ausgebliebenen Nachteilsausgleich Schäden entstehen. Den Gläubigerschutz bezwecken jedenfalls mittelbar auch der Abhängigkeitsbericht und die daran anschließenden Prüfpflichten der §§ 313 ff. AktG.

5. Sofern Minderheitsgesellschafter in der faktisch abhängigen GmbH vorhanden sind, wird die Einflussnahme durch die gesellschaftsrechtliche Treuepflicht begrenzt. Das Handeln in der abhängigen GmbH hat sich stets am Satzungszweck zu orientieren, anderenfalls kommen Schadensersatzansprüche gegen die herrschende Gesellschaft in Betracht. Sofern keine Minderheitsgesellschafter vorhanden sind, wird die Einflussnahme dadurch begrenzt, dass der Bestand der abhängigen GmbH geschützt ist. In der Rechtsprechung durchgesetzt, hat sich letztendlich das Institut der Haftung wegen existenzvernichtenden Eingriffs, in Form einer vorsatzabhängigen Innenhaftung nach den Regeln des § 826 BGB.

6. Ein möglicher Vergleichsmaßstab für ein Konzerninteresse ist die Handlungsmaxime der Geschäftsleitung einer unabhängigen Gesellschaft. Diese darf ihr Handeln nicht ausschließlich auf das Interesse des Gesellschafters auszurichten, sondern muss nach dem Unternehmensinteresse die Belange der Gesellschafter, der Gläubiger, der Arbeitnehmer und der Öffentlichkeit in Einklang bringen. Würde die Geschäftsleitung einem dem entgegenstehenden, jedoch gemäßigten und auf langfristiges Wachstum angelegten *shareholder value* Ansatz verfolgen, dürfte dies nur selten zu abweichenden Ergebnissen führen.

7. Unter Berücksichtigung der in der Rechtswissenschaft genannten Wesensmerkmale müsste man das Konzerninteresse beschreiben als die gemeinsame Förderung einer Unternehmung in einem Verbund, in dem nicht bloß die Interessen einer herrschenden Gesellschaft, sondern die Interessen der verschiedenen beteiligten Interessenträger zu berücksichtigen sind.

8. Das Unternehmensinteresse einer herrschenden Gesellschaft und das Konzerninteresse decken sich in den meisten Fällen, können sich jedoch unterscheiden, wenn es um das Ausscheiden eines Konzernteils aus dem Verbund geht. In solchen Situationen sollte das differenzierte Konzerninteresse nicht schutzwürdig sein und keinen Verhaltensmaßstab für die Vertretungsorgane darstellen. Wenn im Rahmen der Regelungsvorschläge von der Anerkennung des Konzerninteresses gesprochen wird, sollte damit inhaltlich eine Ausrichtung an das Unternehmensinteresse der herrschenden Gesellschaft gemeint sein.

9. Der durch französische Rechtsprechung entwickelte Rozenblum-Ansatz gestattet eine „Schädigung" von Tochtergesellschaften sofern eine Reihe von

Merkmalen erfüllt sind, bei denen es sich zum Teil um schwer bestimmbare Rechtbegriffe wie ‚Konzerninteresse' und kohärente Gruppenpolitik' handelt. Die Schädigung muss ausgeglichen werden und die Existenz der Gesellschaft darf nicht gefährdet sein. Die Art und Weise des zu gewährenden Ausgleichs ist umstritten; gesichert ist, dass zeitlich gestreckt und flexibel ausgeglichen werden darf und nicht zwangsläufig eine Ausgleichszahlung erfolgen muss.

10. Das deutsche Recht kennt ein zum Rozenblum-Ansatz vergleichbares Institut grundsätzlich nicht. Jedoch beurteilt der Bundesgerichtshof die strafrechtliche Untreuehaftung in Konzernsachverhalten nach Maßstäben, die den Merkmalen des Rozenblum-Ansatzes nicht unähnlich sind.

11. Greift ein Gesetzgeber in den gesetzlichen Rahmen zwischen Mutter- und Tochtergesellschaft ein, findet eine Stärkung der Einflussnahmemöglichkeit der Mutter stets zu Lasten des Gläubigerschutzes in der Tochter statt. Einflussnahme und der Gläubigerschutz beeinflussen sich gegenseitig. Da eine erfolgreiche Kooperation mit den Gläubigern für jede Unternehmung notwendig ist, sollte der Schutz zugunsten der Einflussnahme nicht vollständig geopfert werden und auch nicht umgekehrt.

12. Die verschiedenen Modelle[824] zur Regelung der Einflussnahme, lassen sich in zwei Kategorien unterscheiden. Die Modelle der ersten Kategorie verlangen, dass die durch Einflussnahme entstehenden Schäden wieder ausgeglichen werden müssen. Demgegenüber verlangen die Modelle der zweiten Kategorie zwar die Beachtung von bestimmten Schutzmechanismen, jedoch gerade keinen Nachteilsausglich. Im Gegensatz zu den Modellen der ersten Kategorie, ist ein dauerhafter und nicht bloß zeitlicher Entzug von Ressourcen der abhängigen Gesellschaft gestattet. Innerhalb ihrer Kategorie werden die Modelle im Hinblick auf das Schutzniveau vergleichbar.

13. Das Modell der Vertragskonzerne nach den §§ 291 ff. AktG lässt sich in keine der beiden Kategorie einordnen. Nach diesem Modell erfolgt kein zeitlich gestreckter Nachteilsausgleich, sondern eine herrschende Gesellschaft verantwortet auch Verluste in der beherrschten Gesellschaft, selbst wenn diese in keinem Zusammenhang mit der negativen Einflussnahme stehen. Wegen dieses systematischen Unterschieds ist ein sinnvoller Vergleich mit den anderen Modellen nicht möglich. Bei einer Umsetzung der Regelungsvorschläge könnten die fundamentalen Unterschiede zu den

[824] Darunter sind die untersuchten Regelungsvorschläge zur „Anerkennung des Konzerninteresses" sowie die unterschiedlichen Möglichkeiten der Konzernierung nach deutschem Recht zu verstehen.

§§ 291 ff. AktG einer minimalinvasiven Einbettung ins deutsche Recht entgegenstehen.

14. Zur ersten Kategorie, in der ein (bloß) zeitlicher Entzug von Ressourcen der Tochter gestattet wird, gehören das Modell des faktischen AG-Konzerns, der Vorschlag des Forum Europeum für „reguläre Tochtergesellschaften“ sowie die Regel des EMCA, sofern Minderheitsgesellschafter vorhanden sind. Vom Anwendungsbereich betrachtet, ist das Schutzniveau der Rozenblum-Modelle (FECG und EMCA), die eine Einflussnahme überhaupt nur bei *ex-ante* gegebenen Merkmalen (wie dem Vorliegen eines gemeinsamen Gruppengeschäftsplans) gestatten, eher höher, als beim faktischen AG-Konzern. Demgegenüber sind die Vorgaben zum Nachteilsausgleich des § 311 AktG deutlich strengerer, als sie es bei den flexibleren Rozenblum-Modellen sind. Daher ist das Schutzniveau der Gläubiger im faktischen Konzern höher, als nach den entsprechenden Regelungsvorschlägen und eine Umsetzung würde, im Hinblick auf faktisch abhängige AGs, eine Herabsetzung des Schutzniveaus für Gläubiger bedeuten.

15. Der EMCA-Vorschlag unterscheidet sich im Hinblick auf *ex-post* wirkende Einflussschranken vom deutschen Recht. Dennoch dürften im Hinblick auf Schäden, die nach Überschreitung eines „Krisenpunktes“ eintreten, die systematischen Unterschiede nicht übermäßig groß sein. Da nach der Ziff. 15.17 Abs. 2 EMCA die Muttergesellschaft und nicht die Organe der abhängigen Gesellschaft Haftungsadressat ist, müsste die zur Verfügung stehende Haftungsmasse regelmäßig größer als bei § 92 Abs. 2 AktG sein und damit den Gläubigern nach dem EMCA ein höheres Schutzniveau geboten werden. Sollte die EMCA-Regel jedoch die Organe der im Konzerninteresse geführten Tochter von bestimmten Pflichten in der Krise befreien, besteht die Gefahr, dass dies zulasten der Gläubiger der Tochter für riskante Geschäftsvorhaben ausgenutzt wird. Hinsichtlich bereits vor dem Krisenpunkt entstanden Schäden, sind die systematischen Unterschiede zwischen EMCA und dem faktischen AG-Konzern größer. Der Anwendungsbereich des verschuldensunabhängigen § 317 AktG ist weiter als der von Ziff. 15.17 Abs. 3 EMCA. Jedoch dürfte die EMCA-Regel inhaltlich weitaus mehr Schäden abdecken als § 317 AktG und daher den Gläubigern im Ergebnis ein höheres Schutzniveau bieten.

16. Die Regelungsmodelle der zweiten Kategorie, die eine dauerhafte Entnahme von Ressourcen gestatten, sind die ICLEG-Optionen, der Vorschlag zu Servicegesellschaften des Forum Europeum, die Ziff. 15.16 Abs. 2 des EMCA sowie die für faktische GmbH-Konzerne anwendbaren Regeln. Alle diese Modelle haben gemein, dass sie die dauerhafte Entnahme ohne Nachteilsausgleich nur gestatten, wenn keine Minderheitsgesellschafter in der Tochter vorhanden sind. Im Hinblick auf das deutsche Recht ist bedeutsam, dass die Regelungsvorschläge auch bei einer in Alleinbesitz stehenden

Tochter in der Rechtsform einer AG eine dauerhafte Entnahme ohne Nachteilsausgleich gestatten. Dies würde bei einer Umsetzung zu einem Widerspruch mit den §§ 311 ff. AktG führen.

17. Innerhalb der zweiten Kategorie von Modellen dürften die auf einem Schutzsystem mit Solvenztest beruhenden Modelle (FECG, zum Teil IC-LEG, unklar bei EMCA) eher die Belange der Gläubiger schützen, als die Modelle, denen eine bilanzielle Betrachtung zugrunde liegt. Folglich dürfte deren Schutzniveau über dasjenige des faktischen GmbH-Konzerns hinausgehen. Entscheidend ist, dass die systematischen Unterschiede zwischen den Modellen der zweiten Kategorie gering sind. Im Hinblick auf eine Umsetzung der Regelungsvorschläge ins deutsche Recht, würden jene Modelle der zweiten Kategorie keine größeren Einschnitte in das Recht zur faktisch abhängigen GmbH bedeuten. Eine Beschränkung des Gesetzgebungsprojekts auf die kleine Kapitalgesellschaft könnte daher die Chancen der tatsächlichen Umsetzung erhöhen.

18. Der Schutz von Geschäftsleitern in den abhängigen Gesellschaften ist nach dem EMCA-Ansatz nicht ausreichend gewährleistet. Die Prüfung der unbestimmten Merkmale des Rozenblum-Tests findet in der Risikosphäre der Geschäftsleiter statt und soll offenbar einer nachträglichen gerichtlichen Überprüfung offenstehen.

19. Eine Verwirklichung der Anerkennung des Konzerninteresses allein über eine konzerndimensionale *business judgement rule* würde, im Hinblick auf die nachträgliche gerichtliche Kontrolle, gewichtige Vorteile für die Geschäftsleiter mit sich bringen. Der Reiz des Rozenblum-Ansatzes liegt demgegenüber auch darin, dass ein einheitliches Schutzniveau der Gläubiger der abhängigen Gesellschaft etabliert werden könnte. Auch die Geschäftsleiter (in der abhängigen Gesellschaft) profitieren grundsätzlich von einem Rozenblum-Test, da wegen der Konzeption als Rechtfertigungsgrund, verschiedene Haftungsfelder innerhalb einer Prüfung „gebüdelt“ würden.

20. Die Vorteile beider Instrumente sollten fruchtbar gemacht werden, indem der Rozenblum-Ansatz mit der *business judgement rule* verschränkt wird. Der Ansatzpunkt der Prüfung des Geschäftsleiters bleibt die von der herrschenden Gesellschaft verlangte Maßnahme. Diese darf nur umgesetzt werden, sofern die Voraussetzungen des Rozenblum-Tests gegeben sind, wobei dem Geschäftsleiter bei der Prüfung der Merkmale ein Ermessenspielraum nach den Grundzügen der *business judgement rule* zusteht.

21. Eine nachträgliche gerichtliche Sanktionierung der Geschäftsleitungen scheidet aus, sofern diese sich bei ihrer Prüfung in den Grenzen des ihnen zuzustehenden unternehmerischen Ermessens bewegt haben. Da der Rozenblum-Ansatz einzelne Merkmale der *business judgement rule* sperren würde

sowie (zum Teil) selbst Ermessenselemente enthält, muss die *business judgement rule* entsprechend angepasst angewendet werden.

22. Die Gläubiger der abhängigen Gesellschaft werden durch diese Anwendung der *business judgement rule* im Vergleich zur isolierten Anwendung des Rozenblum-Ansatzes nicht wesentlich schlechter gestellt. In einer Gesamtschau dürfte eine gesicherte Handlungsbasis der Geschäftsleitungen, auch im Rahmen eines Konzernverhältnisses, mittelbar im Interesse der Gläubiger liegen.

# Literaturverzeichnis

*Altmeppen, Holger,* „Upstream-loans, Cash Pooling und Kapitalerhaltung nach neuem Recht, Zugleich Besprechung BGH v. 1.12.2008 – II ZR 102/07, ZIP 2009, 70, ZIP 2009, S. 49 – 56.

*ders.*, Interessenkonflikte im Konzern, ZHR 171 (2007), S. 320 – 342.

*ders.*, Gesellschafterhaftung und "Konzernhaftung" bei der GmbH, NJW 2002, S. 321 – 324.

*ders.*, Zur Vermögensbindung in der faktisch abhängigen AG, ZIP 1996, S. 693 – 698.

*Ann, Christoph*, Geheimnisschutz – Kernaufgabe des Informationsmanagements im Unternehmen, GRUR 2014, S. 12 – 16.

*Bachmann, Gregor / Eidenmüller, Horst / Engert, Andreas / Fleischer, Holger / Schön, Wolfgang*, Rechtsregeln für die geschlossene Kapitalgesellschaft, 2012.

*Baums, Theodor*, Recht der Unternehmensfinanzierung, 2017.

*ders. / Teichmann, Christoph*, Der European Model Company Act (EMCA) - Inspiration für Gesetzgeber und Wissenschaft im Kapitalgesellschaftsrecht, AG 2018, S. 562 - 571.

*Bayer, Walter / Habersack, Mathias*, Aktienrecht im Wandel, Band II, Grundsatzfragen des Aktienrechts, 2007.

*Bea, Franz Xaver / Thissen, Susanne*, Institutionalisierung des Shareholder-Value-Konzepts bei der GmbH, Der Betrieb 1997, S. 787 - 792.

*Beck, Lukas,* Macht und Machtverhältnisse im Konzern, Der Konzern 2012, S. 301 – 308.

*Berger, Klaus Peter / Ryborz, Stefan*, Die Haftung von Ratingagenturen zwischen Kompensation und Verhaltenssteuerung, WM 2014, S. 2241 – 2249.

*Bitter, Georg*, Der Anfang vom Ende des „qualifiziert faktischen GmbH-Konzerns“ - Ansätze einer allgemeinen Missbrauchshaftung in der Rechtsprechung des BGH, WM 2001, S. 2133 – 2141.

*Bittmann, Volker*, Praxishandbuch Insolvenzstrafrecht, 2. Aufl. 2017.

*Bökli, Peter*, Kritische Würdigung des Vorschlags des Forum Europaeum on Company Groups aus schweizer Perspektive, Hommelhoff/Lutter/Teichmann (Hrsg.), Corporate Governance im grenzüberschreitenden Konzern, 2017, S. 363 - 392.

*Bürgers, Tobias / Körber, Torsten*, Aktiengesetz, 4. Aufl., 2017.

*Centrale für GmbH* (Hrsg.) / Brand, Jürgen / Fuhrmann, Lambertus (u.a.), GmbH-Handbuch, Stand 166. Lieferung, Oktober 2018.

*Cheffins, Brian*, Company Law: Theory, structure, and operations, 1997.

*Chiappetta, Franceso / Tombari, Umberto*, Perspectives on Group Corporate Governance and European Company Law, ECFR 2012, S. 261 – 274.

*Club de juristes*, Towards Recognition of the Group Interest in the European Union), 2015, abrufbar unter https://orbilu.uni.lu/bitstream/10993/28103/1/CDJ_Rapports_Group-interest_UK_June-2015_web.pdf (zuletzt aufgerufen 30.01.2019).

*Conac, Pierre-Henri*, Das französische Recht zur Anerkennung des Gruppeninteresses seit der Rozenblum-Entscheidung, Hommelhoff/Lutter/Teichmann (Hrsg.), Corporate Governance im grenzüberschreitenden Konzern, 2017, S. 89 - 102.

*ders.*, The Chapter on Groups of Companies of the European Model Company Act (EMCA), ECFR 2016, S. 301 – 321.

*ders.*, Director's Duties in Groups of Companies – Legalizing the Interest of the Group at the European Level, ECFR 2013, S. 194 – 226.

*Cornett, Christian*, Treubindung gegenüber dem Eigeninteresse abhängiger Gesellschaften, 2002.

*Dauner-Lieb, Barbara*, Die Existenzvernichtungshaftung - Schluss der Debatte?, DStR 2006, S. 2034 – 2041.

*Davies, Paul*, Introduction to Company Law, 2. Aufl., 2010.

*Dominike, Anna*, Einheitliche Gruppenleitung über die Binnengrenzen in Europa – Regelungselemente für das Gesetzgebungsprojekt „Anerkennung des Gruppeninteresses", 2017.

*Druey, Jean Nicolas*, Die Zukunft des Konzernrechts, Festschrift für Peter Hommelhoff, 2012, S. 135 – 160.

*Drygala, Tim*, Europäisches Konzernrecht: Gruppeninteresse und Related Party Transactions, AG 2013, S. 198 – 210..

*Drygala, Tim / Staake, Marco / Szalai, Stephan*, Kapitalgesellschaftsrecht – Mit Grundzügen des Konzern- und Umwandlungsrecht, 2012.

*Ehricke, Ulrich*, Das abhängige Konzernunternehmen in der Insolvenz, Wege zur Vergrößerung der Haftungsmasse abhängiger Konzernunternehmen im Konkurs und Verfahrensfrage. Eine rechtsvergleichende Analyse, Tübingen 1998.

*Eidenmüller, Horst*, Effizienz als Rechtsprinzip, Möglichkeiten und Grenzen der ökonomischen Analyse des Rechts, 4. Aufl., 2015.

*ders.*, Die Eigenverwaltung im System des Restrukturierungsrechts, ZHR 175 (2011), S. 11 – 38.

*Emmerich, Volker / Habersack, Mathias,* Aktien – und GmbH-Konzernrecht, Kommentar, 8. Aufl., 2016.

*Engert, Andreas*, Wozu Konzerne?, Festschrift für Theodor Baums, 2017, Bd. 1, S. 385 – 399.

*European Company Law Experts (ECLE),* A proposal for reforming group law in the European Union – Comparative Observations on the way forward, EBOR 2017, Vol. 18, S. 1 - 49; abrufbar unter https://ssrn.com/abstract=2849865.

*European Model Company Act (EMCA)*, First Edition, 2017, abrufbar unter https://ssrn.com/abstract=2929348.

*Fleischer, Holger*, Finanzplankredite und Eigenkapitalersatz im Gesellschaftsrecht, 1995.

*ders.;* Handbuch des Vorstandsrechts, 2006.

*ders. / Goette, Wulf,* Münchner Kommentar betreffend die Gesellschaften mit beschränkter Haftung, Band 1, §§ 1 -34, 3. Aufl., 2018.

*ders.*, Unternehmensinteresse und intérêt social: Schlüsselfiguren aktienrechtlichen Denkens in Deutschland und Frankreich, ZGR 2018, S. 703-734.

*ders.*, Vertrauen von Geschäftsleitern und Aufsichtsratsmitgliedern auf Informationen Dritter, ZIP 2009, S. 1397 – 1406.

*ders.*, Die „Business Judgment Rule“: Vom Richterrecht zur Kodifizierung, ZIP 2004, S. 685 - 692.

*Flöther, Lucas* (Hrsg.), Konzerninsolvenzrecht, 2014.

*Forum Europeum, Konzernrecht für Europa*, Konzernrecht für Europa, ZGR 1998, S. 672 – 772; in englischer Sprache EBOR 2000, Vol. 1, S. 165–264.

*Forum Europeum on Company Groups*, Eckpunkte für einen Rechtsrahmen zur erleichterten Führung von grenzüberschreitenden Unternehmensgruppen in Europa, ZGR 2015, S. 507 – 515; in englischer Sprache ECFR 2015, S. 299 - 306.

*Fuhrmann, Lambertus / Linnerz, Markus / Pohlmann*, Andreas, Deutscher Corporate Governance Kodex, 2015.

*Geßler, Ernst,* Bestandsschutz der beherrschten Gesellschaft im Vertragskonzern, ZHR 140 (1976), S. 433 – 441.

*Goette, Wulf*, Gesellschaftsrechtliche Grundfragen im Spiegel der Rechtsprechung, ZGR 2008, S. 436 – 453.

*ders.*, Aus der neueren Rechtsprechung des BGH zum GmbH-Recht, ZIP 2005, S. 1481 - 1489.

*ders. / Habersack, Mathias*, Münchner Kommentar zum Aktiengesetz, Band 1 §§ 1 – 75, 4. Aufl. 2016.

*ders. / Habersack, Mathias*, Münchner Kommentar zum Aktiengesetz, Band 2: §§ 76 – 117, 4. Aufl. 2014.

*ders. / Habersack, Mathias*, Münchner Kommentar zum Aktiengesetz, Band 5 §§ 278 – 328, 4. Aufl. 2015.

*Gottwald, Peter*, Insolvenzrechts-Handbuch, 5. Aufl., 2015.

*Gräbener, Tobias*, Der Schutz außenstehender Gesellschafter im deutschen und französischen Kapitalgesellschaftsrecht, 2010.

*Grigoleit, Christoph*, Aktiengesetz Kommentar, 2013.

*Groh, Manfred*, Shareholder Value und Aktienrecht, Der Betrieb 2000, S. 2153 – 2153.

*Grundmann, Stefan*, Methodenpluralismus als Aufgabe –zur Legalität von ökonomischen und rechtsethischen Argumenten in Auslegung und Rechtsanwendung, RabelsZ 1997 (66), S. 423-453.

*Haar, Brigitte*, Die Personengesellschaft im Konzern: Privatautonomie zwischen Vertrag und Organisation, 2006.

*Haas, Ulrich*, Die Gesellschafterhaftung wegen „Existenzvernichtung“, WM 2003, S. 1929 - 1941.

*Hirte, Heribert / Mülbert, Peter O. / Roth, Markus*, Großkommentar Aktiengesetz, Band 4/2: §§ 92 – 94, 5. Aufl. 2015.

*Hoffmann, Jochen*, Das GmbH-Konzernrecht nach dem "Bremer Vulkan"-Urteil, NZG 2002, S. 68 – 74.

*Hoffmann-Becking, Michael* (Hrsg.), Münchner Handbuch des Gesellschaftsrechts, Band 4, Aktiengesellschaft, 4 Auflage, München 2015.

*ders.*, Gibt es das Konzerninteresse?, Festschrift für Peter Hommelhoff, 2012, S. 433 - 448.

*ders.*, Der Aufsichtsrat im Konzern, ZHR 159 (1995), S. 325 – 345.

*Hölters, Wolfgang*, Aktiengesetz, Kommentar, 3. Aufl., 2017.

*Hommelhoff, Peter*, Die Konzernleitungspflicht, Zentrale Aspekte eines Konzernverfassungsrechts, Köln (u.a.) 1982.

*ders.*, Die Societas Unius Personae: als Konzernbaustein momentan noch unbrauchbar, GmbHR 2014, S. 1065 – 1075.

*ders.*, Die Unternehmensgruppe im Europäischen Binnenmarkt, Festschrift für Eberhard Stilz, 2014, S. 287 – 300.

*ders.*, Förder- und Schutzrecht für den faktischen GmbH-Konzern, ZGR 2012, S. 535 – 565.

*Hopt, Klaus J.*, Die Verantwortlichkeit von Vorstand und Aufsichtsrat: Grundsatz und Praxisprobleme – unter besonderer Berücksichtigung der Banken, ZIP 2013, S. 1793 – 1806.

*ders. / Wiedemann, Heribert*, Großkommentar AktG, 23. Lieferung: §§ 300 – 310, 4. Auflage, Berling 2005.

*Hüffer, Uwe / Koch, Jens*, Kommentar zum Aktiengesetz, 13. Aufl. 2018.

*Immenga, Ulrich*, Bestandsschutz der beherrschten Gesellschaft im Vertragskonzern, ZHR 140 (1976), S.301 – 316.

*Informal Company Law Expert Group* (ICLEG), Report on the recognition of the interest of the group, 2016, abrufbar unter https://ssrn.com/abstract=2893694.

*Kayser, Godehard / Thole, Christoph*, Heidelberger Kommentar zur Insolvenzordnung, 9. Aufl., *Heidelberg* 2018.

*Kirchner, Christian*, Ökonomische Überlegungen zum Konzernrecht, ZGR 1985, S. 214 – 234.

*Klausner, Michael*, A U.S. View of the European Model Company Act, ECFR 2016, S. 363 – 369.

*Koch, Jens*, Das Gesetz zur Unternehmensintegrität und Modernisierung des Anfechtungsrechts (UMAG), ZGR 2006, S. 769 - 804.

*Kort, Michael*, Vorstandshandeln im Spannungsverhältnis zwischen Unternehmensinteresse und Aktionärsinteressen, AG 2012, S. 605-610.

*Kraakman, Reiner / Armour, John / Davies, Paul / Enriques, Luca / Hansmann, Henry / Hertig, Gerard / Hopt, Klaus / Kanda, Hideki / Paragendler, Mariana / Ringe, Wolf-Georg / Rock, Edward*, The Anatomy of Corporate Law: A Comparative and Functional Approach, 3. Aufl. 2017.

*Kranz, Christopher*, Die Recue Culture in Großbritannien, 2017.

*Krapp, Hannah*, Ausrichtung der Geschäftspolitik am Konzerninteresse? – Regelungsvorschläge für ein europäisches Konzernrecht, StudZR 2017, S. 236 - 266.

*Krieger, Gerd / Schneider, Uwe*, Handbuch Managerhaftung, Vorstand Geschäftsführer Aufsichtsrat. Pflichten und Haftungsfolgen. Typische Risikobereiche; 3. Auflage 2017.

*Korpff, Bruno*, Aktiengetz, Textausgabe des Aktiengesetz vom 6.9.1965 mit Begründung des Regierungsentwurfs, Bericht des Rechtsausschusses des deutschen Bundestages, zusammengestellt von Kropff, 1965.

*Kübler, Friedrich*, Shareholder Value: Eine Herausforderung für das deutsche Recht?, Festschrift für Wolfgang Zöllner, 1998, S. 321 - 335.

*Kübler, Bruno / Prütting, Hans / Bork, Reinhard*, Kommentar zur Insolvenzordnung, 78. Lieferung, Stand 11.2018, Köln.

*Kuhner, Christoph*, Zur Zukunft der Kapitalerhaltung durch bilanzielle Ausschüttungssperren im Gesellschaftsrecht der Staaten Europas, ZGR 2005, S. 753-787.

*ders.*, Unternehmensinteresse vs. Shareholder Value als Leitmaxime kapitalmarktorientierter Aktiengesellschaften, ZGR 2004, S. 244 – 279.

*Langenbucher, Katja,* Wettbewerbsverbote, Unabhängigkeit und die Stellung des Aufsichtsratsmitglieds, ZGR 2007, S. 571 – 601.

*Lutter, Marcus*, Bankenkrise und Organhaftung, ZIP 2009, S. 197 - 201.

*ders.*, Die Business Judgment Rule und ihre praktische Anwendung, ZIP 2007, S. 841 – 848.

*ders.*, Interessenkonflikte und Business Judgement Rule, Festschrift für Claus-Wilhelm Canaris, Band II, 2007, S. 245 – 256.

*ders.*, Zur Privilegierung einheitlicher Leitung im französischen (Konzern-)Recht, Festschrift für Alfred Kellermann, 1990, S. 257- 270.

*ders. / Bayer, Walter / Schmidt, Jessica*, Europäisches Unternehmens- und Kapitalmarktrecht, 6. Aufl. 2018.

*ders. / Hommelhoff, Peter*, GmbHG Kommentar, 19. Aufl., 2016.

*ders. / Krieger, Gerd / Verse, Dirk*, Rechte und Pflichten des Aufsichtsrats, 6. Aufl., 2015.

*Lübking, Johannes*, Ein einheitliches Konzernrecht für Europa, 2000.

*Michalski, Lutz (Begr.) / Heidinger, Andreas / Leible, Stefan / Schmidt, Jessica*, Kommentar zum Gesetz betreffend die Gesellschaften mit beschränkter Haftung (GmbH-Gesetz), Band I, §§ 1 – 35, 3. Aufl. 2017.

*Merkt, Hanno*, Rechtliche Grundlagen der Business Judgment Rule im internationalen Vergleich zwischen Divergenz und Konvergenz, ZGR 2017, S. 129 – 148.

*Mülbert, Peter,* Auf dem Weg zu einem europäischen Konzernrecht? ZHR 179 (2015), S. 645-668.

*ders.*, Shareholder Value aus rechtlicher Sicht, ZGR 1997, S. 129 – 172.

*Pohmer, Dieter*, Das Verhältnis der Wirtschaftswissenschaften zur Rechtswissenschaft am Beispiel der Konzerngestaltungen, in Raiser, Ludwig / Sauermann, Heinz / Schneider, Erich (Hrsg.), Das Verhältnis der Wirtschaftswissenschaft zur Rechtswissenschaft, Soziologie und Statistik, 1964, S. 57 - 66.

*Priester, Hans-Joachim,* Liquiditätsausstattung der abhängigen Gesellschaft und unterjährige Verlustdeckung bei Unternehmensverträgen, ZIP 1989, S. 1301 – 1308.

*Raiser, Thomas / Veil, Rüdiger*, Recht der Kapitalgesellschaften, Ein Handbuch für Praxis und Wissenschaft, 6. Aufl., München 2016.

*Redeke, Julian*, Zur gerichtlichen Kontrolle der Angemessenheit der Informationsgrundlage im Rahmen der Business Judgment Rule nach § 93 Abs. 1 Satz 2 AktG, ZIP 2011, S. 59 - 64.

*Report of the Reflection Group on the Future of EU Company Law*, 2011, abrufbar unter https://ssrn.com/abstract=1851654.

*Richter, Bernd / Schnurbusch, Falk / Meller, Johannes,* IDW ES 11 „Beurteilung des Vorliegens von Insolvenzeröffnungsgründen" - Würdigung aus Sicht der Sanierungspraxis, BB 2014, 2027 (2028 ff.).

*Rostegge, Jochen*, Die Konzerninsolvenz, Die verfahrensrechtliche Behandlung von verbundenen Unternehmen nach der Insolvenzordnung, 2007.

*Roth, Günter* (Begr.) / *Altmeppen, Holger* (Hrsg.), Gesetz betreffend die Gesellschaften mit beschränkter Haftung, Kommentar, 9. Aufl., 2019.

*Roth, Markus,* Unternehmerisches Ermessen und Haftung des Vorstands: Handlungsspielräume und Haftungsrisiken insbesondere in der wirtschaftlichen Krise, 2001.

*ders.*, Related Party Transactions, erschienen bei https://ssrn.com/abstract=2710128, 2016.

*ders.*, Deutscher Corporate Governance Kodex 2012, WM 2012, S. 1985 – 1992.

*ders.*, Unabhängige Aufsichtsratsmitglieder, ZHR 175 (2011), S. 605 – 644.

*Schall, Alexander*, Kapitalgesellschaftsrechtlicher Gläubigerschutz, Grund und Grenzen der Haftungsbeschränkung nach Kapitaldebatte, MoMiG und Trihotel, München 2009.

*Schauf, Maximilian*, Rolle und Kompetenzen des GmbH-Geschäftsführers in einer Matrixstruktur, BB 2017, S. 2883 - 2888.

*Scheffler, Eberhard*, Die Überwachungsaufgabe des Aufsichtsrats im Konzern, Der Betrieb 1994, S. 793 – 799.

*Schmidt, Jessica*, Der European Model Company Act (EMCA), ZHR 181 (2017), S. 43 - 86.

*dies.*, Gläubigerschutz im Recht für kleine und mittlere Unternehmensgruppen – eine kritische Gegenlese, in Hommelhoff/Lutter/Teichmann (Hrsg.), Corporate Governance im grenzüberschreitenden Konzern, 2017, S. 467 – 488.

*dies.*, Europäisches Konzernrecht - Retrospektive und Perspektiven, Der Konzern 2017, S. 1 - 12.

*Schmidt, Karsten*, Handelsrecht: Unternehmensrecht I, 6. Aufl. 2014.

*ders.*, Ersatzpflicht bei „verbotenen Zahlungen" aus insolventen Gesellschaften: Ist der Kampfhund zähmbar?, NZG 2015, S. 129 – 133.

*ders.*, Verbotene Zahlungen in der Krise von Handelsgesellschaften und die daraus resultierende Ersatzpflicht, ZHR 168 (2004), S. 637 – 672.

*ders.*, Gesellschafterhaftung und "Konzernhaftung" bei der GmbH - Bemerkungen zum "Bremer Vulkan"-Urteil des BGH vom 17.09.2001, NJW 2001, S. 3577 – 3581.

*ders.*, Konzernunternehmen, Unternehmensgruppe und Konzern-Rechtsverhältnis – Gedanken zum Recht der verbundenen Unternehmen nach §§ 15 ff., 291 ff. AktG, Festschrift für Marcus Lutter, 2000, S. 1167 - 1192.

*ders. / Lutter, Marcus*, Kommentar Aktiengesetz, 3. Aufl. 2015.

*Scholz, Franz* (Begr.), Kommentar zum GmbH-Gesetz, Band I: §§ 1 – 34, 12. Aufl. 2018.

*ders.* (Begr.), Kommentar zum GmbH-Gesetz, Band II: §§ 35 – 52, 11. Aufl. 2014.

*Schön, Wolfgang*, Organisationsfreiheit und Gruppeninteresse im Europäischen Konzernrecht, ZGR 2019, S. 343.

*ders.*, Zur »Existenzvernichtung« der juristischen Person, ZHR 168 (2004), S. 268 – 297.

*Schüßler, Thomas*, Europäisches Konzernrecht: Welche Wege führen nach Brüssel? Ein Vergleich der Vorschläge von FECG und ICLEG, NZG 2017, S. 1046 – 1051.

*Seibt, Christoph / Bulgrin, Gerrit*, Strategische Insolvenz: Insolvenzplanverfahren als Gestaltungsinstrument zur Überwindung bestandsgefährdender Umstände, ZIP 2017, S. 353 – 362.

*Semler, Johannes*, Leitung und Überwachung der Aktiengesellschaft, 2. Aufl., 1996.

*ders.*, Doppelmandats-Verbund im Konzern, Sachgerechte Organisationsform oder rechtlich unzulässige Verflechtung, in Festschrift für Ernst Stiefel, 1987, S. 719 – 762.

*Servatius, Wolfgang*, Gläubigereinfluss durch Covenants, Hybride Finanzierungsinstrumente im Spannungsfeld von Fremd- und Eigenfinanzierung, 2008.

*ders.*, Verantwortung der Obergesellschaft nach Beendigung eines Unternehmensvertrages - Quo vadis Konzernausgangsschutz?, ZGR 2015, S. 754 – 767.

*Soltysinski, Stanislaw*, Arguments in Favour of Recognition of the Interests of the Group at the EU Level, Festschrift für Theodor Baums, Band II, 2017, S. 1193 - 1204.

*Spahlinger, Andreas / Wegen, Gerhard*, Internationales Gesellschaftsrecht in der Praxis, 2005.

*Spindler, Gerald*, Compliance in der multinationalen Bankengruppe, WM 2008, S. 905 – 918.

*ders. / Stilz, Eberhard*, Kommentar zum Aktiengesetz, 3. Auflage, München 2015.

*Staub, Hermann* (Begr.) / *Canaris, Claus-Wilhelm / Habersack, Mathias / Schäfer, Carsten*, Handelsgesetzbuch, Großkommentar, Band 6, 5. Aufl., 2011.

*Steffek, Felix*, Gläubigerschutz in der Kapitalgesellschaft, Krise und Insolvenz im englischen und deutschen Kapitalgesellschafts- und Insolvenzrecht, 2011.

*Teichmann, Christoph*, SPE 2.0 - Die inhaltliche Konzeption, GmbHR 2018, 713 – 722.

*ders.*, Modellgesetze für Kapitalgesellschaften in den USA (MBCA) und Europa (EMCA), Festschrift für Theodor Baums, Band II, 2017, S. 1227 - 1248.

*ders.*, Corporate Groups within the Legal Framework of the European Union: The Group-Related Aspects of the SUP Proposal and the EU Freedom of Establishment, ECFR 2015, S. 202 – 229.

*ders.*, Konzernrecht und Niederlassungsfreiheit, Zugleich Rezension der Entscheidung EuGH, Rs. 186/12 (Impacto Azul), ZGR 2014, S. 45 – 75.

*ders.*, Europäisches Konzernrecht: Vom Schutzrecht zum Enabling Law, AG 2013, S. 184 – 197.

*Trendelenburg, Hortense*, Der Gewinnabführungs- und Beherrschungsvertrag in der Krise der Obergesellschaft, NJW 2002, S. 647 – 650.

*Uhlenbruck, Wilhelm / Hirte, Heribert / Vallender, Heinz,* Insolvenzordnung Kommentar, 15. Aufl., 2019.

*Voigts, Harald,* Konzernausgangsschutz im GmbH-Vertragskonzern, Zugleich ein Beitrag zum Verständnis eines Beherrschungsvertrages mit einer GmbH als abhängiger Gesellschaft, München 2004.

*Wackerbarth, Ulrich,* Der Vorstand in der abhängigen Aktiengesellschaft und §§ 311 ff. AktG in der jüngeren Rechtsprechung des II. Senats, Der Konzern 2010 S. 337 – 394.

*Weller, Marc-Philippe*, Die Existenzvernichtungshaftung im modernisierten GmbH-Recht - eine Außenhaftung für Forderungsvereitelung (§ 826 BGB), DStR 2007, S. 1166, 1170.

*Wernert, Lukas,* Das Gruppeninteresse, Eine Untersuchung zum deutschen, ausländischen, europäischen und internationalen Recht, 2020.

*Wiedemann, Herbert*, Auf der Suche nach den Strukturen der Aktiengesellschaft: The Anatomy of Corporate Law; ZGR 2006, S. 240 – 258.

*ders.*, Reflexionen zur Durchgriffshaftung, Zugleich Besprechung des Urteils BGH WM 2002, 1804 – KBV; ZGR 2003, S. 283 – 297.

*Wilhelm, Hermann*, Die Beendigung des Beherrschungs- und Gewinnabführungsvertrages, Köln (u.a.) 2004.

*Wilhelm, Jan*, Zurück zur Durchgriffshaftung - das "KBV"-Urteil des II-Zivilsenats des BGH vom 24.06.2002, NJW 2003, S. 175 - 180.

*Wimmer-Leonhardt, Susanne*, Konzernhaftungsrecht, Die Haftung der Konzernmuttergesellschaft für die Tochtergesellschaften im deutschen und englischen Recht, Tübingen 2004.

*Zeidler, Finn*, Ausgewählte Probleme des GmbH-Vertragskonzern, NZG 1999, S. 692 – 698.

*Zöllner, Wolfgang*, Unternehmensinnenrecht: Gibt es das?, AG 2003, S. 2-12.

*Zöllner, Wolfgang / Noack, Ulrich*, Kölner Kommentar zum Aktiengesetz, Band 2 Teil 1: §§ 76-94 AktG, 3. Aufl. 2009.

*dies.*, Kölner Kommentar zum Aktiengesetz, Band 6, 3. Auflage, Köln ua. 2004.

Kolibri 360 GmbH
Ferdinand-Jühlke-Straße 7
99095 Erfurt, Deutschland
produktsicherheit@kolibri360.de